《出版专业案例教程》编委会

四川大学文学与新闻学院
新 华 文 轩 管 理 研 究 院
联合组织编写

出版专业

案例教程

主 编 白冰／副主编 段弘 吴琳

四川人民出版社

图书在版编目（CIP）数据

出版专业案例教程/白冰主编. —成都：四川人民出版社，2018.7

ISBN 978-7-220-10913-3

Ⅰ.①出… Ⅱ.①白… Ⅲ.①出版工作-案例-中国-教材 Ⅳ.①G239.2

中国版本图书馆 CIP 数据核字（2018）第 171241 号

CHUBAN ZHUANYE ANLI JIAOCHENG

出版专业案例教程

主　编　白　冰

副主编　段　弘　吴　琳

责任编辑	梁　明
封面设计	张　科
内文设计	戴雨虹
责任校对	彭　丽
责任印制	王　俊
出版发行	四川人民出版社（成都槐树街 2 号）
网　　址	http://www.scpph.com
E-mail	scrmcbs@sina.com
新浪微博	@四川人民出版社
微信公众号	四川人民出版社
发行部业务电话	（028）86259624　86259453
防盗版举报电话	（028）86259624
照　　排	四川胜翔数码印务设计有限公司
印　　刷	自贡市华华广告印务有限公司
成品尺寸	170mm×240mm
印　　张	20
字　　数	287 千
版　　次	2018 年 7 月第 1 版
印　　次	2018 年 7 月第 1 次印刷
书　　号	ISBN 978-7-220-10913-3
定　　价	58.00 元

前言

互联网技术的发展，特别是移动技术应用，给当今出版业带来了巨大挑战。2015 年，原国家新闻出版广电总局提出了“推动传统出版和新兴出版融合发展”的战略目标，这也为高等出版专业教育提出了新要求。培养能够适应并能推动媒介融合发展的新型出版人才，培养具有行业职业能力、精通学科专业知识的学者型编辑，成为我国高校从事编辑出版专业教育工作的专家学者们思考的问题。

全球出版业发展的实践表明，专业教育必须适应行业发展的变化。专业学科教育应该秉承学以致用原则。学科知识要能够体现行业特色。没有行业特色，高等专业教育就没有生命力。而要实现这个目标，教材建设是基础。出版行业实践要求出版专业学生必须具备实际操作能力。在这种以行业职业能力培养为核心的教育变革下，案例教学作为一种重要的实践能力培养的教学方式在高等专业教育中被逐渐运用推广。

案例教学是以学生为中心，以案例为基础，通过呈现案例情境，将理论与实践紧密结合，引导学生发现问题、分析问题、解决问题，从而掌握理论、形成观点、提高能力的一种教学方式。案例教学是对传统专业教学方法变革的有益尝试。一个优秀的编辑，不仅要具备学科专业知识，行业实践经验也必不可少。案例教学正好能在课堂教学中提升学生模拟实战能力。以案例为依托，加深学生对我国新时代社会主义条件下出版业发展状况的理解，提高课堂教学的实用性、趣味性、启发性，这样的专业教学才有生命力。当前，我国高等院校出版专业硕士教材、编辑出版学专业本科教材建设亟须加强，编写具有实际操作指导意义的教材迫在眉睫。

考虑到案例收集难度，结合当前出版业发展态势，本教程以图书出版案例为主，以图书出版流程中的主要环节为线索，同时兼顾当前出版业经营的主要业务类型。案例编写涵盖选题策划、编辑校对、发行营销、版权贸易。鉴于数字技术和互联网的迅猛发展，新兴出版业态不断出现，教程又对融合出版做了探讨。教程每章由“知识介绍”、“案例详解”两部分组成。“知识介绍”从行业基础知识、经典案例回顾、相关知识延伸三个方面对出版相关内容进行讲解。“案例详解”是教程重点，汇集了四川出版近年来极具典型性、代表性的三十余个案例，介绍了出版机构开展出版经营管理活动的基本做法，总结了出版实践的经验教训。

案例的收集和选取不可避免地存在地域局限性，因此，本教程在“知识介绍”部分选取了国内外比较突出的经典出版案例进行介绍。一方面，通过对国内外经典案例的解析，有助于读者了解当前全球出版业的发展态势，并从中获取有益经验；另一方面，此做法是编者力图从全球出版视角来审视本教程所呈现案例在出版实践中存在的不足。

为了增加全书的可读性，本教程特地选取了一篇老出版人的回忆作为延伸阅读，通过摘录一位老出版人的出版经历和出版故事，力图重新诠释新时代出版人应该具备怎样的出版理想和出版情怀，同时这也是本教程的创新之处。

本教程不仅是编辑出版学专业本科、出版专业硕士、编辑出版学科学硕士的专业学习教材，而且可以作为新闻出版从业者在职进修的专业辅导教材。同时，还可以为新闻出版行业政府职能部门的管理者提供有益参考。

因编者水平有限，书中疏漏，敬请业界、学界同仁和读者见谅，并期待提出宝贵意见。

四川大学文学与新闻学院
新华文轩管理研究院
2018年7月

目　录

选题策划

第一节　知识介绍

一、选题策划的涵义及作用

选题策划是目标导向型工作，即为了达到特定的出版目标而进行的创新、筹划与设计工作，在出版产业运营中起着重要作用。

1. 选题策划的涵义

选题策划与选题涵义有别。

选题是传统出版业务范畴内的概念，即出版主体对出版物的名称、作者、内容、体量、读者等方面的设想与构思。其出发点和落脚点是出版物本身，是编辑业务的基础性工作。

选题策划是出版产业范畴内的概念，即出版主体采用创造性思维，全面综合考量自身的指导方针、市场需求和出版资源，调动与选题有关的策划、论证、执行、营销等各产业环节资源，形成出版合力。其出发点和落脚点是出版产业本身，不仅包括编辑业务的选题环节，还包括整个出版产业的所有流程。从本质上看，选题策划是一种与文化有关的设计、创造和引导活动，是一种编辑生产力和文化生产力。

2. 选题策划的作用

对于出版产业而言，选题策划的作用体现在多个方面。

第一，选题策划可以帮助出版主体牢牢把握出版工作的正确方向。我国对出版的基本要求是正确把握出版工作方向、落实党的出版方针、满足读者不断增长的精神文化生活需求。在选题中注重策划，就是注重出版方向的正确性，最终保证整个出版产业导向正确，保证整个出版产业健康有序地发展。

第二，选题策划可以为出版主体带来良好的经济效益。成本核算是选题策划的一个重要组成部分，通过论证和测算出版物的成本与收益，在选题策划阶段就要考虑出版物的直接成本与间接成本，如作者稿费、编校审读费用、排版设计费用、纸张印刷费用、发行管理费用、营销推广费用等，同时预估出版物的市场回报，如发行量、单本收益、重版率与再版率预估、版权售卖收益等，通过二者的比对，选择最具经济效益的选题，从而为出版主体带来较高的经济回报。

第三，选题策划可以提高出版主体的工作效率。出版产业是一个复杂的系统工程，涉及多个业务环节的协同工作和不同生产阶段的高效衔接。以选题策划为基础和龙头，可以充分调动出版队伍、资金、时机等元素，增强出版主体的产出效率。

第四，选题策划可以保障出版产品的质量。优质的选题策划，不仅能让参与项目实施的编辑与其他环节的工作人员共同作业，还能给作者提供有益的创作建议与思路，以目标为导向，高效率高质量地生产优质出版物。

第五，选题策划可以塑造出版主体良好的品牌形象。品牌是出版主体生存和发展的基础，其品牌形象需要通过出版物的质量来呈现。成功的选题策划，可以催生出社会效益和经济效益俱佳的出版产品，并形成正面的社会影响，进而提升出版主体品牌的知名度和美誉度。

二、选题策划经典案例回顾

经典的选题策划应具备以下基本要求：能经得起时间检验，对不同时期的读者有巨大影响，能提升出版主体品牌价值，社会效益与经济效益俱佳。

1.“汉译世界学术名著丛书”的选题策划

“汉译世界学术名著丛书”是商务印书馆最成功的选题策划项目之一，是商务印书馆打造的知名社科学术丛书品牌。

“把国外精深的学术著作引入中国，推动相关领域的研究”，这是“汉译世界学术名著丛书”品牌的基本内涵。该选题策划项目于1981年启动，不论图书市场如何变化，商务印书馆都一直以目标为导向，并贯穿丛书出版全流程。这一出版活动不仅增强了商务印书馆品牌的学术文化含量，而且产生了积极的社会影响和可观的经济效益，被赞誉为“对我国学术文化有基本建设意义的重大工程”，成为商务印书馆一张具有代表性和独创性的名片。

品牌即名称和标识，出版主体品牌即能给自身带来溢价、产生增值的一种无形资产。通过策划“汉译世界学术名著丛书”这一选题，商务印书馆彰显了自己独特的理念、行为与视觉识别系统，实现了其品牌的增值。

（1）选题策划使商务印书馆的理念识别更加彰显

从创立之初，商务印书馆就视出版全人类创造的知识宝藏为己任，具有极强的社会责任和出版抱负。

之所以策划“汉译世界学术名著丛书”的选题，源于商务印书馆品牌系统中独特的理念识别系统：将世界范围内蕴含着丰富思想财富的学术著作引进和译介，为国人了解和学习。这一选题将商务印书馆一直以来对世界学术资源的译介和出版工作延续下来，积淀成其品牌最重要的核心资源。

（2）选题策划使商务印书馆的行为识别更具独特性

商务印书馆通过召开选题策划会，为“汉译世界学术名著丛书”提出明确的时间规划、出版体量、阶段安排、读者定位、终极目标等具体策划方案，有效保证了此项目的顺利实施。

结合自身的优势资源，商务印书馆在改革开放之初就开始策划“汉译世界学术名著丛书”。

从形式上说，商务印书馆在策划时就已经意识到“丛书”在研读查考和文化积累上的重要作用，最终决策以丛书为出版载体，以改善“单行本难以体现规模化效应”的现实问题。在1980年发布的《商务印书馆的去年情况、今年安排和五年设想》中，十条“出书设想”中就有出版“汉译世界学术名著丛书”的策划：“未来五年，选印200种，分若干次出，成为在社会主义的中国有教养的人必备书和一般图书馆必备书。”1982年，商务印书馆推出了第一辑包含政治法律、经济、哲学、历史、地理和语言等领域的50种图书，激发了中国人被压抑许久的阅读和求知热情，一经上市便被抢购一空。

从内容上说，入选丛书的著作都是经受住时间考验的学术名著。为了保障这一基本入选标准，商务印书馆每隔四五年便召开一次“汉译名著”论证会，遍邀各领域的权威学者，选定下一辑的名单。经过一次次的选题、论证、落实，最终将其打造成为改革开放以来规模最为宏大的一套汉译思想译丛。比如，1990年，商务印书馆邀请数十位全国知名的社会科学专家学者集会，时任中顾委常委的胡乔木同志亲自写信为选题提供方向和思路的参考意见：“选题的范围还可以更广些，例如在马克思主义发展史上有重要影响的著作，社会主义运动、工人运动、重要社会运动、重要民族运动的历史和现代研究，现代资本主义的研究和批判，重要历史著作，各门科学史著作和科学基本理论著作，各种艺术史著作和艺术基本理论著作，外国对中国、亚洲、非洲、拉丁美洲研究的权威著作，现代政治、经济、文化、社会的研究，等等。”同时，他也为丛书的体例提出了一些建议：“译本要有较好的序言，翻译者可以不限于国内；台湾香港等地已有的较好的汉译名著可设法出版，国内亦可考虑由几家出版社经过协商，在保证质量的条件下联合出版，以利事业的推进而避免工作的重复；如情况许可，可出普及版（甚至缩写版，但要有严格限制，避免粗制滥造）”，等等。

胡乔木同志提出的策划建议在其后来的出版活动中基本得到落实。至2000年，商务印书馆分九辑印行了360余种学术著作。截止到2016年，“汉译世界学术名著丛书”出书总量已经超过600种。这些具体行为成为商务印书馆有别于其他同类出版主体的重要标志。

(3) 选题策划使商务印书馆的视觉识别系统更具分辨性

出版产品的设计与装帧是其精神内容最终得以呈现的载体和介质。对出版主体而言，读者能轻易认知产品外观，是建构与出版主体关系的第一关也是最重要的一关。从这个角度考虑，选题策划可以为出版主体提供装帧设计思路和策略，帮助读者建立起对出版产品清晰的视觉识别系统。

“汉译世界学术名著丛书”在装帧设计上非常统一，通过形成严格的闭合系统，构建了独特的识别体系。凡是纳入此丛书的著作，封面除了书名和作者外，摒除其他所有冗杂的设计元素。以学术分类为基准，封底颜色与学科门类相对应：哲学类用橘黄色、历史地理类用黄色、政治法律类用绿色、经济类用蓝色，等等。这样的分类方法给该丛书带来了极高的视觉辨识度，使读者可依据颜色进行简便高效的查找。

在内文版式上，经编纂人员和专家学者多次讨论后决定，无论是标题、正文、书眉、页码，还是版权页、序言、目录，均采用极简的形式呈现，凸显内容本身的分量与价值。

(4) 经典的选题策划使商务印书馆可以延伸系列选题

在“汉译世界学术名著丛书”大获成功并成为一个长期出版行为后，商务印书馆还把这套丛书作为其后选题的源头，将其打造成一个开放的选题资源体系，即在已经出版的丛书中，按不同标准再开发成其他系列产品。

根据不同标准，商务印书馆将已经出版的丛书品种重新组合，形成“汉译世界学术名著精装本”系列、“汉译世界学术名著随身读”系列、“汉译世界学术名著丛书珍藏本”系列等选题产品。

其中，“随身读”系列是对原有丛书的再精选，以较小的篇幅体现原著精髓，使汉译学术名著成为普通读者丰富知识、充实自我的自修读本；“珍藏本”系列于2009年推出，即把当时已经出版十辑中的绝大多数作品，加上新出版的第十一辑的10余种著作，组成400种图书，统一体例、规范字体、重新制版，最终印刷整套推出，整套限量发行，每套珍藏本都附有收藏证书，供学者和藏书家收藏。此项目在2011年3月荣获第二届“中国出版政府奖图书奖”，取得了良好的社会效益和经济效益。

因此，在原有选题的基础上，商务印书馆成功将单一选题做成系列产品，进一步提升了选题的资源再生性，最终实现了选题策划对出版品牌的增值。

2. “走向未来丛书”的选题策划

“走向未来丛书”是由四川人民出版社在20世纪80年代初策划、出版、印行的一套人文社会科学类丛书。该丛书涉及社会科学和自然科学，涵盖外文译作和原创著作，计划出版100种，实际出书74种。

(1)“走向未来丛书”策划缘起

从当时的时代背景看，“走向未来丛书”的选题成功，得益于当时全国普遍出现的“图书荒”和“民众对知识的饥饿感”，以及思想启蒙和思想解放的社会需求。

据统计，1966年至1976年的十年间，全国出版的新书只有8000种。1982年，全年出版图书不足3.2万种，而且一半左右都是教材，书籍严重匮乏；同时，出版市场上，无论是精英阶层还是大众阶层，都存在普遍的知识匮乏感，任何出版物几乎都会激起读者极大的阅读兴趣和市场追捧。

正是在此前提下，代表当时中国最前沿思想的知识分子们，策划了“走向未来丛书”这一选题，用于开启民智、解放思想，因为切中时弊，所以一举成功。

(2)“走向未来丛书”策划过程

根据丛书主编金观涛先生所言，其实早在1982年，策划者已有了明确的选题思路，即要出版一套“启蒙性、思想性”的丛书。

四川人民出版社作为出版主体，解放思想，同意建立不在成都的社外编委会，当时，参与丛书编辑的人员大都分散在北京的不同单位，丛书编委会挂靠在中国社科院青少年研究所名下。

更重要的是丛书策划者确立了基本的编辑制度。

第一，明确编委会成员的入选原则和集体讨论原则。所谓入选原则，指的是编委会成员以50岁为界，只吸收中青年知识分子；所谓集体讨论原则，指的是所有入选丛书的书目要经过集体讨论，主编和编委的书稿亦不得例外。

第二，编委会开创了图书装帧策划先河。编委会约请中央美院的年轻画家，以黑白色现代派抽象画为主要元素设计封面封底，使之与丛书的先锋性高度契合，相得益彰。同时，形式上采用小窄条开本，区别于其他图书；售价低廉，适应普通人的购买能力，即每本售价从0.81元（《人的发现》）到2.50元（《波兰危机》）不等；根据内容安排篇幅，长短不论，从7.2万字（《画布上的创造》）到20.2万字（《波兰危机》）不等。形式上的自由与独特性，很容易在图书市场中被读者识别出来。

第三，编委会策划了明确的内容设计入选标准。这一标准即“新思想、非纯学术、非学科式知识”，具体而言，就是入选丛书的内容一定要有思想性，同时能贴近时代问题；尽量采用多学科交叉的创作原则；内容不宜过长，使读者便于携带，随时阅读；编辑译介西方作品与中国年轻学者原创著作并重，对中国改革开放有借鉴意义和反思价值的内容更受重视。

（3）“走向未来丛书”的社会影响

“走向未来丛书”在选题策划上取得巨大成功。

从其印量来看，由李宝恒翻译、初版于1983年12月的《增长的极限——罗马俱乐部关于人类困境的研究报告》一书，不到半年就再版。截止到1987年1月，重印4次，总印数达到了73.27万册。

从其社会影响看，20世纪80年代的大学生，几乎没有不知道“走向未来丛书”这一“金字招牌”的，其“偏重介绍新兴的边缘学科，推动自然科学与社会科学的结合”的出版宗旨也人尽皆知。从宣传效果上看，与此丛书有关的作者、编辑、出版主体，都因选题成功和出版效果而获得了极高的知名度与美誉度，丛书品牌由此创立，影响力延展至今。

对于此丛书的出版主体——四川人民出版社而言，正因为成功策划了这个选题，使这家地方出版社的品牌得到了空前提升，成为开一代风气之先的历史参与者与见证者，赢得了学术界、思想界的认可，使其站到了一个更高的出版平台上，为其日后的品牌影响力打下了坚实的基础。可见选题策划对一个地方出版社的品牌提升力作用显著。

对于丛书本身而言，“走向未来丛书”将当时西方历史学、经济学、社会学、政治学、物理学等各门学科的最新思想介绍给国内读者，使其成为当时中国影响最大的丛书之一。为其后四川人民出版社立足学术前沿、积极引进世界优秀文化成果的发展道路奠定了坚实的基础，并坚定了四川人民出版社的“创品牌、走可持续发展”的道路，相继推出了一系列反映人类优秀科学文化成果、并且具有较高水准的学术著作。

对于丛书的人才建设而言，“走向未来丛书”的选题策划与出版实践，不但启发了一代又一代的读者，而且培育了一批年轻有为的学者，许多此前从未发表过著作的年轻学者由此发端，成为学界名家和社会精英。

三、选题策划相关知识与选题策划人的素养能力

掌握选题策划的相关知识是为了培养选题策划人的基本素养能力，助其更好地完成选题策划任务。

1. 选题策划相关知识

选题策划是编辑出版学的基础性术语，同时也是一个理论范畴，涵盖以下知识点。

（1）选题策划书

选题策划书是选题策划的文字呈现或图表呈现，涵盖选题工作的全部内容，包括对选题可行性的分析论证过程。选题策划编辑承担撰写或填写选题策划书的任务，将定稿提交编辑部，经集体讨论后再提交出版主体汇总。重大选题策划书或特殊类型的选题策划书需经出版主体决策机构论证后提交上一级出版主管部门，审批通过后方可返回，进入实施环节。

选题策划书的基本要素包括选题名称、作者基本概况、图书总字数及出版时间、内容简介、市场调研情况、前景预期、上级单位意见等。

在制作选题策划书时，选题策划人要着意突出选题的创新点，辅之以

策划重点和资源优势，强调其实施后的社会效益或经济效益，最终目的是使选题得以顺利通过审批。

（2）组稿

组稿是选题策划的后续工作环节，是选题得以落实的基本条件。担任组稿工作的出版人员既可以是选题策划工作的承担者，也可以是执行选题策划的其他出版人员。

组稿环节直接衔接选题策划环节，担任组稿工作的出版人员需要全面了解选题策划的价值、作者情况、读者对象、内容体量、最终目标与实施细则，高效执行并落实选题策划，按时保质地完成组稿工作。

担任组稿工作的出版人员要有预判选题策划方案实施效果的能力，以便调动各种人脉资源，按选题策划方案落实最佳组稿对象，协助作者完成稿件调研与撰写工作。同时还需制定各种备选方案，以应对各种突发情况，保障组稿工作的顺利实施。

（3）重印与再版

所谓重印，指的是出版物首次印刷后，直接在原版基础上印制发行的出版行为。其特征是：重印版本的内容与原版本相同，不加任何改动或改动极少；重印版本的开本、书号、版式均不变，封面、扉页可以重新设计，定价一般也与原版相同，若有调整，则必须在原条码后加附加码。重印书应在版本记录中标明印次，每重印一次记录一次，逐次累计，其标记模板是“第N次印刷”；另外，重印的印数也是从初版第一次印刷起，逐次累计，其标记模板为“印数1—N”。需要注意的是，担任重印项目工作的人员要提出重印报告，经审批通过后方能进入下一个流程；重印书也要坚持三审制，尤其是有改动的图书重印；担任重印工作的编辑要按要求办理重印发稿手续，严格查验出版合同后方能开印。

所谓再版，是同一出版主体对出版物作较大修改后重新排版印制的出版行为。与重印不同，再版图书必须启用新的书号；书名、开本、装帧、版式等都可以与原版不同，版本记录模板是“第N版”。

重印与再版标志着选题策划的成效。其计算公式为：重版率＝（重印数种数+再版书种数）/全年出书种数。在出版主体中，重印与再版之和所构成的重版率越高，说明其出版物的市场认可度越高、选题策划的成功系数越高，标志着出版主体的生产成本越低、出书周期越短、市场认可度越高、经济效益越好。

（4）开本、印张、书芯

这些名称是用以描述出版物载体的出版术语。

开本，是用以表述单页书刊幅面规格的专业概念，以全张纸裁开的张数为标准。在实际中，整张原纸的规格不同，因此，开本也有大开本与小开本之分，其对应的是大度纸和正度纸：幅面为889×1194毫米（35×47英寸）的全张纸是大度纸；幅面为787×1092毫米（31×43英寸）的全张纸为正度纸。不同内容和不同出版要求的图书采用不同的开本，常见的开切方法有：正开法，是指全张纸按单一方向的开法，即一律竖开或者一律横开的方法；叉开法是指全张纸横竖搭配的开法，通常用于正开法裁纸有困难的情况；混合开纸法，又称套开法和不规则开纸法，即将全张纸裁切成两种以上幅面尺寸的小纸，以充分利用纸张的幅面。

印张，是指印制书籍所需要的纸张，一张全张纸可以两面印刷，因此等于两个印张。其换算单位是令，一令等于1000印张，即500全张。一本书的印张计算公式是：印张数=页码数/开本。

书芯，是指折好的书帖或单页按顺序配成册，按一定的方式装订起来，是不包封面的光本书。书芯加工就是从印张加工成书芯的全过程，包括折页、配帖、订合、切净等，精装本还有扒圆、起脊等工序。

（5）重大选题备案制度

这是我国图书出版管理制度的核心制度之一。出版主体根据行政法规和部门规章，在涉及国家安全、社会稳定等领域中可能对国家政治、经济、文化、军事等方面有重大影响的选题时，在出版前报请出版物行政管理部门备案，经审核批准后才能出版的出版行政管理制度。1999年10月10日，新闻出版署出台此项制度，全称为《图书、期刊、音像制品、电子出版物重大选题备案办法》（新闻出版署·新出图［1997］860号），制度共分九条，其中第三条列举了重大选题的涵义，以及具体包括的 15 种类型。

本办法所称重大选题，是指涉及国家安全、社会安定等方面的内容，对国家的政治、经济、文化、军事等会产生较大影响的选题，具体包括：

（一）有关党和国家的重要文件、文献选题；

（二）有关党和国家曾任和现任主要领导人的著作、文章以及有关其生活和工作情况的选题；

（三）涉及党和国家秘密的选题；

（四）集中介绍政府机构设置和党政领导干部情况的选题；

（五）涉及民族问题和宗教问题的选题；

（六）涉及我国国防建设及我军各个历史时期的战役、战斗、工作、生活和重要人物的选题；

（七）涉及"文化大革命"的选题；

（八）涉及中共党史上的重大历史事件和重要历史人物的选题；

（九）涉及国民党上层人物和其他上层统战对象的选题；

（十）涉及苏联、东欧以及其他兄弟党和国家重大事件和主要领导人的选题；

（十一）涉及中国国界的各类地图选题；

（十二）涉及香港特别行政区和澳门、台湾地区图书的选题；

（十三）大型古籍白话今译的选题（指500万字以及500万字以上的项目）；

（十四）引进版动画读物的选题；

（十五）以单位名称、通讯地址等为内容的各类"名录"的选题；

前款所列重大选题的范围，新闻出版署将根据情况适时予以调整并另行公布。

2. 选题策划人的素养能力

素养指的是由训练和实践获得的一种道德修养，能力是完成一项目标或任务所体现出来的综合素质。对于负责选题策划工作的人员而言，需要通过反复训练和不断实践，方能获得符合其职业要求的综合素质，进而完成相应的目标任务。

（1）熟练掌握选题策划的工作流程

选题策划者最基本的工作能力，可按工作流程划分为三个阶段：

选题策划前期，有针对性地开展基于选题之上的信息搜集工作，包括社会发展、科学文化等宏观背景信息，以及出版市场、竞争对手、作者情况、读者对象等调研性信息；

选题策划中期，有效整合前期收集的各种信息，提出有创意有操作性的选题策划方案，制作成规范的选题策划书，向相关部门与机构提出申报；

选题策划后期，将申报通过的选题策划书纳入下一流程，帮助下一个环节的执行者理解和掌握策划内容及工作重点，或者将申报未通过的选题策划书纳入资料库，找出未通过的原因，为其后的选题策划工作提供经验与教训。

（2）掌握基本的选题策划方法

选题策划是高度强调创意能力的出版工作环节，掌握基本创意方法，可以有效提高策划效率，基础性的方法有以下几种：

头脑风暴法（Brainstorming）：也称头脑激荡法，最初是精神病理学上的用语。由美国的 A. F. 奥斯本于 1939 年首次提出，1953 年正式发表，最初指一种激发性思维方法，现指新观念或激发创新设想的无限制自由联想和讨论。具体到选题策划中，头脑风暴法就是召集与选题有关的专家或策划人，不设限制，由参与者“自由”提出选题方案，强调其创新性，由讨论激发参与者的创造性，产生尽可能多设想的方法。

热点关键词法：此法主要针对时效性强的选题，要求选题策划人在平时留意各领域的热点话题，如能将其延展为出版选题，策划人就可以按关键词搜索的方法，收集与之相关的各种信息资料，再将其整理为选题策划书，提交相关部门开展出版决策。

热门人物法：主要针对的是人物为主的出版选题类型，既可以是话题性人物，也可以是知名人物；在策划中，既可以人物作为访谈对象成书，也可以请其作为作者成书。

专家意见法：此法的关键性因素是专家，在召集选题策划会成员时，设置一定的参与“门槛”，即具有一定专业权威性、对出版领域尤其是出版市场情况非常了解、能提出建设性意见的专家。与前面的几种方法相比，专家意见法的主力是专家，因此获取成本较高，一般针对的是重大选题或新兴选题，既可以偶然为之，也可以定期开展。

（3）把握选题策划的基本原则

选题策划是出版工作的前提和基础，需要遵循一些基本原则。

政治原则。出版物是属于意识形态领域的精神产品，在我国，选题策划须符合社会文化产品应有的政治原则，即坚持“四项基本原则”：必须坚持社会主义道路；必须坚持无产阶级专政；必须坚持共产党的领导；必须坚持马列主义毛泽东思想。

时效原则。选题策划强调创新，创新的一个具体表现就是时效性，尤其是对出版物市场而言的时效性，即必须抓住时代热点开展选题策划。

需求原则。读者是图书的终极裁定者，是出版物能否产生社会效益和经济效益的终极裁量者。选题策划者一定要考虑到读者的实际需求，并将其作为选题策划的重要指标。

独创原则。选题策划的价值是独家创意，为了能在市场上显示优势地位，选题策划者尤其要重视独创性，避免选题的跟风或克隆，以与众不同的创意点取胜。

完整原则。选题策划具有全面性和系统性，即选题策划者要构建一个完整的方案，通过对选题展开多角度透视，深度挖掘，囊括选题的各方面信息，为其后的选题策划执行提供扎实蓝本。

效益原则。效益原则包括经济效益和社会效益两方面。在经济效益方面，主要体现在选题策划对出版物生产的成本核算上，即在开展选题策划时，要综合考虑投入与产出比，最大限度地为出版主体增加经济回报；在社会效益方面，主要体现在选题策划对于出版物品牌的长期收益上，有时，在开展选题策划时，为取得最佳社会效益要不计成本。

（4）具备选题策划的综合能力

选题策划是一时之用，但需要选题策划人在平时训练自己的综合能力，以便应对不同的选题策划任务，具体而言就是“五能”。

能跑。选题策划者的工作是在出版产业链的最前端，要完成此项任务，需要对产业链终端市场有深刻了解。因此，选题策划人要养成定期去出版物市场的习惯，通过实地观察和访谈，了解图书销售情况、读者购买习惯、出版主体行为等一手资料，为选题策划提供必要的参考依据。

能看。选题策划人员需要养成随时观察的习惯，不仅仅观察出版动态，更重要的是在任何情境中的观察，将观察所得与出版物选题策划联系起来，随时发现新的选题。

能找。社会网络中的“六度空间理论”认为，与任何一个陌生人之间所间隔的人不会超过六个，即最多通过五个中间人，就能够认识任何一个陌生人，在网络构成的世界中更是如此。因此，为了将选题策划迅速落地执行，选题策划人还需要具备借助各种社交网络拓展人脉资源的基本能力。

能聊。能聊指的是选题策划人的社会活动能力，即与选题策划有关的作者、读者、发行人员、出版业同行、书店店员甚至陌生人交流的能力，以便在看似随意的聊天中不经意间获得大量的一手资料和信息，为选题策划工作提供参考。

能淘。能淘关注的是选题策划者的互联网运用能力，包括信息的及时收集与择优处理、大数据挖掘与使用、各种社会关系的联系与沟通等。这种能力考察的就是选题策划者熟练掌握互联网工具的能力，看其是否能适应信息爆炸时代的工作方式，提高其选题策划水平。

第二节　案例详解及思考之一：大众出版

大众出版是从题材和受众层面来界定的出版领域，与普通民众日常生活、休闲阅读以及文化体验相关，是对各种适合大众口味的文化信息的提炼和整合，是以普通人作为出版物对象的出版范畴，具有知识普及性、商业性和大众化的特征。

大众出版物大致可分为文学和非文学两大类，涵盖少儿、小说、财经、生活实用、休闲娱乐、烹调等领域。

与其他出版物的选题策划有别，大众出版物的首要任务是满足当下受众的阅读需求和阅读期待，重视文本的可读性；同时，基于大众出版物受众多、精准度和消费实现率分散的特点，在选题策划中应注重对受众市场的划分，即通过细分选题在大群体里找“专众”“小众”，特别强调对市场动态的预见能力，即针对大众兴趣的创新性与时效性，根据市场需求时刻调整方向。

编辑如何策划少儿畅销书

——以儿童文学作品《米小圈上学记》为例

关键词：出版策划、畅销书、儿童文学作品、分级阅读

个案陈述

从2012年四川少年儿童出版社出版《米小圈上学记（我上一年级啦）》到2016年“米小圈”系列销量全面爆发，中间经历了四年的积累。

2012年9月，《米小圈上学记》“一年级版”出版后，当年开卷年监控销量为1500套。

2013年5月，“二年级版”出版，开卷监控销量为1.3万套。

2014年5月，“三年级版”出版，开卷监控销量达2.6万套。

2015年，开卷年监控销量为7.4万套。

2016年，开卷年监控销量为24.8万套。

2017年第一季度，开卷监控销量已达8.2万套。

由此可见，这套书的销售呈现出良好的几何级增长。

据川少社2017年1月的数据统计，《米小圈上学记》“一至三年级版”销售总量已经突破1000万册。其中，“一二年级版”荣获“中华优秀出版物提名奖”。“一年级版”中文繁体字版权输出到中国台湾。

2017年，“米小圈”全系列产品（包括《米小圈漫画成语》《米小圈脑筋急转弯》等）累计销售1700余万册，销售码洋突破2.9亿元，比2012至2016年累计销售码洋增长39%。

作为一名编辑，要随时掌握各种版权合作信息，并随时准备出击，通过专业技能，将有潜质的图书打造成能引领市场、带动阅读的畅销品。

一、敏锐掌控各种资讯

《米小圈上学记》最早由吉林出版集团出版，出版早期并未引起市场注意，作者北猫（本名刘志刚）当时名不见经传。四川少儿出版社的编辑对此书一直较为关注，对其品质和内容都很了解。

2012年年初，得悉北猫和吉林出版集团解约后，川少社第一时间联系到作者，诚恳邀请北猫将《米小圈上学记》交与川少社合作再版。当时，这部讲述小学生成长的快乐与烦恼的作品还只是一颗“种子”。在双方约谈中，川少社选题论证小组与作者进行了深度沟通，在深入开展市场调研的基础上，共同讨论“米小圈”系列改版细节，双方一致认可，按以下几个方面进行：

其一，提出“分年级”概念。最初，《米小圈上学记》讲述的是米小圈从幼儿园到小学一年级、二年级的故事，改版后提出按年级重新包装，明确提出一年级版、二年级版，一直延续到六年级版的概念。

其二，设计针对小学低年级阅读需求的出版形式。川少社《米小圈上学记》的“一二年级版”弃用原有的32开装帧样式，采用24开的大开本。针对小学一二年级学生识字不多的特点，在内文中加注拼音。同时，考虑到这个年龄段学生的阅读持久性不高，将原版本的每个年级3册改为4册，缩短单册图书的总文字量，提升小学低年级学生的阅读成就感。

川少社认真的做书态度、扎实的工作作风、专业的出版技能得到了作者的高度认可，并为《米小圈上学记》整个系列选定了正确的方向，奠定了扎实的基础。

二、深度激发内容优势

法国著名学者、文学史家保罗·阿扎尔认为，一本优秀的儿童图书应该具备以下几个元素：能给儿童提供直觉又直接的知识形式；尊重游戏的尊严和价值；富有深刻的道德感，努力让真理永远存在下去；能够给予儿童他们热爱的画面。简而言之，即有用、有趣、有益、图文并茂。

《米小圈上学记》是一部优秀的儿童文学，兼具上述所说的四个元素，具备了畅销书的基本元素。而深度打磨文本、激发其内容优势，还是由编辑的实力和功底来决定的。

首先，《米小圈上学记》采用了阅读门槛较低的日记体，以孩子的稚嫩口吻与简单笔法，让每个小读者都有强烈的代入感，很容易就能体会到书中表述的就是他们最熟悉的日常生活和学习情境。从有用层面看，小读者很容易模仿书中的日记体风格，学习初级写作。

其次，《米小圈上学记》巧妙地达成了知识获取与游戏精神的平衡。为了调动小学低年级读者的阅读兴趣，书中几乎每一个章节都会精心设置“笑点”。北猫会“蹲下身子”，在日常生活中寻觅小朋友喜欢的喜剧元素，将其融入书中。在书中，他们可以跟随“米小圈”一起欢乐地游戏，很多小读者说，读《米小圈上学记》是一件极其开心快乐的事。

再次，一部好的儿童文学作品，一定是传达一种正向价值观的。《米小圈上学记》不但给孩子带来了快乐，更重要的是有益于孩子的成长。小读者们能从书中读到同学之间的真挚友情，如“冤家同桌”间细微的情感；学生做错事时老师的处理方式；家长对于孩子的教育等。这里既包括正确的教育，也包括被作者讽刺的教育。作者通过文学手段，把孩子们的心理活动与社会和学校普遍关注的问题紧密结合起来，如“怎么做好事”“父母与孩子的沟通”等问题，让孩子们在轻松阅读中汲取健康正能量。

最后，米小圈的漫画形象设定非常简洁。我们可以发现，从米老鼠著名的三个手指到粗线条的蜡笔小新，角色形象都是围绕简洁这一主线来设计的。米小圈的成功可以说有一半要归功于书中人物形象的设计，它非常具有识别性、符号性。这种涂鸦式的人物形象也很适合孩子模仿，在网络上随处可见孩子自己画的米小圈，甚至自己画的米小圈简报。

三、以 IP 为核心的长期规划

任何产品都有其生命周期，产品规划是延伸图书产品生命周期的关键。米小圈的人物形象突出，深受小读者喜爱，可以围绕“米小圈”这个形象IP进行长远的出版规划。

系统整体的长期规划，不仅延长了“米小圈”系列产品的生命周期，也让“米小圈”成为孩子们心中的经典形象，提升了“米小圈”形象的市场价值。对于“米小圈”系列产品线，川少社做了长期的写作出版规划：

主产品《米小圈上学记》，以“年级”为关键词进行打造，每个年级包含4册，目前出版了一年级到三年级，2017年至2020年将会出版四年级到六年级。目前看来，按照年级划分能帮助书店、小读者精准地选择适合自己年龄的分册。这是一套能伴随小读者一起成长的图书，“小粉丝”在成长期间购买图书的过程，也是固化其品牌忠诚度的一个过程。

把加法改为乘法，全方位打造开发《米小圈益智系列》《米小圈趣学系列》《米小圈小漫画》等系列图书，从多个维度深挖“米小圈”品牌，并打造周边文创产品——《米小圈日记本》和《米小圈图画本》，这两个品牌衍生产品已于2017年出版。

四、走近读者、深入渠道的营销策略

为了让更多的孩子了解和熟悉作者北猫，并通过名家效应提升《米小圈上学记》的品牌价值，拉动相关图书销售，川少社进行了多方位的宣传营销，针对普通读者和经销商开展线上与线下并举的营销策略，取得了良好的效果。

开展校园讲座。2015年开始，川少社在四川、山东、内蒙古、新疆、广西等地组织了多场作家讲座及读者见面会活动。在组织活动前，川少社聘请专家，对作者进行演讲培训，使“北猫哥哥”从性格比较腼腆的“书房男孩”变成能在近千人面前侃侃而谈的“演讲达人”；同时多次与作者、书店、学校沟通商量，尽力完善每一个活动细节，使得《米小圈上学记》校园巡讲签售活动均圆满举办，让“米小圈”形象深入小读者心里。

环环相扣的网络营销策略。从图书商品展示到促销刺激，从产品上市到口碑传播，《米小圈上学记》将消费者有效导入其产品链中：充分利用电商平台的促销方式，通过聚划算、买赠、返券、促销季打折等方式促进

曝光，引导购买；积极主动优化各电商平台上的图书商品信息文案和产品图示，切合电商主题或特色专题，改善陈列效果。消费者购买后，依靠图书本身的品质还会引发微博或朋友圈等社交平台上的口碑传播，其影响甚至比普通的广告和促销更加持久、更加有力。

通过衍生品开展形象宣传。四川少年儿童出版社在推出《米小圈上学记》系列图书的同时，还制作了“米小圈徽章”和“米小圈系列书签”，主要是随杂志发放，或与书店合作开展买赠活动，以及作为讲座活动的赠品等，用以扩大“米小圈”形象在小读者中的知名度。另外，“米小圈手机 H5 游戏”、米小圈有声读物网络产品也对米小圈的品牌起到了很好的推广作用。

有效运营与维护各类发行渠道。2014 年，四川少年儿童出版社召开了经销商营销经验交流会，让经销商进一步认识了解《米小圈上学记》，并适时整合地面店与网络资源，有效地建立了网络销售系统，把与京东、当当、亚马逊、天猫等网络渠道的合作提升到新的水平和高度，这一举措使得米小圈在网络上的销量呈现大幅度增长。

点评

打造畅销书要注重由规律、特性、条件、要素有效组合的成功模式。

一般而言，小学生阅读儿童文学多以文学名著和少数儿童文学畅销作家的作品为主，少数儿童文学畅销作家的作品雄踞畅销榜单多年，新作者难以挤入单。在这样的背景下，北猫凭借“米小圈”系列，跻身 2016 年度码洋贡献率前十名的少儿作者之一，单品种的码洋贡献率更是位列第二，可谓是独树一帜的畅销书个案。

《米小圈上学记》的成功，首先是因为它本身具备了好书的内在素质；其次是编辑的作用，既注重与作者的沟通打磨，又遵循了儿童图书市场的营销规律；再次是这套畅销书符合川少社自身的经营思路和业务特性，这些原因共同促成了自身与对方优质资源的聚合与品牌的建立。

具体来说，编辑对选择和培育儿童文学作家要有“量体裁衣”的本领：北猫的作品幽默活泼，容易让小读者在阅读中获得阅读的乐趣。因此，编辑和出版社在打造作品时就从“幽默”出发，将产品线集中于“趣学”“趣玩”“趣想”等主题上。挖掘出作品优势后，编辑流程的重点就集中在“有用、有趣、有益、图文并茂”这四个元素上，更容易操作。营销策划的重点也由此派生出来，电商网页专题、产品特色图、促销广告语中，这些亮点被反复传播，切中孩子的阅读需求，成功引导家长购买。

总之，打造畅销书，构建多元化的内容生产体系，最重要的仍是内容，内容是出版业的核心。在激烈的市场竞争中，只有夯实内容基础，重视选题开发和原创开发，才能使图书产品畅销，在市场中站稳脚跟，最终才有多元发展的可能性。对于出版社来说，坚守对优质内容的遴选、保证产品质量就显得尤为重要。

思考题

1. 当今文化产业 IP 开发运营渐成趋势，试举出版业两个成功进行 IP 开发运营的案例并分析其成功的要素？

2. 在儿童阅读市场中，分级阅读的现实情况如何？请结合具体的调查事实或数据撰写研究报告予以说明。

3. 选择若干年度某权威畅销书排行榜的上榜情况，梳理你认为值得统计的相关数据，总结畅销书运作的元素、模式、问题或其他有价值的研究成果。

编辑如何打造图书品牌 IP

——以儿童系列图书“迪士尼家庭绘本馆”为例

关键词：品牌 IP、引进版图书、儿童故事绘本、亲子共读

个案陈述

2010 年，四川少年儿童出版社成功签约世界经典动画项目、英国阿德曼动画公司所属品牌《小羊肖恩》系列在中国大陆地区的独家图书出版权，初次涉水 IP 领域，取得了不错的市场成绩。

2013 年，四川少年儿童出版社再接再厉，取得了国内热播动画片《熊出没》的图书出版权，再掀销售狂潮。紧随其后的《小花仙》《兔子帮》《神偷奶爸》《侏罗纪世界》等项目，组合成了四川少年儿童出版社一条坚实的 IP 开发产品线，取得了较好的市场效应。

在成功打造了一系列动漫产品线之后，四川少年儿童出版社累积了丰富的产品开发经验。2016 年，四川少年儿童出版社与世界著名动画品牌——美国迪士尼公司签约，在中国大陆推出“迪士尼家庭绘本馆”品牌。

“迪士尼家庭绘本馆”以当前最为流行的精美手绘风格，讲述迪士尼经典卡通形象或最新热门动画的故事，是迪士尼官方首次授权中国内地出版。经过一年时间的打磨，“迪士尼家庭绘本馆”已出版“冰雪奇缘”系列、“非凡小公主苏菲亚”系列、“小熊维尼和他的朋友们”系列、“海底总动员”系列以及“迪士尼经典动画电影绘本”等 5 个系列，共计 40 个图书品种，其中，“冰雪奇缘”系列绘本成功入选“2016 年中国最美绘本”，截至 2017 年 5 月，已经实现 5 次加印。

2017 年 1 月，开卷系统监测数据显示：在 2016 年图书细分市场中，少儿板块首次超过社科板块，成为最大的细分品类。在目前国内最具影响

力的图书销售电商渠道——京东图书发布的2016年度阅读报告中也显示，以销售码洋计算，2016年最受读者欢迎的图书品类是童书。同时，随着社会对“全民阅读”的持续推广，以及“二孩”政策的全面开放，中国童书在未来仍然具有巨大的发展潜力。

一、填补空白式的出版策略

广阔的发展前景吸引了全国绝大部分出版社涉足童书市场，童书出版机遇与挑战并存。但是，由于大批出版机构的涌入，出现了跟风模仿、重复出版等问题，导致童书出版同质化严重、缺少精品力作。

在这样的市场环境下，四川少年儿童出版社仍然坚持自己明确的定位，不盲目跟随热点，而是从选题的创意、多样化和读者需求等多方面来判断，在这一出版界必争之地中发掘一些市场空白——从“亲子共读”这一庞大的新兴“社会需求”入手，以“吸引孩子的注意力，进而培养他们的阅读习惯”为目标——以这一明晰的产品策略为出发点，四川少年儿童出版社选择了既有“品牌形象”又有“趣味故事”的迪士尼。

作为世界上最著名的儿童图书出版机构之一，迪士尼公司每年平均销售1.2亿册童书，其创造的各类故事是儿童乃至成年人所喜闻乐见的。借迪士尼的优质IP，打造少儿图书专属品牌，成为童书出版社不容错过的契机。

迪士尼一直是流行话题的制造者，年轻一代的父母都是在迪士尼品牌形象和动画故事的影响下长大的，而四川少年儿童出版社出版的“迪士尼家庭绘本馆”集合了迪士尼历史上经典动画形象，并以当前最为流行的精美手绘风格，再现了米老鼠、小熊维尼、冰雪奇缘、小公主苏菲亚、超能陆战队、玩具总动员、赛车总动员、海底总动员、白雪公主、疯狂动物城等一个个迪士尼经典故事，也包括了迪士尼公司未来可能推出的全新动画电影的绘本。这些绘本都是首次亮相于中国内地出版物市场，不仅对幼儿有着不可言喻的巨大吸引力，而且唤醒了年轻一代父母的童年记忆，激发了两代人对这些绘本的浓厚兴趣，引起亲子间的互动和共鸣，成为亲子共读的最佳选择。

在产品开发之际，四川少年儿童出版社重点突出产品的“独家性”与“特色性”。迪士尼公司近百年来累积了包括米老鼠、小熊维尼、冰雪奇缘、超能陆战队、玩具总动员、海底总动员、白雪公主、疯狂动物城等在内的大量动画品牌资源，每一个动画品牌下都有一批内容丰富的绘本图书。

四川少年儿童出版社独家签约迪士尼绘本在中国内地的出版权，抢占先机进行差异化竞争。它在此基础上推陈出新，不仅出版官方故事绘本，还推出了大量官方动画的衍生故事绘本。将迪士尼经典动画形象与全球绘本大师的完美创作相结合，是迪士尼品牌在少儿出版领域的一次升华，更是“迪士尼家庭绘本馆”独有的特色。

二、分品牌图书 IP 深度开发

对于出版业来说，优质的品牌和内容可以确保产品的成功，但仅仅借助授权方的现有资源做产品是远远不够的。为了深度开发迪士尼品牌形象的核心内容，四川少年儿童出版社并未拘泥于单一照搬原版产品，而是活学活用迪士尼 IP 运营思维，从前期的产品研发到后期的市场推广工作，创造性地采用了“分品牌”的策略：将产品根据不同的市场和读者特点分为“迪士尼家庭绘本馆”“迪士尼乐玩小书房”益智游戏书和图画故事书三条产品线，并成立了三个产品开发团队，分别对三条产品线进行重点研发。其中，“迪士尼家庭绘本馆”是重中之重。

为了使迪士尼系列图书更适合中国孩子阅读，更接中国市场的“地气”，迪士尼项目组启用最优秀的文字编辑、美术设计人员、市场发行人员等，大家合力对产品的每一个细节都进行了反复打磨，从前期的产品开发到后期的市场营销，均进行了专业的本土化改造。文字编辑对每一句话都进行了反复斟酌，既保留迪士尼产品的核心特色，又符合中国孩子的阅读习惯，让孩子更易于理解绘本故事所要传达的内涵。同时，迪士尼项目组还针对不同的渠道需求，开发精装、简装、便携本、组合包等不同产品形态，极大地丰富了绘本的多样性，扩大了市场的覆盖率。

与此同时，四川少年儿童出版社在充分调研母婴、商超、幼教等渠道的基础上，专门开发了“迪士尼乐玩小书房”系列益智游戏书。该系列品牌是基于迪士尼形象开发的专门针对学前和小学低龄儿童的益智游戏产品，包括益智游戏、贴纸书、手工书、玩具书、科普书等，产品形态丰富多彩，寓教于乐，给家长和孩子带来耳目一新的阅读体验。

三、立体化的借势精准营销策略

童书的读者是小朋友，而消费者是家长——因此如何让家长们知道图书品牌并形成购买，是“迪士尼家庭绘本馆”前期营销宣传工作的重点所在。2016 年 5 月 4 日全国少儿图书交易会开幕前夕，四川少年儿童出版社联合迪士尼公司、新华文轩商业连锁有限公司举办了“迪士尼家庭绘本馆”品牌发布会，正式推出系列绘本，确立了“迪士尼家庭绘本馆”在各大供应商中的影响力。在随后的推广活动中，四川少年儿童出版社没有囿于图书产品本身，而是根据消费者的类别、层次，采用分渠道、立体化的精准营销策略。

迪士尼本身的品牌效应也成为四川少年儿童出版社在宣传“迪士尼家庭绘本馆”品牌时的一个重要突破口。2016 年 6 月，中国大陆首家迪士尼乐园——上海迪士尼乐园正式开园迎客，四川少年儿童出版社趁此热度，进行了线下绘本阅读分享、线上发起互动评论等营销活动；而在《疯狂动物城》《海底总动员》《海洋奇缘》等众多迪士尼大电影上映期间，四川少年儿童出版社营销团队亦及时抓住机会，借势做了联合促销、微博话题推广等新媒体宣传推广工作，取得了不错的效果。

近年来传统电商的迅猛发展以及社群电商的悄然崛起，对出版社的渠道创新提出了更高的要求。紧跟市场变化，对图书进行更加精准的读者定位和渠道定位，成为图书营销的关键一环。四川少年儿童出版社以“迪士尼家庭绘本馆”的品牌影响力为契机，以“构建和谐供求关系”为出发点，全面布局线上、线下的绘本销售网络。

面对数量巨大的图书品种，各渠道无暇顾及所有的少儿图书，因此，出版社认真及时地做好新书和重点产品的信息沟通尤为重要。首先，要多听取各渠道的意见和建议，实现出版、发行的有效对接；其次，要充分熟悉渠道的销售特点，有针对性地提供适当的营销策略，利用好每个渠道的特殊优势，从而获得最大化的营销收益；最后，与渠道之间保持信息畅通，及时沟通解决问题。四川少年儿童出版社针对不同渠道、不同客户进行精准营销，并每日监控动态销售数据，进而确保“迪士尼家庭绘本馆”项目的市场最大化。

对一家专业少儿出版社而言，尽最大可能获取影响力强的品牌资源，“聚焦内容”打造自有品牌 IP，并针对不同渠道特点制定相适应的营销推广策略，力求在日趋激烈的少儿出版市场竞争中争取到自己的一席之地。这不仅是四川少年儿童出版社打造“迪士尼家庭绘本馆”的市场之路，也是当前各出版社在融合发展大潮下实现转型升级的必经之路。

点评

在注意力稀缺时代，IP 始终是出版社在版权引进时考虑的必要因素，主要包括选题价值、选题知名度、品牌创新三个方面。

选题价值。首先，在当前竞争激烈的童书市场环境中，作为世界上最著名的儿童图书出版机构之一的迪士尼公司因其品牌的内容品质，长期拥有不可动摇的市场影响力，成为各出版企业竞相争抢的品牌资源。其次，四川少年儿童出版社在选题上别出心裁，利用品牌形象加趣味故事吸引幼儿，通过真正激发孩子们的阅读兴趣来增加图书的读者黏度。趣味性、教育性、价值性是少儿图书选题开发的重要方向。

选题知名度。选题的知名度一方面反映了引进版权的价值，另一方面也是图书出版后取得良好市场反应的重要保障。迪士尼卡通形象及衍生品可谓家喻户晓，“迪士尼家庭绘本馆”的成功与迪士尼品牌资源的举世闻名是密不可分的。而四川少年儿童出版社采取的借势营销、分品牌营销、精准营销等营销策略，是绘本图书的又一轮炒热。

品牌创新。对于出版业来说，优质的品牌和内容可以确保产品的成功，但仅仅借助授权方的现有资源做产品是远远不够的。如果按照传统方式做出版就不能最大限度发挥品牌影响力，也不能做到市场的充分覆盖。随着迪士尼授权国内出版社数量的不断增加，出版社对迪士尼系列选题的创新力度与相关营销能力显得更为关键，当前迪士尼系列读物已经占据市场相当份额，如童趣出版有限公司力推“迪士尼分级读物”，华东理工大学出版社推出“迪士尼大电影双语阅读”系列书系，中央广播电视大学专攻0—14岁儿童的迪士尼双语阅读品牌。面对竞争极其激烈的“泛迪士尼”文化童书品牌，四川少年儿童出版社另辟蹊径，从亲子共读的出版市场空缺出发，不仅以精美的全彩插画再现迪士尼各个时期的经典作品，而且还开发了一系列迪士尼经典动画的改编、续编和衍生故事。比如杨鹏创作的儿童幻想小说《功夫米老鼠》，极大地丰富了产品的多样性。品牌创新不仅是内容层面的创新，也包括营销推广层面的创新，是基于图书优质品牌的全面创新。川少社运用O2O营销策略，线上以吸引特定少儿读者销售为主，线下以亲子共读的阅读体验带动销售，在实时掌握销售动态的同时，有针对性地进行多元化微创新营销，值得借鉴。

思考题

1. 分析在打造童书畅销书的过程中，营销对品牌影响力的意义所在，总结目前市场上畅销童书的新型营销策略。

2. 出版社在引进少儿图书版权进行选题策划时，需要考虑哪些因素？请结合具体的案例进行总结。

3. 从出版社图书品牌创新、国内少儿读者接受、营销策略等情况，分析少儿图书版权引进市场的特征与存在的问题。

编辑如何布局出版产业链

——以《三体》三部曲的编辑策略为例

关键词：科幻小说、出版产业链、出版 IP 运营

个案陈述

《三体》三部曲也被称为“地球往事”三部曲，即中国科幻作家刘慈欣创作的三部内容各自独立又互相联系的作品（《三体Ⅰ：地球往事》《三体Ⅱ：黑暗森林》和《三体Ⅲ：死神永生》）。

2015 年 8 月 23 日，《三体》获得第 73 届“雨果奖”最佳长篇小说奖，刘慈欣成为获得世界科幻界最高荣誉的首位亚洲作者。2017 年，《三体Ⅲ：死神永生》再度入围“雨果奖”提名名单。

在获国际重量级奖项后，《三体》三部曲迅速登上国内年度畅销图书榜。2016 年和 2017 年，长期占据亚马逊中国 Kindle 付费电子书榜单前三名，实体书销量总数已超过 600 万册。更为重要的价值是，《三体》三部曲已成为世界科幻文学乃至于世界文学的宝贵财富。美国前总统奥巴马在离任前的最后一个假期里阅读了《三体》，称其是一部“背景宏大、十分深刻”的创作；Facebook 创始人扎克伯格曾在网络上公开表示，《三体》可以缓解自己的阅读疲劳。

在“发掘”《三体》的过程中，此书的责任编辑、《科幻世界》杂志主编姚海军起了关键作用，他将中国科幻从杂志时代带入图书时代，并成为有效布局中国科幻产业运营的关键人物。

从作品判定角度看，姚海军具有犀利准确的专业能力。当他第一次看到刘慈欣的投稿时，便惊叹其超乎寻常的想象力和风格独特的文字表现力。当科幻世界图书出版“视野工程”项目启动时，刘慈欣的《球状闪电》便成为继钱莉芳《天意》销售 15 万册后入选“中国科幻原创基石丛书”的第二本长篇科幻小说。由于当时的科幻图书市场仍处于发展初期，

销量并不令人满意。

从出版产品运营角度看，姚海军的产业策划能力也值得认可。当他拿到《三体》书稿以后，就决定采用连载方式先行培养读者市场。从2006年第5期至第12期，《科幻世界》罕见地辟出八期版面，连载《三体》，使其获得众多拥趸，积累起庞大忠实的读者群。2008年，《三体》作为“中国科幻原创基石丛书”系列的又一本重点图书出版，效果远好于之前的作品。

从产业构建角度看，姚海军的科幻出版产业开发能力很强。当《三体》获得成功后，他还负责出版物的修订、推广、版权开发与授权等诸多工作，助力中国科幻出版产业的强劲发展。

单一出版物的成功，其产业价值较低，如果能以其为核心，建构相关产业链，拓展其产业上游、中游和下游的各个环节，并将其提升到顶层设计高度，将会最大限度地提升其品牌与IP产值。《三体》的成功充分证明了出版产业链布局的重要性。

一、敏锐选题、长远规划，向上游拉伸出版产业链

向上游拉伸出版产业链，即出版主体要着力加大对选题创意和策划方面的投入，注重编辑对图书选题的敏锐感知和长远规划、对市场的精准预测和长远考量。

《三体》责任编辑姚海军非常注重对图书市场端的调查，并上溯到出版上游考虑产业开发可能。2002年，姚海军刚进入《科幻世界》杂志社时，每周都会去书店了解当时科幻作品的销售情况，发现当时的科幻作品市场严重滞后于需求，市场上缺乏新近创作的优秀科幻作品，中国的青少年读者只能阅读诸如凡尔纳等科幻大家100多年前对世界的想象。为适应市场需求、填补市场空白，《科幻世界》杂志社的“视野工程”应运而生。刘慈欣的《球状闪电》就是“视野工程”作品之一，但由于缺乏产业运营，整体销量并没有达到预期效果。

因此，当他收到《三体》这部作品时，就有针对性地重新策划了出版流程。

根据姚海军的分析，杂志的传阅率通常为1∶4，即一本杂志有四个潜在受众，如果杂志连载成功，无疑可积累起读者基数。与直接出书相比，这一做法既规避了图书在市场遇冷的风险，也为作家和作品的长远发展做了铺垫。事实证明，正是这八个月的长期连载，使《三体》拥有了第一批忠实读者群，并通过他们的推荐分享，使“三体热”开始溢出小众群体，向大众读物延展。

可以说，《三体》的成功，得益于姚海军对科幻市场的准确判断，对选题的精准把握和长远规划，是作者刘慈欣和责任编辑姚海军相互成就的作品，是《科幻世界》出版社向上游拉伸产业链的成功佐证。

二、走向世界、走向荧幕，横向拓展出版产业链

横向拓展出版产业链，是基于产业链的网状结构而提出的，即通过对出版物版权这一核心资源的转让，实现其内容资源在不同领域的多重开发。

其一，经典走出去，严把“翻译关”。

不容否认，在国家“走出去”工程和国际版权贸易中，急功近利会导致出版主体片面追求翻译速度、忽略翻译质量，这是制约科幻作品海外传播的主要障碍。

《三体》在国内出版后，迅速赢得了市场的欢迎和热捧，《三体》海外版权输出就理所应当地提上了议事日程。在图书产业拓展中，姚海军建议刘慈欣首先考虑翻译质量，并将其作为选择版权贸易合作公司的首要标准。因此，当中国教育图书进出口公司承诺“我们一定会找到最好的译者和最好的出版社”时，姚海军当机立断，促成刘慈欣与中教图签约，达成版权合作。后来，中教图果然为《三体》找到了最合适的翻译者——华裔科幻作家刘宇坤，联系到美国最专业的科幻出版社——托尔出版社出版，为《三体》国际影响力的飙升打下了坚实的基础。

2014年11月11日，《三体》英文版在美国发行。截至2016年底，《三体》的英文版全球销量超过25万册，能在两年时间达到这样的销售规模，足以证明《三体》的英文翻译水平是过硬的。

同样，对于列入“视野工程”引进的国外高水准科幻图书而言，姚海军对翻译提出了“最低标准”，即不能把任何编辑搞不懂的问题留给读者。由于多年的坚持，成就了科幻世界“视野工程”这一高水准品牌，也成为科幻迷眼中的“免检图书”，本本都是精品。

其二，跨领域开发，视觉化呈现。

出版与影视同属文化产业，在媒介融合的产业背景下，出版与影视实现产业链层面的合作，对双方都具有深远的价值与意义。

刘慈欣和姚海军对《三体》的视觉化转换观念一致，如果能将《三体》这部硬科幻小说搬上荧幕，将会极大提升其社会影响力。因此便有了后来游族影业提出的IP打造规划，以泛科幻为切入点，大胆尝试跨界衍生，为三体的影视化拓展可能性。

2016年，由Lotus Lee戏剧工作室出品的大型多媒体舞台剧《三体》结合3D、Mapping、纱幕成像、视听特效、虚拟现实元素、无人机等前沿黑科技进行表演展示，先后在北京、上海、广州、深圳、成都和重庆六个城市巡演，大获成功；2017年开展第二轮巡演，得到了更多的关注。

《三体》跨越不同领域，面向不同市场，进行作品的版权开发，形成超级IP，既实现了其自身资源价值的最大化，也扩大了出版企业的合作空间和出版社的社会影响力。

三、开发周边、品牌衍生，向下游拉伸出版产业链

向下游拉伸出版产业链，即出版主体主动将图书内容资源开发成周边衍生品，并进行品牌营销，既可扩大出版产业链的利润空间，也可对出版产业产生巨大的衍生价值。

当前，《科幻世界》杂志社与赛凡科技空间合作，设计出富有《三体》内涵的周边产品，包括红岸基地笔记本，在笔记本插页上印刷刘慈欣手书

的三体人物语录，同时推出了三体黄铜书签、三日凌空雨伞、三体和纸胶带和三体日历等文创产品，不仅赢得了刘慈欣本人的认同和赞赏，更让三体粉丝拥有了自己的周边，形成对三体这一品牌强烈的认同感与归属感。《三体》周边衍生品的成功运营，实现了《三体》的价值增值。

作为本书的责任编辑，姚海军积极利用社会化媒体对《三体》进行话题跟踪和互动传播，直接促生了《三体中的物理学》和《三体 X：观想之宙》等衍生图书的出版，提升了《三体》的品牌价值。此外，他还在微博上大量发布与《三体》相关的各种消息，增加图书的曝光度。另外，作为资深的科幻编辑与出版家，姚海军还通过参加各种专业研讨会、评奖会、推介会等机会，宣传《三体》，进一步扩大了作品在专业领域的知名度与美誉度。

四、出版产业的顶层设计

顶层设计原本是工程学术语，其本义是统筹考虑项目各层次和各要素，追根溯源，统揽全局，在最高层次上寻求问题的解决之道。用在出版产业，就是要统筹考虑某一出版项目的产业链的各个环节，在全局高度统筹设计，进行资源整合和最佳配置。

从微观上看，即从出版物的诞生来讲，出版是一个产业链系统工程。虽说编辑工作是整个出版工作的中心，但编辑不应只着眼于某一具体环节，姚海军从“视野工程”启动之时起，便倡导“全流程编辑”理念，鼓励编辑团队成员建立产业链系统思维，统筹选题审核、编校加工、装帧设计、发行营销等各个环节，彼此促进，彼此成就，全局与部分息息相关。所以，在姚海军收到《三体》书稿后，可以将其策划为先通过杂志连载拓展读者群，再出版图书扩大其影响力，最大限度提升其产业价值。

从宏观上看，即从类型文学的发展来讲，每一本书都有可能为其所属的文学类型树立标杆。随着时下目标读者定位越来越精准，图书市场将进一步细分。而如何在一个小众的细分市场找到自身优势并使小众作品吸引更多的注意力，需要编辑具备统筹规划能力。从《三体》的出版过程，可以看出，《三体》并不是一个孤立的个案，而是在《科幻世界》杂志社出版“视野工程”中“中国科幻原创基石丛书”的一个子项。

姚海军认为，出版人有责任更新国人的想象世界，为此，他提出由杂志社组织出版科幻系列丛书，并为之起名“视野工程”，其下涵盖“世界科幻大师丛书”“世界奇幻大师丛书”“中国科幻原创基石丛书”“世界流行科幻丛书”和“星云系列”等五大品牌，截止到2017年底，共出版图书200余种，其中“世界科幻大师丛书”引进科幻名著已达到160种。更重要的是，引进不是终极目的，而是为了培养中国本土科幻作家。这样的品牌矩阵，组成了国外与国内、经典与流行、名家与新秀并举的出版方针，体现了编辑对作品的全方位规划和顶层设计的大格局，通过纵向拉伸和横向拓展，编辑从宏观长远角度布局出版产业链，实现作品的最大价值。

点评

如果说复旦大学严锋教授评价刘慈欣“单枪匹马把中国科幻文学提升到了世界级的水平”，那么，发掘并助力《三体》风靡全国乃至全球的姚海军应该也担得起“将中国科幻从杂志时代带入畅销书时代”这一评价。

《三体》的成功，首先源于作品的优质内容，在运用硬科幻架构作品的同时，植入了关于人类文明的思考，软硬结合，成为其突出的优势。其次是编辑慧眼独具，发掘推出《三体》，使其走入大众视野，走向国际。再次，《科幻世界》杂志社“先进行杂志连载再进行图书出版”的战略性决策，通过培育读者市场再做口碑营销，做成长销书，再开展IP运营。三者合力，共同促成了《三体》这一品牌，成为中国科幻界乃至文化产业的一个明星产品，同时也为编辑和出版主体赢得了良好口碑，实现了多方共赢。

从编辑的角度来看，秉持优秀科幻作品具有提升国民想象力的信念，是发现《三体》这部作品最重要的因素。其次，编辑对翻译的高标准严要求，是《三体》能顺利走出去赢得国际市场的重要指标。将《三体》打造成 IP，开发周边产品，一方面，稳固了原有读者，另一方面，从其他领域的受众圈吸引了潜在读者，并让作品尽可能长时间地保持热度，有效延长了作品的繁荣期，推迟了衰退期，保证其成为一部具有可循环周期的“长销书”。

思考题

1. 请选择科幻世界杂志社“视野工程”五大品牌中的某一类，将其所有出版物进行统计分析，学习科幻系列图书的编辑手法。

2. 你是否认可“科幻出版对 IP 的依赖程度更高”这一说法？列举国内外成功或失败的科幻出版 IP 产业链的案例，结合《三体》的 IP 产业运营撰写报告或论文。

3. 你认为编辑需要承担出版 IP 产业运营的工作吗？这与传统编辑的实务工作是否冲突，论述你的观点。

编辑如何开展通俗出版物的选题策划

——以长篇小说《欢乐颂》为例

关键词：通俗出版物、影视同期书、多媒体营销

个案陈述

《欢乐颂》的作者阿耐是一位主业经商的业余作家，但如果从出版作品的质量和数量来看，阿耐胜过很多专职作者。2004 年，上海人民出版社出版了她的第一部作品《食荤者》，2005 年出版《余生》《最后一只狐狸精》，2006 年出版《不得往生》，2007 年出版《都挺好》，2009 年出版《大江东去》（三卷，150 万字）并获当年中宣部“五个一”工程奖，2012 年出版《欢乐颂》，2013 年出版《艰难的制造》，2013 年写作《落花时节》……

其出版主体四川文艺出版社在选题策划环节即注重其他环节的产业布局，成效突出。

在《欢乐颂》开拍时，中央人民广播电台娱乐广播即向四川文艺出版社购买了《欢乐颂》有声版权。及至电视剧播出次月，《欢乐颂》小说在开卷非虚构类图书排第 24 位，当月开卷监控达 55635 套。四川文艺出版社非常有前瞻性眼光，在《欢乐颂》电视剧播出的前一年即与作者续签了电子版合约。电子书销量占据掌阅、微信读书、网易云阅读、当当电子书等平台的榜首，当年仅电子书收益就达数百万。从社会效益角度看，《欢乐颂》荣获 2016 年华语原创文学小说评选最受欢迎影视原著小说和总局评选的“大众喜爱的 50 种图书”，此选题取得了社会效益和经济效益双丰收。

通俗出版物与其他出版物最大的区别在于读者基数大、风险和获利的可能性高，因此更需要有科学的选题策划。

一、作者挖掘与作品定位

2010年，阿耐开始在晋江文学城连载《欢乐颂》。此前此后，她的作品都得到了读者的高度评价与积极反馈，比如，《大江东去》在豆瓣上获得了9.2分的评分，被读者盛赞为“新时期的《平凡的世界》”。阿耐的淘宝店中《大江东去》缺货，她就将此书标价1000元，本意是为了阻止读者下单，没料到真有读者下单，觉得《大江东去》值这个价。

四川文艺出版社编辑李淑云在朋友转发中接触到了阿耐的博客，开始追看《欢乐颂》，引发共鸣，追看日更不过瘾，她就将阿耐所有的作品都找来看，折服于阿耐对商战、家庭、企业等领域鞭辟入里、酣畅淋漓、异常生猛、恢弘壮阔的描述，成为阿耐忠实粉丝。

以“粉丝”角色入坑，并萌生出版偶像作者图书的冲动，甚至为此调入文学编辑室。当然更重要的是从编辑角度，衡量《欢乐颂》的出版价值，开展选题策划。

首先，通过通读细读作者所有作品，编辑基本了解阿耐的写作脉络。熟读作品，了解作品，不仅能更好地和作者交流，而且也便于判断作品，给作品定位。编辑认为，作者从事写作十余年，进步非常明显。从《食荤者》的短小精悍到《大江东去》的大气磅礴，是格局的开拓；从《大江东去》到《欢乐颂》，是精英视角到平民视角的转型。职场是阿耐作品中重要的组成部分，虽然曾被贴上“财经作家”的标签，但作者笔下的职场不同于那些充斥着圈套、心计、阴谋的职场或商战畅销书；她笔下的人物，不管家境如何，资质如何，处境如何，都在努力工作、积极生活、互相友爱，总能传递出基于丰富人生、社会阅历给出的理智、公允而又充满善意的观点。《欢乐颂》有别于阿耐以往更多着墨于精英人物传奇人生的作品，撕掉了此前作品鲜明的商战/财经小说标签，不太好归类。这部小说既有职场法则，又有爱情指南，但若简单归为职场小说或爱情小说又有失偏颇。可以说，《欢乐颂》是很好的世情小说，写出丰富的人生世态。

其次，编辑丰富的文学储备使其能站在文学史的高度去衡量现有作品。通过横向纵向比较，编辑认为，《欢乐颂》通过五个女人的成长，描述了中国当下城市化的进程，大家聚集在这个现代化的都市中怎么去寻找到自己的人生和梦想；怎么在城市化的进程中面对自我、面对他人、面对社会。这样的题材非常有现实意义，是当下稀缺的。

二、选题策划与选题报备

作为与作者素未谋面的编辑，李淑云选择在微博上与阿耐沟通。由于她对作者所有作品都了如指掌，很容易打动作者。比如，阿耐在她的社交账号提到某部作品售出了影视版权，编辑回复，“那部作品不是你写着玩的吗?”作者很是诧异，因为那部作品的确没出纸质版，确实是她“写着玩”的。

在读完《大江东去》纸本书后，编辑向阿耐发出了一封长长的约稿邮件，谈及对其作品的一些感想，同时附上了《大江东去》的纠错记录。这样的诚意是编辑边看电子版，边记录“硬伤”才能做到的，最终，编辑得到了作者出版《欢乐颂》的回复，从约稿到签订出版合同，历时接近半年。

在与作者联络的过程中，编辑已经开始着手策划如何以最佳形式呈现作品了。她注意到《欢乐颂》在晋江和阿耐博客连载时，网友的评论质量很高，比如，《长大》《外科风云》的作者“zhuzhu6p”就为《欢乐颂》写过很多精彩的长篇评论。当时有网友留言，认为评论也是《欢乐颂》的一部分，何不在每一章节后收录部分精彩评论？编辑在与作者沟通时，将这一策划点告知作者，得到了阿耐的认可和支持，为其后的出版物内容与形式设计奠定了坚实的基础。

在与作者进行前期沟通的同时，编辑已经在编室内部报了《欢乐颂》这一选题，得到当时的编室主任及同事的大力支持。由于《欢乐颂》在连载中就已被当时在山东影视公司就职的侯鸿亮签下影视版权，这一优质选题很有可能被其他出版主体抢走。为此，编辑室主任建议编辑不走常规的社里选题论证会程序，直接向四川文艺出版社决策层汇报，最终得到总编辑和社长的高度肯定，并当机立断，以不菲的价格签下。

四川文艺社重金签订这一出版物，其魄力可嘉。因为当年，阿耐的新浪微博粉丝数仅有5000左右，开卷监控作者之前出版的作品销量并不高。

三、编辑加工、装帧设计与营销推广方面的策划

和阿耐签订《欢乐颂》出版合同后，选题策划就进入了编辑环节。编辑将之前设计的“评论”落实，即在每一章之后添加读者的精彩评论。

《欢乐颂》出版后，阿耐在博客中这样写道：“我在写《欢乐颂》时候经常说，这篇小说要与评论一起看，映照着看，不看评论是一大遗憾。幸好，编辑好姑娘也认同我的意见。于是有史第一次，网友们的评论与我的文字一起印在书上，终于满足了我这个网络作者出书以来一直心存的一个愿望。曾有采访问我，为什么热衷网络写作。我的回答是，喜欢与网友的即时交流。我在写作时单纯投入的是性情，而网友们待我也以单纯的性情。因此不免彼此有一拍即合，也有龃龉破裂，各种七情六欲，但都是性情自然流露。这就是网络写作与网络阅读的魅力。”

《欢乐颂》的读者定位是一二线城市的年轻女性，即通过几个女人的成长，反映社会城市化进程中方方面面的问题，是“一本女性成长的百科全书”，因此，在装帧形态上，要求图书装帧大气时尚。

为此，《欢乐颂》邀请国内知名的设计师门乃婷为图书做装帧设计师，在多套方案中，出版方最后采用了一个眼睫毛上有城高楼倒影的图案，三册图书的底色均为简约灰，在其上用色彩明艳的粉红、湖蓝、紫色做细微区分，显示了很强的时尚感，也符合图书的定位。

《欢乐颂》本身文字较多，在内容策划上又增加了读者评论，最终成稿不得不做成三册，由于未采用腰封，只能将主文案“在时代里，他和她不期而遇；在人生里，你和我都是邻居；悲喜交加的心事，独立奋斗的姿势，破茧成蝶的未知”以很小的字号，放在不起眼的位置呈现，未能体现其宣传和总结效果，可说是此次策划的一个小小的遗憾。

在营销策划方面，其亮点在于将图书中的虚拟元素与现实对接，以书

签代替房卡，使这部小说成为读者的“纸上家园”。为此，编辑发掘了作者的潜能，邮寄500张书签给作者，请她在空白处画狐狸（作者喜爱狐狸，早年间的一部小说名为《最后一只狐狸精》）并签名，作为《欢乐颂》初版的营销方式。出版方印制了上书“亲爱的业主，欢迎入住欢乐颂****”的500套书签，请作者签名、编辑填写房号——小说中的三位女主人公樊姐、关关、小邱所住房间为2202号，因此，买到房号2201、2203、2202的幸运读者还会得到额外赠送《都挺好》和《不得往生》签名本。更独到的是，编辑还结合书中的情节设定，特意填写了三张编号为2202的书签。

偶发创意也是选题策划中的意外之喜。当时，在《欢乐颂》出版前，编辑判断阿耐读者的忠实度较强，因此在豆瓣上逐个给读过阿耐作品的人发了一封豆邮，告知出版信息，并附上《欢乐颂》网站预售的链接。在有限的阿耐读者的回复里，居然有一位是当当网的图书采购，她说她看过阿耐所有作品，也很看好《欢乐颂》，并留下了电话。在图书出版前，编辑与当当网就谈定《欢乐颂》书签版套装，考虑到阿耐时间非常紧张，当当网采购者提出了再做一批《欢乐颂》赠笔记本版套装，并对《欢乐颂》封面、文案提出了很好的建议。《欢乐颂》预售就登上当当网首页，第一天预售就超过100套。

第一波收到签名书签的读者，纷纷在微博上晒房号，并@作者和编辑为作者设立的书友会。很快，就有幸运读者晒收到“五美”之一的房号，有的读者为了增加中奖率，一次性下单几套书，明显拉动了销售。500套签名版很快售罄，出版方如约给幸运读者寄去了阿耐另两本图书的签名版。

四、将读者意见、专业书评、剧版授权作为再传播手段

阿耐一向低调，从来不进行签售。但书签签名版策划并非单纯的营销噱头，不仅是销售行为，而且是搭建起作者与读者交流的桥梁，因此，作者才同意。这在阿耐的出书生涯中是第一次，迄今为止，也是唯一一次。在为阿耐设立的书友会微博上，居然还收到了当时中影副总裁的私信，对

方询问阿耐《都挺好》《欢乐颂》《大江东去》的影视版权是否售出，可见其影响力之巨大。

编辑在豆瓣约评小组征集《欢乐颂》书评人，之后又逐一给书评人寄书，每个包裹都附上一封手写书评人姓名和编辑落款的信。为了能约请到书评大家，编辑还私信给豆瓣红人、杭州作家苏七七，专门给她寄去一套《欢乐颂》，请她写读后感，得到了《我们的时代，我们的悲欢》这篇后来被多家媒体转载过的重量级书评。

传媒平台刊登书评，也是提升出版品牌的一种有效方式，为此，编辑积极主动地寻找媒体人和书评人的联系方式，参与传媒报道与分析，比如《文汇报》在《欢乐颂》电视剧播出后，邀请专家写《欢乐颂》的剧评，约请编辑撰写《欢乐颂》小说的出版过程，做成一个整版，极大提升影视同期书的再传播力。

《欢乐颂》电视剧发布演员定妆照后，编辑通过阿耐与剧组人员取得联系，获得了剧组友情提供的剧照授权，并据此设计新的宣传海报用于网站宣传，还在当当网、剧组官方微博等平台上进行转发赠书，延长了图书的销售期。

点评

对于通俗出版物而言，选题策划尤其重要，原因就于其读者基数大，出版效果明显。因此，出版主体应从选题策划入手，将作者预判、作品定位、选题报备、编辑加工、装帧设计、营销推广等环节考虑在内。

编辑对于《欢乐颂》的选题策划过程，从四个方面强调了策划对于一部作品的重要价值。

由于编辑对于作品的熟悉和喜爱，使其在选题策划中，能以最大诚意和对作品的熟悉程度打动作者，使之与出版主体签订出版合同；同时，编辑室及总编室对于选题的肯定与支持，愿意出重金与作者签约，表明出版主体的担当与眼光；在接下来的编辑加工与装帧设计中，出版主体与策划编辑通力合作，寻找最适合的出版方式，彰显其内容的时尚与现代；本案例最重要的贡献在于营销策划过程中，编辑所起重要作用。她深刻认识到口碑营销对于出版物的助推作用，因此，主动邀约媒体与书评人，开展有针对性的阅读引领，同时，借助影视剧的热播，出版主体进一步延伸出版产品的市场生命周期，取得了良好的销售业绩。

思考题

1. 选择你最熟悉的通俗出版物，对其进行文献梳理，看书评对其营销是否有助推作用，并寻找这一个案在选题策划上的创新点。

2. 开展对影视同期书的个案研究，分析其在不同的媒介载体上选题策划的侧重点及二者之间的区别。

3. 请选择通俗出版物中口碑处于两极的研究对象，尤其是销量大而评价不高的作品，分析其在选题策划上值得借鉴的方面。

第三节 案例详解及思考之二：主题出版

主题出版是围绕国家政治、经济、社会、文化等方面的工作大局，就党和国家发生的一些重大事件、重大活动、重大题材、重大理论问题等主题而进行的选题策划和出版活动。

数据显示，2015 年上半年，全国新书畅销排行榜中，前 10 名中有 9 种，前 20 名中有 18 种，前 30 名中有 22 种，前 50 名中有 29 种都是主题出版选题，① 可见选题策划对于主题出版成就的助推作用。

随着时代发展，主题出版类图书的选题策划，应牢牢把握住政策性、故事性、权威性、创意性和整合性等原则。

① 李旭．主题出版的概念、特征、策划规律［OB/LB］，http://www.bookdao.com/article/255391/.

编辑如何开展重大主题出版物的选题策划

——以长篇小说《红船》为例

关键词：重大主题出版、献礼作品、红船精神

个案陈述

《红船》这部长篇小说是纪念中国共产党诞生95周年，从文学层面对习近平总书记首倡的“红船精神”进行解读的出版物，是极具历史意义和时代价值的出版行为。

《红船》于2016年6月正式出版发行，一经推出，便在线上线下掀起了销售热潮。一个月内重印两次，截止到2018年1月，此书已重印16次，总印数突破12万册。

《人民日报》高级记者钱江在看完本书后评价：“黄亚洲将建党的历史细节化、具象化了。”《文艺报》总编辑梁鸿鹰评价本书：“天地出版社在中国共产党建党95周年之际推出黄亚洲的长篇小说《红船》，无疑为我们深入解读和弘扬习近平总书记首倡的‘红船精神’提供了一部形象的教材。”中国传记文学学会主席万伯翱先生在读过书稿后很有感触，当即提笔为本书作序。

出版主体决策者经过系统严谨的选题策划，使《红船》，取得了社会效益与经济效益双丰收的喜人成果。

重大主题出版物尤其需要选题策划，通过选题策划，可以全方位预判这一领域出版物的社会影响力，使其操作与执行更有方向感，更有目标性。

一、《红船》的选题策划背景

2005年6月，时任浙江省委书记的习近平同志在《光明日报》发表5000多字的署名文章《弘扬“红船精神”走在时代前列》，认为“红船精

神”是中国革命精神之源，他将“红船精神”的内涵高度概括为：开天辟地、敢为人先的首创精神；坚定理想、百折不挠的奋斗精神；立党为公、忠诚为民的奉献精神。“红船精神”是我党近百年来所秉持的奋斗与奉献的立党原则，是对我党从诞生伊始直到今天所天然具备并始终践行的不变的宗旨。

2016 年 2 月，为深入学习贯彻习近平总书记系列重要讲话精神，推动全面从严治党落实到基层，巩固拓展党的群众路线教育实践活动和“三严三实”专题教育成果，进一步解决党员队伍在思想、组织、作风、纪律等方面存在的问题，保持发展党的先进性和纯洁性，党中央决定，在全体党员中开展“学党章党规、学系列讲话，做合格党员”学习教育，即“两学一做”。

“三严三实”“两学一做”专题教育活动的提出，与“红船精神”的倡导与弘扬有着一脉相承的内在联系。基于这一背景，天地出版社应时而动，积极响应号召，利用长期积累的在时政、党史出版方面的优势和经验，确定了这一项目，承担起主题出版的社会责任，弘扬主旋律，向中国共产党建党 95 周年献礼，《红船》由此诞生。

二、《红船》选题策划中的人力资源基础

天地出版社曾与著名作家黄亚洲有过多次成功合作，比如，2014 年 8 月，双方合作推出《历史转折中的邓小平》，其同名影视剧在中央电视台播出，影响很大，这为双方再度携手打下了坚实的基础。

黄亚洲是共和国同龄人，曾任第八届全国人大代表、中共十六大代表、第六届中国作家协会副主席、浙江省作家协会主席、中国作家协会影视委员会副主任等职，曾获“首届中国百佳电视艺术工作者”“全国优秀电视剧编剧”称号。黄亚洲是以严肃认真著称的学者型作家，虽然身兼多个领导职务，但在听到天地出版社对于《红船》的选题构想后，还是表现出了浓厚的兴趣，加之此前已有丰富的资料积累和相关研究，因此对成稿有足够的信心。其实，黄亚洲对《红船》创作的积累早在二十余年前就开

始了，创作中增删十数次，终成定稿。作品通过多个场景和线索交错推进故事情节，恢宏的历史画卷徐徐展开。

天地出版社社长杨政曾策划出版过多部有口皆碑的好书，具有一个优秀出版人独特的时代嗅觉，兼有资深出版人的社会责任感。对于建党95周年，杨社长认为由黄亚洲担当作者是最佳选择，最终事实也证明这一选择是正确的。

双方都同意《红船》的选题策划内涵，即以真实历史事件为依托，塑造陈独秀、李大钊、毛泽东、周恩来等百余位个性鲜明、命运各异的历史人物，表现他们在20世纪初这一特定历史时期和革命洪流中的思索与进取、沉浮与抉择，重点描写了五四运动、中国共产党的诞生、国共第一次合作、北伐战争、“四一二”反革命政变、南昌起义、秋收起义、井冈山会师等事件的前因后果。十年大事无一遗漏，脉络清晰自然，是一部既具有文献价值，又富思想内涵的长篇佳作。

三、《红船》的编辑执行力

作为重大主题出版选题项目，《红船》从一开始就注定了其非凡的意义与价值。时代的大背景、优秀的作者资源、出版社领导的高度重视，使其具备了“爆发”的可能。因此，该项目更需要有强大的编辑队伍，通过极强的执行力方能完成，从出版方角度看，主要做了以下工作：

1.“软禁”作者

稿件质量是图书的灵魂，2016年4月，稿件基本成型，但黄亚洲先生本着精益求精的态度，还是决定抽出整块时间坐镇北京打磨稿件，同时将一些新的想法和内容整合进去。

天地出版社为了保证书稿质量，保证作者与编辑及时沟通，专门为作者安排了一间办公室，并派专人协助，对稿件进行调整、改动、润色，历时月余，书稿最终顺利定稿。

2.“虐待”设计师

《红船》的封面设计颇为“难产”。设计初衷是要做得简洁大气而又有历史感、贴合主题。但设计师开始做的十余个方案，都被一一否定。出版社社长、编辑中心负责人、编辑部门主任层层把关，只要一个人不满意，就推倒重来。编辑部主任更是长期“驻守”在设计工作室，废寝忘食，与设计师“形影不离”，将设计师“折磨”得够呛，最终才拿出编辑部满意的设计定稿。

四、《红船》的营销推广策划

回顾《红船》营销推广的全过程，以下几个方面的经验值得参考。

1. 超前策划，坚持高标

超前的意识，即对主题出版方向具有敏锐的洞察力，是《红船》选题策划的关键。天地出版社策划团队时刻关注时事热点，关注习总书记的党建精神，依靠自身的优势资源——优秀作者和优秀作品，制定主题出版的高标准、严要求，将精品意识投入图书的选题策划和编辑出版之中。

天地出版社多年来在主题出版方面的成功心得，加上黄亚洲数十年在主旋律创作方面的积累，强强联手，推出了这部高质量、“双效”俱佳的作品。

2. 明确节点，狠抓落实

天地出版社对《红船》的出版进度严格把控，从选题方向、内容定位、作者筛选、稿件优化，乃至后续的编辑、印刷、发行、推广等各个环节，做到心中有数，有条不紊。为了《红船》的按时保质出版，出版社狠抓落实，责任到人，目标只有一个：在保证质量的前提下，以最快的速度使图书上市。

3. 多方试读，精益求精

样书出来后，首先做的是试读本的试读活动，多方征求意见。出版社迅速确定了一个由党史、文艺界的专家学者组成的名单，100 本试读本火速寄出。其中有个细节值得一提：2016 年 5 月，天地出版社的同志来到中宣部，将《红船》试读本当面呈交给黄坤明部长，并对图书出版背景进行了介绍。黄部长笑着说：“你们的书立意很好，我们需要这样的好书，我本人也会认真阅读。”在提到作者时，黄部长说：“黄亚洲是浙江的作家，我认识他，他写了不少好书。”大量专业的试读反馈意见，对于进一步完善书稿质量，起到了很大的作用。

4. 组织书评，占据高地

《红船》正式出版后，为了在媒体上造势，占据理论高地，出版社发动各方资源，组织了规模巨大的书评征集工作。十九大召开前夕，四川省直机关开展了“不忘初心，牢记使命”主题阅读活动，将《红船》作为核心读本，受到干部群众的一致好评。作品本身的高质量和出版社真诚的约请，感动了众多领导及专家学者，不少人挥笔写下了数千字的评论，分别从文艺的角度、思想的角度、党建的角度等，对《红船》进行了全方位的解读。

5. 媒体轮动，影响持续

《红船》出版后，《人民日报》、《光明日报》、《文艺报》、人民网、求是网、中华网、中国共产党新闻网等主流媒体，以及新浪、腾讯、凤凰网等知名媒体，对《红船》的出版发行情况进行了持续的关注与报道。《红船》的媒体曝光率、知名度一直保持在较高的水准，为《红船》及“红船精神”的传播起到了积极的作用。

《红船》出版以来，作者黄亚洲应邀到全国各地进行了十余场“红船精神”主题宣讲活动，引得媒体争相报道，从而使《红船》和“红船精神”进一步深入人心。

2017 年 11 月，天地出版社联合浙江嘉兴相关部门，在南湖革命纪念馆开展名为“弘扬‘红船精神’牢记初心使命”的主题活动。作者黄亚洲及有关部门领导和众多媒体都参与其中，进一步扩大了《红船》的影响。

点评

由上述的案例陈述可见，这一出版物的成功打造离不开以下三方面的策划。

第一，与其他形而上的选题不同，《红船》选择具象事物即以真实历史事件为依托来承载中共精神。通过这一方式，党的发展历程中的百余位历史人物命运得以书写，历史事件中的每一个细节得以展现，从而为读者进一步学习、解读、弘扬“红船精神”呈现了一幅生动、形象的历史画卷。

第二，选题策划时考虑到营销时间的问题。《红船》作为一部献礼作品，是具有时间效益的出版行为。因此，《红船》在策划之初就对出版进度严加管理，以在保质的前提下，以建党95周年这一上市节点为目标对出版各个环节进行把控。

第三，选题策划者具有超凡的选题敏感性及决策力。天地出版社策划者看到了2016年为深入学习贯彻习近平总书记系列重要讲话精神开展的“三严三实”“两学一做”专题教育活动与2005年时任浙江省委书记的习近平同志提倡的“红船精神”之间一脉相承的内在联系，以此进行价值判断，综合考虑其潜在的政治价值与精神影响力，进而利用出版社自身在时政、党史出版方面的独特优势和丰富经验，不计成本策划出双效统一的作品。

总之，长篇小说《红船》的双效丰收，突显出优化选题策划对重大主题出版物所产生的重要作用。

思考题

1. 结合天地出版社出版《红船》的选题策划过程，分析其成功的基本要素。

2. 除了《红船》，你还能举出哪些是选题策划成功的主题出版物，试分析其成功之处。

3. 如果让你作为重大主题出版物的选题策划编辑，请结合当时的具体情况，撰写一份选题策划书。

编辑如何开展主题出版物的影书联动

——以《历史转折中的邓小平》为例

关键词：影书联动、主题出版物

个案陈述

《历史转折中的邓小平》是一本具有独特性、独立性，较高艺术品位和阅读体验的文学精品。时代的需求及时代精神的彰显和弘扬，创作团队的权威和专业，作品的高质量，以及同名电视剧的巨大影响及推动力，这一切使策划、出版方对于此书社会效益、经济效益予以很高的期望。

中国作家协会创作研究部主任梁鸿鹰对此书的评价是："《历史转折中的邓小平》描写了从毛主席逝世到共和国成立三十五周年庆典这一特殊历史时期，邓小平为中国发展所做出的历史性贡献，细致反映了拨乱反正、平反冤假错案、恢复高考、向科学进军、文艺复兴、联产承包、中美建交、开办特区等重大事件，清晰地反映了一个波澜壮阔时代的生活全景，是一部气势恢宏、忠于历史，对现实充满启迪意义的好作品。"

该书自2014年8月正式出版后，加印不断，截至2018年1月，印数已近15万册，产生了积极而广泛的社会影响。

《历史转折中的邓小平》初版于2014年，即邓小平同志诞辰110周年。本书是以改革开放的总设计师邓小平同志为主角，策划的一部充满历史感和现实意义的长篇作品，符合历史与现实需求，是弘扬主旋律、具有高度纪念意义和历史意义的。

一、策划背景

新华文轩旗下的北京华夏盛轩图书有限公司以出版主旋律题材的作品见长，具有丰富的资源、专业的团队和完善的营销宣传及推广渠道。策划团队经过认真筛选、协商，考虑到题材的严肃性、重要性、权威性，最后决定邀请中共中央文献研究室第三编研部主任龙平平、著名作家黄亚洲、著名编剧张强和魏人参与作品创作。这几位作者都是党史、时政、文学方面久负盛名的作家，足够权威也具有足够的市场号召力。

虽然是“命题作文”，但是几位作者都十分重视。因为他们已有很多相关素材的积累，也早有创作一部与总设计师——邓小平相关的大型文学作品的想法。在小说创作的同时，他们也在创作同名电视剧剧本，拍摄制作完成后将在央视一套播出。

作品以改革开放的总设计师邓小平同志为主角，生动刻画了邓小平同志从1976年复出至1984年参加国庆阅兵为止的一段人生历程，再现了以邓小平为核心的第二代领导集体带领国家结束“十年动乱”、实行改革开放、走向繁荣富强的宏伟事迹。

此书的创作方式独特，首先在作者配搭上采取了“专家＋作家”的组合，使得这本书有独特的气质：既有党史专家的尺度把握、学术支撑，又有作家对读者阅读体验和阅读情趣的充分关照。其创作采用“实线＋虚线”手法，即将历史真实与文学虚构相结合。书中使用了大量真实而准确的史料，坚守着真实、准确的底线，对重大事件、主要人物活动进行细致的还原呈现，特别是对许多历史事件有所揭秘，表现出历史转折时期从中央领导到普通民众思想观念的矛盾冲突，惊心动魄，引人入胜。同时也设置了一条虚构人物的线，虚构了夏默、夏建国、田志远、田源、曹慧等众多人物，正如鲁迅先生所说的“杂取种种人，合成一个”，呈现出高度的艺术真实。

二、编辑实务

电视剧剧本《历史转折中的邓小平》刚一完成，就由总编剧龙平平统筹主抓，原中国作家协会副主席、浙江作协名誉主席黄亚洲和实力作家张强开始头两稿的创作。在剧本的基础上，几位作者历时一年进行再创作，三易其稿，同时也融入了众多领导、专家、学者的意见与成果，终于完成了图书文本的创作。

编辑工作在书稿定稿的第一时间就同步展开。北京华夏盛轩及四川人民出版社组织了经验极为丰富的编校团队，开展书稿编校工作，并在编校过程中随时与作者进行沟通、协商，同时在涉及历史人物、事件的内容上，进行了严格的材料核实、勘误。

由于涉及党史和国家领导人的生平，本书属于出版总局划定的重大选题范畴。重大选题对于相应的图书出版有严格的规范和要求，绝对不能违背。为此，出版方还聘请了出版界相关领域非常有经验的老编辑把关，力求在政治思想性方面不出差错。

三、营销推广

图书出版与电视剧播出几乎同步，这对双方而言都是1＋1＞2的好事。因此，出版方与影视制作、发行方全面合作，比如在图书的封面设计、图片元素、宣传口径等方面，与电视剧的海报、剧照、发布活动等进行全方位联动，互补有无，合力出击。

1. 影书联动

由于图书的上市和电视剧的播出几乎是在同一时间，因此，在央视播出形成收视热潮之前，出版方需要做足铺垫，增加图书曝光率，在话题性上争取做到电视剧和图书的高度相关。影书联动，是本书早期营销推广的重点，最终取得的效果也是显而易见的。

2. 媒体造势

出版方特别关注门户网站及各国家级、地方主流媒体对图书出版发行的报道，积极配合采访与宣传工作，同时，有针对性地与各大媒体合作，采用书讯、书评、连载等多种形式对图书进行宣传造势，在大众媒体信息生产端取得了良好的议程设置效果。

3. 书评邀约

出版方充分挖掘可利用的资源，约请众多学术机构、研究领域的专家学者，寄送样书，邀请撰写书评。短期内就收集到多篇来自党史研究、文学研究方面知名学者的高质量书评约稿，他们对于作品的思想性、文学性、艺术性等进行了全方位的解析，对于读者阅读本书起到了指引和导向的重要作用，对于图书的宣传推广极为有利。

4. 借势而为

作品出版后，被列为新闻出版广电总局纪念邓小平诞辰110周年的重点图书，并获选中宣部、中组部向全国党员干部推荐的第九批学习读物，入选2014年度国家出版基金主题出版项目，入选2014年中国图书评论学会“大众好书榜”8月上榜图书，获得四川省第十三届精神文明建设“五个一工程”优秀作品奖。出版方充分利用这些肯定和荣誉，及时进行宣传，进一步传达本书权威性、受欢迎的实际情况，传达社会效益及经济效益双丰收的积极资讯，从而进一步推动图书的发行和销售。

点评

2014年是中国改革开放总设计师——邓小平同志诞辰110周年，长篇小说《历史转折中的邓小平》是一部应运而生的作品，顺应了十八大以来改革开放的主流。时机的精准选择无疑是这一出版物获得成功的重要因素之一。

与其他大多影视书“先书后剧再播”流程不同，该书在电视剧本刚创作完毕就立即展开了书稿写作，图书与电视剧几乎在同一时间面世，可以称得上是名副其实的影视同期书。

同步操作使得出版方和影视制作、发行方能够凭借各自在不同领域的优势、长处，将原本需要独立开展的宣传推广活动合而为一，从而在降低营销成本的同时高效率地完成推广任务。从此书产生的广泛社会影响力中，我们不难意识到影视互动对于主题出版起到的重大助推作用。

在营销中，《历史转折中的邓小平》巧妙借助政府力量，深入发行与销售端，使之成为党员干部学习读物、国家出版基金主题出版项目、入选“大众好书榜”。

在此书的出版全流程中，出版主体在选题策划中对所有文献资料进行有效开发与利用，同时也看到了及时宣传的重要性，最终转换为相应的出版资源取得了叠加的社会影响力。

思考题

1. 对比《历史转折中的邓小平》的图书和电视剧，找出其中可以出现联动效应的部分，反溯到选题策划部分，分析其选题策划中调动影视与图书元素的规律。

2. 请举出影视联动的其他相关案例，分析图书作为改编影视的源头与影视作为改编图书的源头有什么区别。

3. 你认为主题出版中的IP产业链运营有什么值得注意的地方？

编辑如何跟进主题出版物

——以“五个一工程”获奖作品《让兰辉告诉世界》为例

关键词：五个一工程、主题出版物

个案陈述

兰辉生前是四川省北川羌族自治县副县长，2013年5月23日，他在检查乡镇道路和安全生产时不幸坠崖，因公殉职，年仅48岁。

2014年3月，由四川天地出版社策划、川籍著名作家谭楷执笔创作的“最美基层干部”系列图书之一《让兰辉告诉世界》出版。该书用长篇报告文学的形式讲述了兰辉的先进事迹，引发强烈反响，荣获第十三届精神文明建设“五个一工程”图书奖。

“五个一工程”是由中共中央宣传部组织的精神文明建设的评选活动，五个“一”包括：一部好的戏剧作品，一部好的电视剧，一部好的图书，一篇好的理论文章，一首好歌。“五个一工程”实施以来，对各地、各单位精神文明产品生产的发展与提高产生了积极的促进作用，体现了中央提出的“精神文明重在建设”的方针，把以科学的理论武装人、以正确的舆论引导人、以高尚的精神塑造人、以优秀的作品鼓舞人的号召落实到实际工作中。

自1992年“五个一工程”举办以来，《让兰辉告诉世界》是四川省第五次入选“一部好的图书”，前四次分别为：第四届《巴蜀情——邓小平与四川》、第七届《爱心与教育》、第八届《读懂毛泽东》、第十二届《大太阳》。《让兰辉告诉世界》一书的获奖，扩大了兰辉先进事迹的传播范围，使更多的党员干部受到了教育，使更多人民群众看到一个新时期全心全意为人民服务的干部形象。

《让兰辉告诉世界》是天地出版社建社以来的第一次获奖，该书出版以来，半年销量即达6万册，作为一本弘扬主旋律的图书，非常罕见地取得了既“叫好”又“叫座”的成绩。

《让兰辉告诉世界》一书的出版，为主题出版提供了成功经验，而对选题的精心策划，可以使其成为独树一帜的出版物。

一、编辑敏锐捕捉并深入挖掘热点选题

2013年5月23日，四川省绵阳市北川羌族自治县人民政府副县长兰辉在下乡检查道路交通和安全生产的途中不慎坠崖，因公殉职。

9月22日，中共中央总书记、国家主席、中央军委主席习近平作出重要批示，赞誉兰辉同志是用生命践行党的群众路线的好干部，是新时期共产党人的楷模，号召广大党员干部向践行党的群众路线的好干部兰辉同志学习。一时间，全国各大媒体争相报道兰辉的先进事迹。

天地出版社的编辑团队敏锐意识到，兰辉同志的先进事迹体现着中国精神和中国力量，是值得出版的好选题。好选题需要好策划，实施时尽量避免高高在上，避免讲述空洞理论，避免“喊口号”式的宣传。天地出版社社长罗文琦认为，主旋律图书能弘扬社会主义核心价值观、传播正能量，在图书市场不可或缺，其成功与否关键在于是否“接地气”，老百姓是否爱看。

为此，天地出版社在充分掌握兰辉先进事迹和材料的基础上，进行了翔实的选题调研，先后形成了三种选题角度：第一个是面向四川省党员干部的学习读本《践行党的群众路线好干部兰辉》，发行10万册；第二个是叙述兰辉的先进事迹的《兰辉的故事》，考虑到其表现方式比较老套，难以激发读者的阅读兴趣，此选题被否决；第三个就是本着“要接地气，要鲜活，要还原兰辉这个人”的原则推出的《让兰辉告诉世界》。

二、编辑确定最具实力的作者

“兰辉是‘种子’，他使奉献的种子在百姓心中扎根。”《让兰辉告诉世界》的作者谭楷在书中如此描述兰辉。

作者对于一本书的最终呈现起着决定性作用，选择一个有能力并且有写作意愿的作者，对编辑而言是其应具备的专业能力。天地出版社充分意识到主题出版物作者的重要性，曾多次召开会议请编辑举荐作者，经过慎重考虑，最终选择了川籍著名作家谭楷。

谭楷是中国作家协会成员，曾经参与创办并任《科幻世界》杂志总编多年，著有诗集《星河·雪原》，报告文学集《孤独的跟踪人》《大震在熊猫之乡》等。其报告文学《倒爷远征莫斯科》获1994年《人民文学》创刊45周年报告文学奖。

谭楷擅长报告文学写作，采访经验丰富、工作严谨踏实，重要的是，他此前曾到过北川，也曾与兰辉有过工作上的接触，对兰辉有初步的印象，对他的人品甚是钦佩，有表达的愿望和基础。为了呈现最真实的兰辉，谭楷克服重重困难，深入一线采撷丰富的第一手资料，并熟练地运用文学化的语言和多种叙述技巧，使作品突破了一般人物报告文学扁平化、概念化的英雄形象，创作出社会效益与经济效益俱佳的《让兰辉告诉世界》。

三、“在场”写作，还原本真

2013年年底，作为一个热点选题，全国各大媒体和出版机构已经对兰辉的同事、家人、朋友进行了全方位、多角度的采访、写作和传播，有人不无夸张地称，可写、能写的都已经写完了。

谭楷当时已有自己的工作安排和相应计划，本没想接下这样一个艰巨的主题出版写作任务。但是，当他看到几乎所有报道大都停留在表面而没有真正让这个基层干部形象鲜活起来时，当他受到四川省委宣传部有关领导的写作邀请时，当他再度翻阅兰辉的感人事迹时，他被兰辉的精神触动了、感动了，继而确信，只有用更扎实的采访写作才能让兰辉的形象立体可感，才能将兰辉精神的火种传递下去，才能影响更多的人。这是写作者的使命。

因此，在写作中，谭楷真正做到了以下三点：

其一，搜尽奇峰打草稿。

这是清初四僧之一的石涛的名言，即要想写出一部佳作，就要在前期览尽与之相关的所有材料，三分写七分采。为此，谭楷在前期采访工作中，“绝不捡落地的挑子”，坚持要采访第一手资料，追求作家的“在场”，真正做到了“搜尽奇峰”，为后期的写作奠定了扎实的基础。

谭楷先后四次沿着兰辉的足迹深入北川各地，走访兰辉生前工作过的北川县、白坭镇，甚至驱车前往兰辉生前遇难的唐家山堰塞湖，毫不顾忌路上飞溅的滚石和危险的盘山路。他通过各种方式找到兰辉的亲友、同事和学生，和他们一起喝酒、聊天，从他们不经意的谈话中抓住了很多从未披露过的、令人感动的兰辉小事。书中重点表现的白坭放鸟、赵莉画眉、背娃过河、老上访户转化、化解群众堵路就是这样一点点“磨”出来的，而且都是其他报道兰辉的文稿中从未涉及的。

其二，尽量避免宣传语言和政治口号，非写不可才写。

谭楷认为，只有真实生动的细节，只有渗入人物的灵魂，才能凸显兰辉作为一个“人”的温润光辉与闪亮人性，才能打动亿万读者。他认为，即便需要总结提炼甚至上纲上线的语言，在报道中尽量不用或者少用。

为此，谭楷把大量的采访都用于挖掘兰辉作为一个有血有肉的人的生动细节。比如，为了表现兰辉作为父亲的一面，他专门前往南京，想采访当时正在南京大学读书的兰辉女儿兰欣怡。已经接受过无数次采访的兰欣怡原本想拒绝，未料想，科幻迷的身份让她对《科幻世界》主编谭楷有了天然的认同感，加之谭楷的采访初衷是为了表现父亲与女儿的亲情关系，这与她之前接受的采访迥然不同，于是她欣然接受采访，主动提及父亲的往事，还让谭楷看了父亲生前的短信记录。

其三，将人物报道放在世界背景下呈现。

谭楷曾带领刘荒田等20多位北美作家前往四川采风，他发现，最令他们感动的，居然不是当地优美壮丽的风景，而是灾难中迅速崛起的北川，原因就是我国基层有像兰辉这样挺直如民族脊梁的干部。因此，他认为，报道兰辉，格局不能仅限于国内，而要将其置于世界，书名《让兰辉告诉世界》，就在于想表达这样的理念：兰辉这样的优秀干部，能够感动中国，也应感动世界。

在短时间内，谭楷就架构了初稿，但追求完美的他还是觉得材料不充分。彼时，他已身在温哥华，为了核实每一个细节，挖掘更多样更丰富更真实的素材，他几乎每天晚上都会算好时差，一遍遍地打通越洋电话，采访国内一些与兰辉关系密切的朋友。数十个电话打完，他又为书稿增添了若干个鲜活的故事。

四、谋篇布局，打磨书稿

谭楷抛开了已有宣传文章提供的材料基础，将《让兰辉告诉世界》分为“上篇禹里、中篇灾难、下篇重生”三部分，语言流畅、准确、质朴，还加上了特定的四川方言韵味，更重要的是放入了大量的现场采访和被访者的真实表述。可以说，这样的结构安排和语言运用，使得《让兰辉告诉世界》并不完全符合读者对于“主题出版物”的刻板印象，它并没有高高在上地喊“口号”，企图通过宣传发挥“教育功能”，而是用真实性和贴近生活本相的文学性语言感动读者，从而真正起到潜移默化的作用。

此书用大量真实鲜活的事例，多元立体地还原兰辉的形象：一个默默工作于民族自治地区、始终战斗在地震重灾区一线的党的基层领导，一个在工作中不断钻研各种专业知识、不断提升自己工作能力的学习型干部，一个心中永远装着父母的孝子，一个充满温情的丈夫和父亲……全书以还原人物本真为写作原则，不拔高、不矫情、不回避，没有“高大全”的夸大宣传，反而使得兰辉这个平凡而伟大的形象触手可及、生动感人。

由于谭楷本人就是一名出色的编辑，书稿完成后，基本已经没有需要改动的地方。但为了推出最具精品的作品，天地出版社还是集中优秀编辑人员进行审校，力求每一处细节与事实相吻合；仔细斟酌每一个字词，力求准确地表情达意，完美呈现出兰辉的优秀事迹，展现其感人的人物形象。此外，天地出版社在坚持多审多校、确保编校质量的基础上，充分调动社外编审力量，对图书的重点章节和整体的出版价值进行更高层次的把关。

点评

用脚丈量，作品才能接地气；用心书写，作品才能打动人心。

对于主题出版的写作来说，只有作者本人被题材打动，才能通过自己的文字来更好地感染读者。出版单位针对具有重大社会效益的图书，应该树立更高远的目标，寻找最合适的写作角度，打磨文稿质量，提升图书的出版价值。

此外，在作者的写作过程中，出版单位要用心服务作者，帮助作者搜集材料，提供物质支持，方便作者开展写作活动。

思考题

1. 请设计一个研究方法，用于对“五个一工程”设置以来所有获奖图书的分析，看能否从中得出某种有益于主题出版的经验。

2. 请找出几种有代表性的主题出版物，从编辑角度分析其成败得失。

3. 阅读《让兰辉告诉世界》一书，以其为具体分析对象，阐述其为何可以获得当年的“五个一工程奖”。

编辑如何成功打造文化普及读物

——以《中国的品格》为例

关键词：文化普及读物、读本、出版情怀

个案陈述

《中国的品格》是一部中国传统文化普及读本，由四川人民出版社于2014年推出平装版，2015年推出精装版。

“一个国家、民族的品格，是其文化的外化。近百年来，人们自觉不自觉地在借用西方的思维方式来看待我们的传统文化，这使很多人心中的传统文化已失去了本来的面貌。”有感于此，著名学者、北京大学教授楼宇烈以五十年的中国哲学研究为底蕴，厚积薄发，用平实的语言，深入浅出地介绍了整个中国传统文化的精髓，详细梳理了中国文化发展的脉络与体系，引导读者去关注、了解中国传统文化，去发现中国文化内在的品格与精神。

作为出版人，深感于当前物质文化的飞速发展、全球一体化的不断冲击，极大地影响了人们对精神世界的追求。不可否认，物质生活的丰富能够给人们带来精神生活的发展，然而，越来越多人，特别是年轻人，以物质丰富为生活最高追求。这种现象不仅仅出现在中国，全世界很多地方都是如此。基于国民精神回归的需要和传统文化与国学热的时代背景，作为文化事业重要组成部分的出版业理应承担起推进中国人精神世界发展的责任，因此，四川人民出版社凭借敏感的文化自觉，坚守出版人的济世情怀，决定尽最大努力出版这本书。

2015年，《中国的品格》在社会效益上成果显著，如入选年度“大众喜爱的50种图书”、国家新闻出版广电总局首届向全国推荐中华优秀传统文化普及图书、新华书店总店全民阅读年会50种重点推荐图书、国家新闻出版广电总局向全国老年人推荐优秀出版物、“经典中国国际出版工程”

资助出版选题、国家社科基金中华学术外译项目推荐选题、“2015年文轩好书”等。

出版业是内容产业，出版人的职责就是策划有优秀内容的图书，引领人们的阅读兴趣，倡导优秀社会风尚。

一、注重作者的选择

优质的内容源于一流的作者。《中国的品格》作者楼宇烈是北京大学哲学系、宗教学系教授，北京大学宗教研究所所长，北京大学国学研究院导师，兼任教育部社会科学委员会委员、全国古籍整理出版规划领导小组成员。他出版的主要论著有《玄学与中国传统哲学》《儒家修养论今说》《中国儒学的历史演变与未来展望》《佛学与近代中国哲学》《王弼集校释》等。楼教授长期致力于中国哲学和中国思想的研究，对中国思想发展脉络有一个比较透彻的认识，非常适合文化普及读物的创作。因此，楼教授成为编辑选题策划图书写作者的不二人选。

究其成书经过，编辑对原有资源的再创造功不可没。楼教授年高望重，因其教学和研究任务繁忙，没有精力也没有时间创作，编辑很难约稿成功。在此前提条件下，四川人民出版社对作者在参加北京读书人文化公司举办的沙龙中所用的讲稿进行编辑整理、精雕细磨，编纂出《中国的品格》一书，得到了作者的高度认可。楼宇烈通过对整个中国思想主体内核的梳理，使得本书通俗易懂，避免了学术著作固有的深奥晦涩，非常适合普通读者，尤其是年轻读者的需求，是最佳的文化普及读物。

作者的系列讲座深入人心，对图书的传播起到了极大的推动作用。比如，有国家公务员评价：“我们这一代人普遍都没有受过系统的传统文化教育，但在工作和生活中很多时候又感觉确实需要懂点这方面的知识，楼先生的这个系列讲座深入浅出、全面细致，对我启发很大。我觉得对现代人而言，这本书可能是了解真正的中国文化的最好教材了。”有海外留学生评价：“在国外，很多外国朋友知道我是中国人后，想跟我交流他们对老子、孔子的看法，可我对这些几乎是一无所知，只好跟他们说抱歉。外国朋友对此感到无法理解，我也很难堪，但中国留学生不懂中国文化是一个普遍现象，我相信很多海外留学生都跟我有同样的经历。在网上听了楼先生的讲座后，我感觉心里面一下丰厚了不少，精神上也有根了，明白了作为一个中国人的骄傲与品格，再跟外国人交往时，也更自信，更从容了，谢谢楼先生。”

二、契合时代的需求

随着经济的不断发展，财富的不断积累，中国人的生活仿佛进入了一个怪圈——唯物质为高，物质层面丰富异常，人们趋之若鹜；反观精神层面，竟如贫瘠的土地，人们不屑一顾。但是，一个健康民族的发展犹如天平，物质与精神不可倾斜。正如楼宇烈所言，物质发展了，精神也要发展，在发展精神文明的时候，传统文化可以为我们提供丰富的资源。回过头在历史的沉淀中寻找今日精神之出路，绝非逃避现实或故弄玄虚。传统文化主要由儒、释、道组成，三者都提倡人要反省自我、提升自我，将经验与理性完美地融合在一起，“自然无为，因势利导”，推自然之势，用自然合理的思维方式来看待世间万物，这与现代人的追求不谋而合。

现代社会最缺乏的就是人文精神。在物质生活水平飞速发展后，自我的失落成了现代社会中人们所面临的最大问题。回归中国传统文化，重新唤起中国的品格，正是当前中国社会所急需做的。因此“国学”逐渐受到社会各界的普遍关注，越来越多的人开始重视中国传统文化。然而，中华文明延绵数千年，传统典籍浩瀚如烟海，出版社该从何处着手帮助读者认识中国传统文化？与时俱进是编辑策划图书时必不可少的考量因素。

楼教授立足当下、把握时机，《中国的品格》精心梳理了中国传统文化的知识体系，将中国传统文化置于全球化、现代化的视野中进行反思与展望，为继承与发扬中国传统文化起到了积极推动作用，是一本优秀的文化普及之作。正如有的企业家所评价的：中国正在崛起，中国的 GDP 总量已经位居世界前列，可是我们不能始终靠低端产品去跟别人竞争，在繁荣背后，我们更需要有自己的文化根本和底蕴，楼先生的这本书适时而出，厚积薄发，为所有希望体会中国文化真谛的人提供了养料。

三、从社会效益出发

关心当下社会以及人们的精神需求是每个出版人必须具备的出版情怀。出版物既是精神产品又是物质产品，精神产品属性是其本质属性。《出版管理条例》第四条规定："从事出版活动，应当将社会效益放在首位，实现社会效益与经济效益相结合。"这是我国出版工作者必须认真执行的重要原则。

《中国的品格》在思想上、艺术上堪称精品力作，在市场上反响强烈，赢得了广泛社会口碑，受到主流媒体的大力宣传与推广：从 2015 年 1 月 26 日至 2016 年 9 月，中国作家网、中国共产党新闻网、凤凰财经、福建日报、四川省精神文明建设委员会办公室、天津日报、新华文轩微信公众号、中央纪委监察部网部、搜狐网、山东宣讲网、中国出版传媒商报等媒体和相关机构均对此书进行了专题报道和推荐，给予了《中国的品格》一书高度评价。

四、推动精品走出去

优质内容是版权贸易成功的基因。学术品质、权威作者使《中国的品格》一书成为出版社优选输出的重点产品，力争同一品种多语种输出。

一方面，出版主体首选文化相似的港台地区和东亚地区实现定制推荐，并借着"一带一路"的东风，在海上丝绸之路地区、阿拉伯地区和北美地区进行广泛的渠道推荐，形成重点图书的连锁效应，实现了《中国的品格》10 个语种的输出。截至 2016 年 8 月，版权已经成功输出到中国香港地区、韩国和埃及。其中，韩语版图书入选"国家社科基金中华学术外译推荐目录"，并成功获得"经典中国国际出版工程"资助，日语版图书入选"国家社科基金中华学术外译推荐目录"。

另一方面，出版主体积极申报政府项目，争取政府资金，降低翻译成本，版权输出获得了可喜的成绩。2016年四川人民出版社入选书为《中国的品格》阿拉伯语版。《中国的品格》英文版、日文版入选中宣部对外推广局2016外宣出版项目（任务类），系四川省唯一入选图书。2017年总局丝路书香工程重点翻译《中国的品格》吉尔吉斯文版、《中国的品格》尼泊尔文版入选。《中国的品格》也入选2017年国家新闻出版广电总局“走出去”基础书目库·首批入库图书。本书面世一年多来销售4万册，不少读者在网上留言评价该书值得一读，或在微博上推荐、转发。中国传统文化博大精深，普及读物更易于对外传播，推动本国优秀图书走出去，既是出版社不能推卸的责任，又是中国文化自信的表现。

点评

经典著作一直都是普及读物的主要内容，而普及读物要想成为长销书，离不开优秀的作者和编辑工作者的出版情怀。

优质作者。作者是提供精神文化资源的源头，选择合适的作者是编辑组稿的基本要求，也是保证图书质量的关键。在选择作者时，不仅要选择具有学识水平和写作经验的作者，还要考虑写作者是否有时间和精力来完成写作任务。普及读物要求把深奥的内容写得通俗易懂，因此对作者的知识水平和写作水平要求极高，且在该领域要具有一定的权威，才易得到大众读者的认可。出版社的编辑在选题策划中，不仅考虑到了作者的写作能力，还考虑到了作者的写作条件。《中国的品格》的作者楼教授博闻强识、大名鼎鼎，其创作的图书深受读者喜欢，但考虑到年龄职务等因素，出版社通过与文化公司积极合作，充分利用创作者的“已有作品”并对其深耕细作，形成了符合大众文化阅读需求和广泛传播要求的作品。

出版情怀。社会效益主要取决于出版物的内容质量，而出版物的内容质量与编辑工作者的出版情怀休戚相关。时刻广泛且深入地关注和了解当下阅读者的精神需求，把握当下时代的文化走向，以提升人们的精神文化生活，是每一位有着出版情怀的编辑工作者所具有的优秀品质。《中国的品格》的编辑意识到当下国人精神层面的缺失以及忙碌的现代人很难有精力去消化传统文化，选择普及读本的形式，减少读者的阅读障碍，使读本具有易读性，从而扩大传统文化的传播，引领大众的精神生活潮流。通过《中国的品格》一书，许多读者开始关注中国传统文化，从中汲取营养，并用来指导自己的生活。

多元开发。优质图书就是一个 IP，具备多元开发的潜力。优质的普及读物是对外传播的必然选择，尤其是中国传统文化的普及读物。在当前“一带一路”政策红利的辐射下，对外输出经典普及读物是各出版单位不容错失的出版良机。四川人民出版社不仅推出《中国的品格》的平装版，而且还推出了精装版，在版权输出方面获得了可喜的成绩，实现了优质图书的多元开发，打下了长销书的基础。科学的市场定位与市场分析以及获取国家政策的大力支持是出版社成功“走出去”的重要条件，四川人民出版社针对不同国家和地区采用不同的推荐选题方式，与海外出版机构建立并保持经常的业务联系，推动了版权输出。

思考题

1. 怎样使文化普及读物成为长销书？请举例说明。

2. 文化普及读物如何“走出去”？请举例说明。

3. 结合当前“一带一路”倡议或国家出版基金项目，策划一个“主题出版”普及读物的选题。

第四节　案例详解及思考之三：工具书出版

工具书是专供查找知识信息的文献，即按特定方法编排，系统汇集某专业领域的资料，以供需要时查考使用。

按内容划分，工具书可分为综合性与专科性两类；按文种划分，可分为中文与外文两大类；按编辑体例与功用划分，可分为辞书、类书、政书、百科全书、年鉴、手册、书目、索引、文摘、表谱、图录、地图、名录等多种类型；按基本性质和使用功能划分，可分为检索性和参考性两大类。

针对工具书的选题策划而言，就是要抓住其查考、检索功能，强调利于查找和检索的作用。一般而言，工具书出版都具有规模大、耗时长、投入大、实用性强、参编人员多、参考价值大等特点，出版后一般影响都比较大，很容易成为出版主体的品牌产品。

编辑如何策划系列型工具书

——以“成语词典”分类优化出版为例

关键词：出版策划、成语典故、传承创新、工具书

个案陈述

四川辞书出版社在20世纪90年代推出的《汉语成语词典》受到市场的广泛欢迎，畅销数百万册，被评为全国优秀畅销书。然而近些年，随着市场上成语词典的品种不断增多，《汉语成语词典》的市场受到严重冲击，销量不断下滑，由曾经的当家品种变得越来越一般化。

辞书社通过市场调研，对词典内容进行优化，再版后销售情况得到很大改观，迄今已经多次重印。

2013年6月，辞书社推出《分类小学生成语词典》，在不到一年的时间就重印多次，到目前已经重印了十几次，成为辞书社成语词典中新的当家品种。

2014年，辞书社与流行手机游戏《成语玩命猜》的开发团队合作，推出了该游戏的图书版——《小学生猜图成语词典》。《成语玩命猜》是一款在手机端搭载的看图猜成语游戏，该游戏有600多幅配图，每幅图对应一条常见成语，游戏配图生动，有中国传统画的风格，非常契合成语的特点。上市后销售情况良好。

就大众图书市场来说，成语图书可分为成语词典和成语读物两类。成语词典是人们学习成语的主要工具书，在词条下主要包括以下一些栏目：注音、释义、出处、例句、近义、反义、辨析、用法、提示等；成语读物一般包括成语故事、成语接龙、成语猜谜等种类的图书，或通过生动有趣的故事来让读者学习成语，或通过成语游戏来斗智斗勇，比谁掌握的成语更多，比谁更能活学活用成语。无论是成语词典还是成语读物，在市场上

都销量可观。

四川辞书出版社在成语类系列工具书的策划出版方面，有较专业的经验。

一、深度开发成语词典类选题

四川辞书出版社在20世纪90年代推出的《汉语成语词典》，一度畅销，近年来却在市场上表现不佳。

为此，四川辞书出版社组织人员对成语词典的市场进行了调研，发现《汉语成语词典》销量的下滑并非市场容量变小引起，而是因为市场上同类品种增多，抢走了本书的市场份额，一些畅销品种在内容上做了较大的改进，占领了较多的市场份额。例如，《汉语成语词典》在例句收录时古今并重，词条下既有古代典籍中的例句，也有现代名篇中的例句，例句内容很贴近中小学生的生活，容易被市场接受。此外，《汉语成语词典》仅少部分词条下有近义、反义成语，易错提示的内容，而有的成语词典则在许多词条下有设置类内容，非常方便读者理解、使用成语。

通过对成语词典内容的比较以及对市场的分析，辞书社确定了两个选题方向：一是精益求精，优化已有成语词典的内容，巩固提高销量；二是根据读者需要，创设合理的或趣味性强的栏目，使成语词典呈现出新的面貌。

1. 优化传统栏目内容

在大的体例不变的情况下，一本成语词典可以通过优化词条收录、词条释义和例句，完善使用功能等，以此来提高图书的质量。《汉语成语词典》的内容虽然与其他同类书相比有些落伍，但它毕竟是畅销多年的品种，内容经典，只要对它进行内容优化，补充、完善欠缺的内容，就还是一部很好的成语词典。辞书社改进了欠缺现代文例句的词条，补充了合适的例句，又增加了大量近义、反义成语和成语用法等内容。改版后的词典上市后，销售情况得到很大改观，迄今已经多次重印。

2. 创设新栏目

在人们的印象中，成语词典，读起来会感觉有些枯燥。在当前“轻阅读”的时代，编辑可以根据成语趣味性强的特点根据读者对象进行栏目创新，如在成语词典中插入成语故事、成语接龙、成语谜语、趣味分类成语等内容。

2013 年，《分类成语词典》引起了辞书社的注意。这本词典在中小学馆配中被许多单位选中，然而它在市场上的销量却很一般，只重印了一次了。这本词典能够受到馆配单位的认可，说明分类成语词典是有市场需求的。辞书社调查了一些读者，他们认为分类成语词典既可以在写作时查找成语用，又可以作为普通的成语词典来使用，能一书两用，他们需要这样的成语词典。辞书社又仔细分析过去出版的分类成语词典，发现它们大多在索引体例上就有问题。为了节省篇幅，书中分类索引很详细，而拼音索引和笔画索引却往往只提供词头页码索引，并不逐条列出成语。例如，有本书以“前”字开头的成语的拼音索引是这样的：“qián 前 86/136/223/307。”读者在拼音索引中只能看到成语的第一个字和几个页码，以这个字开头的成语有哪些，在索引中无从知道。这样的索引使本书只适合作为分类成语词典来使用，失去了作为普通成语词典使用的功能。另外，《分类成语词典》的读者定位是中学生，这在十年前或许还合适，现在小孩的阅读量已经大大提高，在小学时就需要掌握大量的成语并应用到写作中，因此辞书社把分类成语词典的读者定位为小学生，书名也相应地改为《分类小学生成语词典》。

为了让读者能像普通的成语词典那样来使用本书，在分类索引外，辞书社添加了逐条成语的拼音索引，使《分类小学生成语词典》真正可以一书两用。在分析了小学生的心理特点及兴趣后，编辑在附录中创造性地编制了一些小学生感兴趣的趣味成语分类索引，如包含动物名称龙、虎、兔、牛等的成语索引，包含武器名称刀、枪、剑、炮等的成语索引，等等。

该书在 2013 年 6 月份上市后，很受欢迎，不到一年的时间就重印多次，到目前已经重印了十几次，成为四川辞书社成语词典中新的当家品种。

二、成语读物选题的开发

目前的成语读物以成语故事图书为主。成语故事书大多千篇一律，内容基本上是成语典故加上故事启发，再对成语做简要的解释。在网络普及的时代，查找一条成语的典故易如反掌，大大降低了这种书的吸引力。另外，通过一个典故往往只能学习一条成语，整本书读下来，读者也学不到多少成语，这也在一定程度上影响了读者的兴趣。

辞书社认为，开发读者喜欢的成语读物，需要在书中融入更多成语游戏的内容。生活中成语游戏的种类有很多，常见的有成语接龙、成语填字、成语连连看，成语归类、成语猜谜等，其中，成语猜谜还可分为文字猜谜和图画猜谜两种。这些丰富多彩的游戏活动为开发成语读物提供了直接或间接的思路。

目前网络上成语游戏的开发走在了图书业的前面，网上有不少流行的成语游戏。编辑可以借鉴这些游戏的思路来开发成语读物，或与之合作开发相关的图书。2014 年辞书社与流行手机游戏《成语玩命猜》的开发团队合作，推出了该游戏的图书版——《小学生猜图成语词典》。《成语玩命猜》是一款看图猜成语游戏，该游戏有 600 多幅配图，每幅图对应一条常见成语。游戏配图趣味、生动，并有中国传统画的风格，非常契合成语的特点。

图书基于游戏的配图增加了成语的释义、例句、近义词、反义词、成语接龙、分类成语等内容，让读者在游戏中学习，学得轻松，学得高兴。这本词典最重要的功能是猜成语，为了更好地实现“猜”的效果，编辑团队在图文呈现形式上下了很大的功夫。一般来说，猜图型图书在图文呈现形式上有三种：一种是图文同页，图上文下；一种是图在奇数页，文在随后的偶数页；第三种是图在偶数页，文在随后的奇数页。第一种在看图时容易看到下面的文字，失去“猜”的效果；第二种虽不会看到文字，但缺乏图文对照的效果；第三种一般不会看到文字，但有图文对照的效果。编辑最终对第二、第三种形式做了改进，不直接给出谜底（成语），而是留上相应的田字格，让读者把猜出的成语填在田字格里。这样，读者既不会看到谜底，并且通过写成语，可以检验自己会不会写错成语，还可以加深记忆。然后编辑又到书店咨询销售人员，并现场对读者进行调查，看读者更喜欢哪种形式。调查得知，大多数读者更喜欢改进后的第三种形式。

点评

成语是经过人们长期使用和不断锤炼而形成的词语，是存在于现代语言中的“活化石”，沉淀着丰富、厚重的传统文化。通过成语，我们可以了解到中华传统文化的各个方面，如天文、历法、地理、历史、军事、政治、文学、艺术、道德、伦理、思想，以及饮食、服饰、器具、建筑等。可以说，成语是打开传统文化宝库的一把钥匙。成语在形式上让人喜闻乐见，又包含着丰富的文化因素，因此成语很受人们的欢迎，在口头语言和书面语言中应用广泛。

开发成语类图书应遵循传承和创新两个原则。所谓传承，就是对成语图书已有的内容进行精益求精的开发，如使选条更科学、更有针对性，释义更准确、更符合读者的文化层次，例句更有示范性、指导性，成语故事写得更生动等。成语图书的创新是根据成语故事多、游戏多的特点，在成语图书中加入轻松、趣味且能激发读者阅读兴趣的内容，或创新思路设计新颖的成语图书。

思考题

1. 结合四川辞书出版社的出版品种，请你提出与之相关的选题策划方案，为其增加产品品种。

2. 选择一家辞书出版机构，对其出版品种进行全面统计分析，研究其独特的市场定位与发展方向。

3. 当前的搜索引擎对辞书出版会形成冲击吗？如果答案是肯定的，请你对现有的辞书出版主体给出一些建议；如果答案是否定的，请给出你的理由。

编辑如何打造传世精品辞书

——以《汉语大字典》为例

关键词：辞书、工具书、汉语大字典

个案陈述

20 世纪 70 年代初，周恩来总理在接见欧洲国家圣马力诺的使者时，客人赠送总理一部大型的《圣马力诺百科全书》，总理回赠了一本《新华字典》。

1975 年，周恩来总理在病榻上批准了《一九七五年至一九八五年中外语文词典编写出版规划（草案）》，《汉语大字典》的编纂出版工作正式列入国家规划。胡耀邦同志对《汉语大字典》编写曾作过专门批示：“希望全体编写同志同心同德，克服一切困难，完成这项有历史意义的工作。”

1978 年，国务院将《汉语大字典》列为国家文化建设重点科研项目。《汉语大字典》编纂出版工作由湖北、四川两省共同承担，于省吾、王力、吕叔湘等 17 位德高望重的专家担任顾问，著名历史学家、古文字学家、四川大学教授徐中舒任主编，武汉大学、四川大学、华中师范大学、西南师范大学等几十所高校的 300 多位专家学者参加编纂工作。1990 年，《汉语大字典》八卷本全部出齐。此后，针对不同的读者对象和市场需求，出版者又先后推出三卷本、缩印本、袖珍本、简编本，形成了《汉语大字典》系列产品。

为了让这一巨著保持学术上的先进性与生命力，更好地服务社会和广大读者，1990 年后，修订工作即被提上议事日程。根据原国家新闻出版署有关文件精神和当时四川省、湖北省达成的协议，《汉语大字典》修订工作由汉语大字典编纂处、四川辞书出版社具体负责。为此，该社设立了《汉语大字典》编辑室，安排 5 名资深编辑搜集、整理专家学者和读者发现、指出的错误疏漏，为《汉语大字典》系列产品的开发和维护工作做了基础准备。《汉语大字典》第二版于1999年正式启动，历时10余年修订，于2010年4月正式出版。

首版《汉语大字典》出版以后，多次荣获国家图书奖、中国图书奖、国家辞书奖，取得了良好的社会效益。2010年4月，《汉语大字典》（第二版）在第二十届全国图书交易博览会上正式亮相，受到各级领导和社会各界的一致好评，时任全国政协副主席罗富和、新闻出版总署署长柳斌杰、中共四川省委书记刘奇葆等领导对《汉语大字典》第二版的内容、装帧设计、印制等给予高度赞扬。时任新闻出版总署副署长阎晓宏、湖北省人民政府副省长张通、四川省人民政府副省长黄彦蓉等领导莅临《汉语大字典》第二版新书发布会并发表重要讲话，对这部巨著的出版表示热烈祝贺，并对它在我国文化建设和汉语言文字发展史上的重要作用给予充分肯定。

2010年6月，中国辞书学会辞书理论与辞书史专业委员会研讨会在成都召开，会议的中心议题是大型辞书的修订与维护。《汉语大字典》第二版专家审订委员会主任赵振铎先生、修订工作主持人之一的冷玉龙编审在会上介绍了修订情况，指出其重要特色。与会专家学者高度评价了《汉语大字典》修订工作，认为它为大型语文辞书修订树立了典范。

2013年，《汉语大字典》（第二版）先后斩获第四届中华优秀出版物奖、第三届中国出版政府奖两项国家大奖，取得了良好的社会效益。

随着科学文化事业的发展，我国迫切需要一部纵贯古今的历史性、权威性的大型汉语字典。党和国家领导人高瞻远瞩，提出大力加强中外语文词典的编写出版规划。

一、内容创意：注重文化品格、把握细节亮点

《汉语大字典》的内容创意是偶然与必然的结合。

从历史背景看，《汉语大字典》的诞生是一次“偶然”，是为了展现中华民族文化自信而诞生；从工具书的特性看，辞书是人类文明智慧的结

品，承载着厚重的文化使命，是文化需求和载体需求的必然选择。

这种偶然性为其他强调文化厚重感的图书提供了典范。互联网时代技术与形式的不断发展，为挖掘中华传统文化内容，坚定中华民族文化自信提供了更多契机和平台。如何抓住内容与技术繁盛时期的“偶然”契机，成为高品质文化内容的“必然”成果，《汉语大字典》可以提供一定的参考：重视图书文化属性，即从文化自信的角度挖掘内容策划创意，展现文化厚重感，可以说，《汉语大字典》不仅是“汉字”的内容集成，更是中华文化的缩影；细节上的匠心精神，即细节把握是内容生产的重要环节，强调细节、保证品质，从策划环节就做好布局，是做好重点文化图书产品的关键。

工具书的内容策划创意需要在专业研究的基础上，不断进行完善、优化、创新。《汉语大字典》对编辑提出了更高的要求：新时期内容策划创意虽有许多新方式、新路径，但要保证内容的准确性、权威性，在内容品质的细节策划上并无捷径可走。

二、形式创意：表明图书内容、展现文化底蕴

形式是内容的载体。对于辞书类图书而言，形式策划非常重要。

1. 形式与内容相结合

《汉语大字典》第二版由装帧设计艺术家吕敬人先生整体设计，他运用汉字繁体字元素设计封面，给人以古朴、庄重之感，用汉字字形元素为汉字说话，表明了图书的内容。

2. 形式传递文化美感

汉字字形既能表明汉字内容，同时兼具审美价值。繁体“汉语”两字的楷书、隶书、草书、篆书字形作为底纹与标题中的文字完美结合，不仅体现了构图中的层次感，又多方位展示了“汉字”本身的美感和设计感；在配色和其他设计元素上，设计师用中国元素展现汉字魅力，凸显中国气派。

三、组织生产工作创意：合理安排，科学调度，奉献至上

《汉语大字典》具有重大的文化传承价值，但由于规模巨大，涉及面广，因此修订难度大、周期长，需要投入巨大的人力、物力、财力。它虽是一部长销书，但相比《新华字典》等普及型字典，读者范围相对较窄，市场销量相对有限，成本回收周期也较长，是一个很难在短期见到效益的项目。

1. 组织生产过程中，出版主体注重内涵、坚守责任

在第二版的修订过程中，四川辞书出版社以“传承人类文化，铸造辞书精品”为己任，坚定不移地推进修订工作。修订工作正式启动后，又设立了专门的工作组，由领导挂帅，对《汉语大字典》修订工作的人员调度、工作流程、时间安排等进行周密部署，通过完善制度保障修订工作的顺利进行，科学合理地安排人员和调整流程。各部门、各环节密切协调、配合，为《汉语大字典》的修订提供了机构和人力保障。

2. 审核修订过程中，专家学者队伍淡泊名利、一丝不苟

《汉语大字典》这部集古今汉字研究之大成的巨著得以顺利完成，离不开专家、学者的努力和奉献。初版主编是著名历史学家、古文字学家徐中舒先生，常务副主编李格非、赵振铎先生以及其他众多参与其中的编纂、编辑人员为字典的编纂出版做出了巨大的贡献。

修订工作以从事过《汉语大字典》编纂、编辑工作的人员为主，同时还从国内著名高等院校、科研机构、出版机构聘请、补充了一些中青年专家学者。为了充分保证修订质量，根据工作需要，第二版设立了专家审订委员会，成员有著名语言学家、《汉语大字典》常务副主编赵振铎，全国人大原副委员长、语言学家许嘉璐，中国社会科学院原副院长江蓝生以及李学勤、曹先擢、胡明扬、王宁、陆俭明、苏培成等20多位国内一流的语言文字学专家。专家们对修订工作始终给予热情关怀和支持，在百忙中抽空审阅稿件，对解决重大疑难问题、保证修订工作质量起到了重要作用。

在四川辞书出版社《汉语大字典》编辑部，有一个专柜用来存放专家

的审订稿以及交流信件，翻开任何一个专家的审订稿，都可以看到他们留下的墨迹，由此可以遥想他们当初伏案耕耘的情景。专家学者们参与到修订工作中，为的不是名利。赵振铎先生的话很有代表性："我 80 多岁了，还来做这个工作，也不觉得累，全是兴趣和爱好。"正是这种对国家语言文化事业的关注和热爱，让这些全国著名的专家学者甘心奉献，不计回报，也正是他们的辛勤工作，保证了《汉语大字典》第二版的质量。

3. 编辑队伍团结奉献、甘于寂寞

"辞书园地，默默耕耘，红颜变白发，功不可没。"这是赵振铎先生给修订工作业务负责人冷玉龙编审的题词，也可以说是对《汉语大字典》全体编辑人员的评价。35 年来，《汉语大字典》编纂处的很多编辑把自己一生中最宝贵的年华奉献给了共和国的这一重大文化建设工程。

以《汉语大字典》修订过程中的专项处理为例，共涉及八百多项，比如繁简字、古文字字形、读音、地名、科技术语、引书格式、异形词、联绵词、数字用法、量和单位、专名号、贯彻落实《野生动物保护法》、相关照应等，每一项都由大量的细节问题组成。《汉语大字典》编辑室主任帅初阳编审把各个专项处理环节记录在一张纸上，随着环节的增多，这张纸竟有七八米长，工作的繁难程度可想而知。字典的行文，对普通人来说，可能就是一个普通的字头和一段普通的释义；而对编辑们来说，却是大量的考证、审核、推敲等工作，耗时耗力。在修订工作中，编辑们一直遵循着一条原则：精益求精，改正原有差错，不能增加新的错误。这无疑是一种很高的要求。用冷玉龙编审的话说："做这项工作，甚至用一丝不苟都不足以形容我们的工作状态。可以说，那真是战战兢兢，如履薄冰，一点儿不能马虎，一点儿不能松懈。"

多年以来，参与修订的编辑们就以这种状态工作着，《汉语大字典》的修订就是他们工作和生活的全部。常年坚持这种状态并不容易，但坚持下来的编辑们都无怨无悔。"一个人一辈子能碰到的大事不多，一生中能参加这么大的国家文化建设重点项目，是一种幸运。我们能为《汉语大字典》的修订出一份力，为祖国的文化事业做贡献，是我们的荣幸和责任。"

点评

《汉语大字典》是我国历史上继《说文》《玉篇》《康熙字典》之后规模最大、最有影响的一部大型汉语字典。从1975年计划编写到1990年八卷本全部出齐，历时15年；从1999年开始正式修订到第二版出版，又历时10年。《汉语大字典》（第二版）精益求精，从内容到形式都呈现出全新的面貌，是树立我国的文化大国形象、推动中华文化“走出去”，不断扩大中华文化国际影响力和竞争力的精品力作。

其一，用“工匠精神”打造内容品牌。

“工匠精神”即是精益求精精神。无论是淡泊名利、一丝不苟的专家队伍，团结奉献、甘于寂寞的编辑队伍，还是坚守社会责任的组织机构，都坚持用认真的态度确保质量、用奉献的精神提升品质，其核心在于坚持不懈。作为我国大型辞书的代表作之一，《汉语大字典》是世界上规模最大、最权威的汉语字典，体现了重视细节和团队合作的“工匠精神”。初步统计，《汉语大字典》有1500万字书稿，校对12次、读清样3次，远超过三审三校工作量；专项处理有800多项，记录的环节有七八米纸长；引文、索引、字形、读音、地名、科技术语、引书格式、异形词、联绵词、数字用法、量和单位、专名号等大量的细节工作，离不开每个成员的努力，更离不开团队的合力。

其二，以“产品矩阵”强化内容品牌。

《汉语大字典》八卷本出版后，针对不同的读者对象和市场需求，先后推出三卷本、缩印本、袖珍本、简编本。系列产品的推出有利于拓展细分市场，形成品牌规模。《汉语大字典》（第二版）出版后，也将陆续推出缩印本、袖珍本。如今《汉语大字典》系列产品已经深入人心，了解汉字源流查《汉语大字典》，查检疑难汉字找《汉语大字典》，已经成为人们的共识。

《汉语大字典》以字典的形式反映人类文明特别是中华文明的优秀成

果，对弘扬汉字文化起到了重要作用，成为字典王国中不可替代的品牌产品。

思考题

1. 结合《汉语大字典》的个案，分析其在漫长的出版周期中，编辑在其中所起的重要作用。

2. 选择某一经典工具书作为研究对象，将其与《汉语大字典》对比，找出二者的共同点与不同点。

3. 请总结传世精品辞书的基本要求。

编辑如何策划小型工具书

——以《小学生新华字典》为例

关键词：小型工具书、字典

个案陈述

2004年1月，四川辞书出版社聘请语言学界的专家学者，写成并推出《万用学生字典》，由于设置了适合学生需求的多种功能，一经问世即形成热销局面；加上质量上乘，在四川地区具有唯一性，当年即被评为四川图书奖一等奖。但是由于封面设计采用深褐色和浅黄色搭配，偏离了当时语词类工具书的主体风格，读者难以辨识；收字限于3500个常用字和次常用字，限制了其功能。因此，此书销售并不理想，仅有1.5万册左右。

2009年1月，以《万用学生字典》为基础，编辑进行了新的策划，扩大收字量达8600多个，更名为《小学生字典》。并在此基础上，推出开本更小、更轻便，更适合携带的同名版本。后者曾多次再版，但是似乎也一直达不到比较理想的状态，销售量徘徊在1.6万册上下。

2012年，辞书社再次推出了新的版本，并改名为《小学生新华字典》。终于使此书销量大增，5年累计销售40多万册。

相比于大型工具书，小型工具书的选题策划更要注重目标受众群，以他们的需求为策划点，开展内容与营销方面的策划，才能取得最终的成效。

一、采用“加减法”整改原有选题

四川辞书出版社于2004年推出《万用学生字典》，2009年在此基础上推出《小学生字典》两个版本，虽然在起步阶段销售效果良好，但缺乏后劲。针对此困局，编辑们反复思索，从功能设置上看，诸如部首、结构、英语、五笔、笔顺、组词、成语、造句、同义、反义等，都紧密结合小学生学习实际，甚至还有猜字谜的功能，还随文插图并附带古字形解说，在趣味性和知识拓展上也多有体现；从字典容量上看，增加到 8600 多个字头，完全可以满足普通读者的查阅需要；从版式装帧上看，其功能板块非常醒目，双色设计，一目了然。

经过反复研究和思考，编辑认为市场反响不佳的原因有二：其一，产品厚重，小学生携带不方便；其二，定价偏高，读者可能望而却步。因此，输在形式，而不是内容。

厘清思路后，出版社开始对此选题进行整改。

在编辑工作方面，利用现成的内容，做了科学的减法，删除了同义词、近义词、造句、谜语等功能项，保留了最精当的组词、成语、笔顺、部首、结构等栏目；对太生僻的字头予以删除，同时又适当突破 3500 个常用字的限制；取消原古字形解说和插图。

为了满足多种层次需要，又做了适当的加法：推出四色和单色两种，版式上更美观、灵活，同时保留了外形醒目的特点；删除了原来插图和古字形解说，配发更符合小学生喜好的插图；封面设计上，贴近大众已经习惯的市场主体风格，加入了漫画元素，注重“清凉风”，使之区别于同类书，更容易捕捉小读者的“芳心”。通过这一系列的改变，篇幅减少，定价降低，书变轻薄，携带更方便；形式更轻松活泼了，更贴近小读者的心理。

这次改变之后，该字典的销售终于打开局面，走上上升通道。为了保证其鲜活度，不跟市场脱节，不跟课堂脱节，该社注重在形式和内容上结合形势发展修订、改造。

二、产品维护策划

形式上，根据市场变化，陆续推出各种衍生版本。有的读者家庭条件稍好，不太注重价格，就推出大字本，重做 32 开的书；有的读者家庭条件稍差，就推出简装版，注意版式更紧凑，降低定价。

内容是图书的生命，该社更注重内容上的随时更新。

1. 原书讹误的订正。编辑在图书首版以后，会注意对图书质量的复查，一旦发现错误或不妥，就记录下来，以待再版修改。这种修改，包括排版错误、笔误，也包括释义不准、举例不当等，不包括一些排版不当，力争做到精益求精。

2. 根据国家语言法规的变化及时调整图书内容。2013年，国家颁布了新的《通用规范汉字表》，这个字表的一级字表对应着原来的3500常用字表，也有增删出入。该书底本沿用旧的3500常用字表，表外字的功能设置和表内字是不一样的。为了跟上形势的变化，该社在后来的版本当中，及时做了修订更新，使图书内容符合新的语言规范要求。

3. 调整索引。原版本采用的是音序索引和笔画索引，笔画索引虽然好学好用，但是教学大纲对部首检字法强调更多，读者也要求寺增加部首检字表。为此，对索引作了调整，用部首检字表取代了原来的笔画索引。

4. 字头上作了梯级设置。最早的《小学生新华字典》有800个左右字头，虽能满足学习需求，但是读者不仅限于学习使用，课外阅读、生活中也可能使用，有的读者就反映字头不够。因此，在不增加篇幅和定价的基础上，新版本将字头增加到7000多个。后来，根据实际需要，又出版5000多个字头的版本。

经过形式、内容两方面的不断改进完善，《小学生新华字典》系列现成为该社当家品牌，2012年以来其销售量达40多万册，稳稳地占据了市场。

三、营销策划

从本书最开始的装帧设计，到后来的多品种跟进，营销部门都积极行动，为该书的成功销售发挥了关键作用。

此书即将上市前，营销人员将装帧、内容等的各种设计构想，做成全面细致的PPT，将成都五大书城的经理、馆长等请到一起，座谈讨论，征求书店一线销售人员的意见，在内容质量得到保证的前提下，对图书装帧、定价等方面充分吸收书店人员的意见，不至于盲目出招。

因为充分吸收一线销售人员的建议，一经推出，图书的销售势头良好，很多书店都将其列为重点品种，销售势头至今不衰。

为了保持良好销售业绩，该社营销人员常常深入基层书店，察看图书销售情况，和书店销售人员、读者沟通，及时了解各种信息，从而研究制定下一步对策。比如，利用节假日，组织促销，向读者让利；编辑人员到书店和读者直接见面，宣传、介绍图书；对民营书店，尤其是学校周边的民营书店，也会在发行上给予政策倾斜，以刺激其销售积极性。

网络销售是近年来图书销售的主要方面。该社也以各种形式积极营销，开创了良好局面：单本销售和组合销售相结合，秒杀、满减等促销活动，形成良性循环。

可以说《小学生新华字典》销售上的成功，除了内容、装帧、定价等比较精准外，离不开发行人员的辛苦努力。

点评

与《新华字典》相比，《小学生新华字典》的优势是受众针对小学生，精准定位，小学生需求的功能性定位更强；缺点是不如《新华字典》的学术性和权威性。

《小学生新华字典》的成功出版经验在于：注重细节，从市场摸索到产品完善，从内容生产到市场营销，每个环节都做到满分；坚持辞书出版的市场价值，不轻言放弃；在销售过程中关注书店反馈意见和销量数据，注重多方交流，再版时不断修改反馈出的细小问题的完善字典。

与此同时也要注意，前期市场调查到位，否则容易因为和学校、老师等缺少交流造成编写不当或与市场需求偏离的问题；高水平的编写才能达到理想效果。

思考题

1. 以《小学生新华字典》的成功为例，分析小型工具书出版的工作要领。

2. 与大型工具书相比，小型工具书的优势与不足有哪些，结合具体事例进行分析。

3. 选择具体的案例，分析分众市场的工具书在选题策划上需要注意哪些元素。

编辑如何策划巨型工具书

——以《中华大典》为例

关键词：重大出版项目、类书、《中华大典》

个案陈述

《中华大典》是国务院批准立项，由中宣部和新闻出版广电总局领导的、国家出版基金办支持的重大出版项目，也是新中国成立以来最大的文化出版工程。它对我国历代浩如烟海的汉文古籍，参照现代学科的知识体系，进行全面、系统的分类编排和标点整理。全书共24个典，采录的古籍超过2万种，规模达7亿多字，是一部学术性强、资料丰富的巨型工具书。目前已经完成的有《哲学典》《文学典》《法律典》《医药卫生典》等，预计2020年前会全部出版。

中国古代有编纂类书的优秀传统，上一次大型类书的编纂是清代雍正年间编纂的《古今图书集成》，已经过去将近300年。随着西学东渐，现代学科体系在中国的建立，需要运用科学系统方法全面检视中国古代的知识，编纂一部符合时代精神的关于中国古代的大百科全书。

20世纪80年代巴蜀书社成立之初，段文桂社长就敏锐地察觉到类书编纂的价值和意义。在反复酝酿《中华大典》选题期间，他近百次上京、奔走全国，游说国内500多位著名科学家和学者，如钱学森、钱伟长、任继愈、钱锺书、季羡林、胡绳等，邀约他们集体向当时的党中央、国务院上书，呼吁、建议抓紧编纂《中华大典》。同时联合上海古籍出版社、江苏凤凰出版社等17家地方古籍出版社，共同推动《大典》的立项工作。《大典》倡议发出之后，得到了中央有关部、委、署等主管部门的肯定。继而，出版方对编纂《中华大典》的必要性和可行性进行了严密科学的论证，并就编纂方案和工作步骤等有关问题向党中央和国务院领导同志做了汇报。最后终于获得当时的江泽民总书记和李鹏总理分别题词，李瑞环、李岚清、李铁映等多位领导也均有批示。

根据时任中宣部副部长李彦的指示，巴蜀书社决定选择几个分典作为试点，先走一步，取得经验，作为主要的发起单位，巴蜀书社责无旁贷地承担起了这个任务。

1991年4月，他们在成都召开了有中科院、中国社科院和全国部分高校、科研院所的著名学者以及四川省党、政、人大、政协领导参加的《中华大典》试点工程《医药卫生典》的试点编纂方案、引用书目、编纂样稿论证会。1992年，在北京京西宾馆会议大厅编纂工作，正式启动全面铺开。

1992年《中华大典》正式立项后，作为领导机构的中华大典办公室也随之在北京组建。巴蜀书社除了支持机构的组织、管理工作外，主要工作也转移到承担《医药卫生典》和《法律典》的编纂出版工作中。2006年，该社又承担了《经济典》的编纂出版工作。

2011年，巴蜀书社负责的《法律典》中的《诉讼法分典》出版完成，2016年该典全部完成，2016年6月25日，中国政法大学法律史学研究院、西南师范大学出版社、巴蜀书社联合举办了“弘扬中华法文化，《中华大典·法律典》首发纪实”研讨会。中国新闻出版广电网对此作了专题报道，社会影响不断扩大。

《中华大典》是巴蜀书社精心策划并成功实施的一个重大出版项目。

一、摆脱局限，推出重大出版项目

重大出版项目是提升出版社社会影响、品牌建设和竞争力的重要途径。巴蜀书社曾经的信条是“重大项目是立社之本”，并在20世纪八九十年代取得了辉煌的成绩，这同《中华大典》《古今图书集成》《中国野史集成》《道藏辑要》等一批重大出版项目的建设分不开。

小型出版社更需要有大格局，重大出版项目对于小出版社更加重要。现今的商业竞争，不管全球化还是互联网经济，其特征之一是“赢者通吃”，市场规则和科学技术手段已经打破了一切可以偏安一隅的保护壁垒。巴蜀书社起初的定位是地方古籍出版社，出版范围有很大局限。平台小，资金少，人才不足，导致在优秀出版资源的争夺上处于劣势，即使是原本十拿九稳的地方文献出版项目，也屡屡外流。在这种形势下，回顾《中华大典》项目的选题策划和运作实施，对于当下出版主体为摆脱局限、开创新局面有积极意义。

二、体例策划——从《古今图书集成》到《中华大典》

类书，又被称为古代的“百科全书”，它的特点是分门别类收集资料。我国有着悠久的类书编纂传统，唐代的《艺文类聚》、宋代的《太平御览》、明代的《永乐大典》、清代的《古今图书集成》，都是收辑典籍宏富的大型类书。但因受时代局限和观点局限，应收而未收的典籍也不少。

以医学部分为例，中国古代尽管编纂有一大批医学类书，但有的已经散佚失传，有的残缺不全，有的内容单一，有的体例编排不够周密、检阅不够方便，虽然有一定的参考、使用价值，但从总体上讲，均已远远不能反映中医学科广博的全貌，也远远不能满足中医学科进一步发展的需要。即使是现存古代规模最大的类书——《古今图书集成》中的医部和医学内容而言，也同样如此，其具体有如下表现。

第一，其成书年代距今已近300年，采撷的医籍不过120种，这对于浩如烟海的祖国医学文献来说，不过九牛一毛。由于其成书在清代早期，清初以后的中医文献自然付之阙如，即使明代以前的不少重要医书，也未能收录。第二，在思想观念以及部类结构上，受时代和编者学识的限制，封建伦理色彩比较浓厚，学科门类划分不尽科学合理，编排体例和层次也不尽周密清晰。第三，清初以后至近代的两百年间，同其他学科一样，中医学取得了长足的发展，中医古籍文献的整理研究，也取得了一系列的重要成就。例如温病学说开始脱离伤寒框架而成为一门新兴的独立学科，取得了极大的发展。近现代以来，有关医学的简牍、帛书、敦煌医学写卷以及医学佚书的发掘整理成果成批出现，这些富有学术意义和实用价值的研究成果与发展成就，理应收入医学类书中，以备学者参考使用。

1984 年至 1988 年，巴蜀书社与中华书局合作，联合影印出版了《古今图书集成》。这是巴蜀书社 1983 年成立之后的第一个重要出版项目，在获得经济回报的同时，对于后来的《中华大典》项目有着非常重要的借鉴作用。《古今图书集成》是中国类书最典型的代表，不论是全书结构设计，还是在每部所辑资料的编次方法上，都彻底贯彻了“分类”的原则，从而把类书“以类聚事”的特点推向深入。在出版《古今图书集成》过程中，巴蜀书社团队深入研究其体例，经过多次组织专家讨论、论证，以及 1989 年的试点工作，《中华大典》项目方案不断完善。

按照最终策划方案，《中华大典》将选录上自秦汉下迄 1911 年，前人积累的文献典籍中最有价值、最具代表性的原始资料，以传统类书的经纬目交织框架的模式，以现代科学的学科、目录分类方法，分门别类汇编而成。它的经纬目交织的体例特点，是在参照《古今图书集成》的基础上发展而成的。

所谓经目，即学科和门类。

《中华大典》分为 24 个典：哲学典、宗教典、政治典、军事典、经济典、法律典、教育体制典、语言文字典、文学典、艺术典、历史典、历史地理典、民俗典、数学典、物理化学典、天文典、医药卫生典、农业水利典、林业典、生物典、工业典、交通运输典、文献目录典、地学典等。各典之下，按照实际需要，依次设立分典、部、分部，也就是二级、三级、四级类目，个别情况增设五级。它是根据现代的人文科学、社会科学、自然科学、技术科学来分类的，同时兼顾各门科学的独特性。所谓纬目，即论说、综述、纪事、图表、艺文、杂录等是按文献资料性质及其表现形式来区分。所谓经目，即按文献资料内容分类，即按逻辑意义上的种属关系层层划分。经目与纬目互相交织，构成周密的分类网。

《中华大典》是个雄心勃勃的计划，要在前人整理研究古代典籍的经验和成果基础上，对古代传统文化典籍进行一次全面的、科学的、系统的整理汇集。众多学科的专家、学术带头人，按 24 个学科门类，进行一次最广泛的普查，一次去粗取精、去伪存真。按照设计，《中华大典》共8亿多字，是《永乐大典》的2倍多，《古今图书集成》的4倍多，是名副其实的巨型类书。

三、重大项目的精心管理实施

根据时任中宣部李彦副部长的指示，《中华大典》项目决定选择几个分典试点。巴蜀书社作为主要的发起单位，承担起了这个任务。经过权衡，决定选取《医药卫生典》中的《医学分典》作为试点之一。

当时考虑的因素主要有二：一是《医学分典》对中医学术的整理发掘、继承发扬，具有深远的历史意义和现实意义；二是以成都中医药大学（当时称成都中医学院）为依托，试点条件成熟，方便开展工作。成都中医药大学是全国建校最早、人才集中、学科齐全、科研力量雄厚的四大中医学府之一，参加《医学分典》试点的编纂人员，主要来自成都中医药大学，赵立勋研究员和李明富教授担任主编，编委会中具有正副教授、正副研究员、正副主任医师的共有23人，中初级专业人员60余人。各总部主编和主要成员，都是成都中医药大学中医学科的学术带头人和骨干力量，对本学科及其相关文献均有系统了解。他们此前陆续承担和参加了十余种中医古籍文献的整理研究，以及《简明中医辞典》《中医难字字典》和《中医百科全书》部分分卷等工具书的编写，积累了一定经验。另外，成都中医药大学和四川省图书馆中医文献藏书量居全国各省市前列，约计3000种，常用的医学古籍大部分可以在省内解决。

在时间紧、任务重、压力大的情况下，《医学分典》编委和巴蜀书社认真对待，通力合作，并在实践中总结经验，编制了总量达100余万字的材料，主要有：《〈中华大典〉试点工程编纂工作细则》（前后有铅字排版的两个版次）、《〈中华大典〉试点编纂方案》《〈中华大典〉试点引用书目》及《〈中华大典〉试点书目表》《〈中华大典〉试点书目参考资料》《〈中华大典〉试点走访专家意见与建议》《〈中华大典〉试点样稿》等，并在此后陆续印发给承担任务的出版社和各典编委会。这些学术文件、材料，是

《中华大典》试点编纂必不可少的启动指导性文件、材料，如果没有这些重要学术文件、材料的支撑，《中华大典》的编纂启动即是一句空话，无法完成。这些文件资料，后来提炼成《中华大典编纂工作条例汇编》，也是后来编纂的指导文件。

《中华大典》实行编纂工作主编负责制，典主编和分典主编要组织编委会、作者编纂出符合规定要求的书稿。这是前期质量和时间的保证。出版社必须和编纂方通力合作。但在实际操作过程中，却存在诸多问题。由于时间跨度长，人事变动大，给编纂出版组织执行工作带来了极大的困难。

《医学分典》是最早启动的分典，主要承担单位是成都中医药大学，顺利出版了《医家通论总部》等。但后来由于经费原因，编纂工作一度几乎中断。2006 年《中华大典》重新启动后，却出现了诸多问题：有的主编和作者年事已高，身体欠佳，不能按时交稿；有的主编和作者长期生病，不能胜任编纂工作；有的主编还有其他工作，对编纂工作一拖再拖；个别主编甚至撂担子不干；还有作者由于《大典》并未列入大专院校和科研院所的科研项目，对编纂工作积极性不高……凡此种种，使出版社组稿难度加大，合同执行困难，大大影响了项目进度，质量得不到保证。

鉴于这种情况，巴蜀书社领导北上南下拜访分典主编，了解编纂情况，传达出版总署领导精神，争取理解和支持。同时改变责任主体，直接和分典主编签订补充合同，以强化分典主编责任；提高编纂费前期预付比例，以调动作者的积极性；商议组稿、编稿、交稿事宜，处理稿件编纂的具体问题。2012 年后，巴蜀书社总结经验教训，提前介入，以保证进度：

1. 落实社内分典和总部具体联系人，定期和不定期与主编沟通，提前介入稿件的编纂工作，发现问题及时解决，提高编辑工作效率，确保稿件质量和进度。

2. 提前看样，针对样稿存在的普遍性问题，提出操作性强的修改意见；对于不符合要求的稿件，更换作者，重新编纂；对于作者退出的部分，及时组织其他作者编纂。

3. 提前召开审稿座谈会，由专家、主编、作者、编辑共同商定审稿标准和修改意见。

4. 确定催稿专员，对各自负责的分典定期或不定期地与各分典主编联系，随时了解稿件编纂情况，及时向社里汇报，商定解决办法。

在编校人员方面，巴蜀书社经历过严重的人才断层和流失问题，在最困难的时候，社内专门从事《中华大典》的编辑只有2人。2011年，《中华大典》项目纳入国家出版基金管理。原新闻出版总署党组对《中华大典》编纂出版工作提出了“保质、提速”、确保“十二五”期末全面完成的总体要求。这是国家下达的“硬任务”“死命令”，虽然当时组稿难、人手少、进度慢，基于责任和情怀，当年正处于新老交替的社班子唯一的选择就是找路子、想办法迎难而上，不断尝试各种解决办法：

1. 扩充专业队伍。2012年底，为了强力推进出版工作，巴蜀书社专门成立了重点项目出版中心，多渠道组织人力资源，抽出精兵强将，专门负责《医药卫生典》等重点项目的编辑出版，以保障出书计划的顺利完成。

2. 建立激励机制。将承担《大典》任务的项目中心定位为社内的社会效益出版部门，制定年度出版目标，完成目标，保证基本收入，超额完成，另行奖励。

3. 制定规章制度。先后制订了《编辑初审要求及注意事项》《审稿细则》《编校程序》《项目实施廉政建设制度》《印制招标管理办法》《项目质量管理和进度保障措施》《重点项目实施进度表》等相关项目实施和管理制度，确保项目度和质量。

4. 协调各方关系。在录入、排版、材料购置、印制装订等生产环节，做到事前先协调，出现问题有预案，大大提高了编纂效率。

点评

《中华大典》完成出版部分已通过多种渠道在全球范围发行，如美国国会图书馆就有馆藏。许多学者称赞《中华大典》编纂的高质量、高水平。复旦大学王水照先生说："《中华大典》是新中国成立以来规模最大的汉语古籍分类资料宝库，它是中国历史久远、从不间断的伟大文化成果的一个集中化体现。用科学体系把中国历代编纂类书的传统推向一个全新的高度，可谓功在当代，利垂后世。"

重大出版选题策划，既有某些优秀人物的智慧和灵感，也是出版社不断深耕优势领域的结果。从出版《古今图书集成》，到《中华大典》选题的反复酝酿，历经四五年的时间才臻于成熟，其思路上的连续性和工作上稳扎稳打的作风清晰可见。

重大出版项目管理是个极大的难题，既要有优秀的作者队伍、编辑队伍，又要有严格的管理制度作为保证，严管资金，控制进度，保证质量。

巴蜀书社是《中华大典》项目的策划、发起单位和项目实施的主要承担者，作为一家以古籍出版为主要业务的地方小型出版社，通过《中华大典》项目，提高了巴蜀书社在业内的声望，增强了重大出版项目策划能力，培养了一支过硬的编辑队伍。在目前出版行业竞争激烈，出版社生存艰难的背景下，回顾总结《中华大典》的选题策划和项目实施的经验教训，对实力弱小的出版社如何制定出版战略，规划未来的发展方向，以打破目前困窘的局面，具有很大的启发意义。

思考题

1. 重大出版项目对出版社，尤其是地方性出版社的意义与价值有哪些，结合具体事例分析。

2. 结合中国历史上的类书出版案例，将其与《中华大典》进行对比，总结后者的价值与独特的操作模式。

3. 大型项目出版中，选题策划的重要性体现在哪些方面。

第五节　案例详解及思考之四：教育及学术出版

教育与学术类出版，指的是属于教育或学术范畴的出版物。相比于其他类型的出版物，教育与学术类出版更强调选题策划，注重专业化、前沿化、精品化，强调知识服务与信息传播功能。

教育出版以出版教材教辅为主，既包括中小学教材教参，也包括高等院校、成人教育、自考教育、社会培训等各个教育层次的教材及配套的参考书等。我国以教育为特色的出版社主要有三类，即教育出版社、高校出版社和其他出版社，数量占所有出版社总量的1/4左右，但其产业规模却占一半以上，平均资产和盈利能力远高于其他类出版社。

学术出版以学术研究专著为主，承载传播思想和传承文明的功能，满足受众对于原创性、前沿性知识的消费需求。一个国家的学术出版水平决定其出版业的发展水平。当前，中国学术出版规模巨大、学术译著、原创著作、学术互动、出版合作日趋密切，但同时也存在一些投入产出比过大、数量与质量发展严重不均衡、专业化水平低、学术失范严重、学术评价体系紊乱问题，需要从选题策划角度入手，改善现有状况。

编辑如何策划学术丛书

——以“中国符号学丛书与译丛”为例

关键词：学术丛书、译丛、符号学

个案介绍

四川大学出版社于2000年成立语言教育编辑室，专职编辑5人，其中高级职称2人、中级职称2人，另有兼职编辑8人，多为四川大学教师、研究人员，半数以上有高级职称。出版社成立以来主要以出版社科类图书为主，借助四川大学文学与新闻学院的学科优势，先后出版了《汉语言文学教材》《汉语言文学研究生教材》《写作学系列教材》《新闻传播学系列教材》《新闻学国家特色专业教材》《21世纪广播电视系列教材》《电视批评学》《比较文学学》《学行堂语言文字论丛（一、二辑）》《比较文学：东方与西方（12—16）》《建国60年中国文艺发展研究》《中外文化与文论》等，同时还出版了大量的法学、经济管理、史学、政治、艺术、古籍整理方面的学术著作和教材，所出图书在学界和读者中享有良好的口碑。

从以上的出版社传统来看，文学与新闻学院的学科先进研究成果是四川大学出版社的出版物主要资源之一。赵毅衡作为符号学家，在符号学研究中颇有建树，他以四川大学为根据地建立了中国符号学的川大学派，四川大学出版社可以凭借其学科优势推出理论成果。

学术丛书强调的是规模效应，因此需要在选题上加大策划力度，强调其学术的前沿性、经典性和代表性。

一、利用学科积淀，增强丛书可信度

赵毅衡，著名文化理论家，符号学家。1968年毕业于南京大学，1978年在中国社科院就读研究生，师从著名诗人、学者卞之琳先生，确定了以

形式论为其终身研究方向。1988 年获美国加州大学伯克利分校博士学位，后到英国伦敦大学任教长达 19 年。2005 年到四川大学工作，2008 年恢复中国国籍，2009 年创建四川大学“符号学一传媒学研究所”并任所长，创立《符号与传媒》半年刊和符号学论坛网站，创建中国符号学川大学派。

赵毅衡在形式分析上卓有创见，英文与中文著作丰富，获得过多种研究奖，其中中文著作有《远游的诗神》（1983），《新批评》（1984），《文学符号学》（990），《苦恼的叙述者》（1991），《当说者被说的时候：比较叙述学导论》（1994）等；英文著作有 *The Uneasy Narrator*（1994），*Towards a Modern Zen Theatre*（2000）等；近著有《符号学：原理与推演》《符号学一传媒学词典》《广义叙述学》等。

四川大学出版社和四川大学符号学一传媒学研究所共同策划了“中国符号学丛”，以赵毅衡教授为核心和主编，以川大符号学派为骨干，有西北大学、兰州大学等中青年符号学专家的加入。因此，出版社在选题策划环节，以学科带头人的研究为基础，得到四川大学社会科学研究处的大力支持，通过组建“中国符号学丛书”团队，使丛书的品牌有了可靠的保证。

二、以传统符号学遗产增加丛书创新点

符号学的繁荣是当代文化的需要。近年来，当代社会发生了从未有过的巨变，当代文化迅速进入了一个高度符号化的时代，但人们对当代社会符号生产和消费的规律至今没有认真地究。现代符号学研究近一百年进展迅猛，经过一系列学派的竞争更替，经过各国学者的努力，已经发展成一门成熟而系统的学科。在符号学的应用过程中，不断有新的问题暴露出来，新的疆域不断被拓展。

“中国符号学丛书”奠定了中国符号学“川大学派”的理论基础，其特点是以传媒学为中心，突破符号学理论，扩大符号学范围，一方面吸收国际上的前沿学术成果，另一方面用中国传统的符号学遗产补充符号学理

论，建立新的符号学研究体系。

符号学是意义之学，因为任何意义必须靠符号才能表达、传播、交流、解释和应用。文化就是社会相关活动的总集合，研究符号就是研究社会文化活动最基本的规律。因此，符号学是社会科学和人文学科的总方法论，是“文科的数学”。

符号学的研究可以分成两个方面，一是符号学理论，包括与所有关于意义问题学科关系的研究，如赵毅衡《广义符号叙述学》、张碧《马克思主义的符号学》、祝东《先秦诸子的符号学思想》等，即在广度和深度上拓展了符号学的理论面。另外一个重要方面是对当代社会文化规律的总结，如饶广祥《广告符号学》、宗争《游戏符号学》、李玮《新闻符号学》等，强调符号学对当今迅猛发展的文化现状的理解能力、指导能力。

三、社会效益明显，经济效益存在风险

中国符号学川大学派是欧美之外唯一建立体系的符号学派。这套丛书使川大学派这个全中国最活跃的、成果最丰富的符号学学术团队有机会把自己多年的努力做一个集中的展示。该套丛书具有原创性、高水平的特点，符号学丛书和译丛系列目前已经出版 30 余种，这是中国符号学有史以来最大的集合。

在社会效益方面，这套丛书集中展示了中国符号学研究成果，促进中国符号学发展具有重要意义。符号学在欧美已经有一个多世纪的发展历史，成为文科研究的基础方法论，而在中国近几十年来更是发展迅速，在近十年迅速成为显学。据统计，中国大学近年来开设的符号学课程或是课程中包含了符号学内容的共有 200 多门，这是符号学在中国已被广泛接受的明证。此套丛书的作者都是国内一流的符号学学者，有的还是世界级的作者，在符号学界有很高的声誉。从基础层面保证了丛书具有的高学术性和实用性。

在经济效益方面，由于丛书作者写作水平高，学术能力强，大学相关

学科的各类学生和相关研究者都信任其品牌，出版后在取得很大社会价值的同时也将会取得相应的经济价值。当然，由于该丛书的发行存在发行周期长，回款不确定因素多，且前期投入大等问题，存在短期内难以收回成本的风险。

四、中国符号学丛书与译丛的成果

“中国符号学丛书”包括八本专著，即《广义叙述学》《广告符号学》《先秦符号思想研究》《新闻符号学》《游戏学：符号叙述学研究》《皮尔斯与符号传播学》《社会文化符号学》《哲学符号学：意义世界的形成》，均获得国家基金的资助。其中赵毅衡《广义叙述学》不仅是国家新闻出版广电总局2014年度国家出版基金资助项目，同时还获得了教育部第七届高等学校科学研究优秀成果奖（人文社科）·著作二等奖。

祝东的《先秦符号思想研究》开创性地研究了先秦文化。先秦易学与诸子学是中国古典符号思想的一大宝库，发掘先秦符号思想，对发展中国传统学术、促进中西学术对话、提升中国文化自信力等方面都有重要意义。从某种意义上说，该书也是迄今第一部对先秦符号思想进行系统总结的著作，具有一定的开创意义与现实意义。

点评

四川大学出版社基于其厚的符号学专家学者基础，出版了“中国符号学丛书与译丛”，其学术价值毋庸置疑。再加上赵毅衡教授等著名的符号学大家的作者品牌效应，该系列丛书已经吸引了成功该领域研究者的目光。同时，基于专家学者的社会影响力，加上丛书的高学术性与实用性，该系列丛书辐射的读者面相对广泛。

但必须明确的是，四川大学出版社是大学出版社，其经营范围是学术出版。学术出版的读者受众群相对于大众出版少，但代表了人类科学研究和人文精神在特定历史阶段的最高成就，具有很高的社会价值，因此学术

出版的经济效益与社会效益往往不能兼得。为实现学术出版的经济效益和社会效益，出版者必须根据出版社的传统、定位、人员、资源等合理规划学术著作的出版比例、周期和规模等。因此要考虑到学术出版物存在短期内难以收回成本的风险。这是学术类出版机构开展出版活动时必须思考的问题。

思考题

1. 学术丛书的图书推广有哪些方式？如何平衡学术丛书的社会效益与经济效益？

2. 在编辑学术丛书时，编辑与专家学者在沟通过程中应注意哪些问题？

3. 在多位作者共同编写丛书的情况下，编辑应该如何保持丛书风格的一致性？

如何策划套系教辅书

——以“走向名校丛书”为例

关键词：教辅出版、案例出版

个案陈述

“走向名校——小升初考前集训丛书”自出版以来，迅速成为家长和孩子们热捧的小升初教辅图书。教练罗朝述，知名教师吴凯、张健及其团队，对成都、西安、北京、上海等地名校多年来小升初考点、真题进行认真分析、精到点拨，及时研究命题动向，科学设置有梯度、针对性极强的集训考题，使得新版“走向名校——小升初考前集训丛书”成为实效性很强的小升初品牌图书。

本套丛书包含语文、数学两个科目，既涵盖了学生小学阶段应掌握的主要知识点和能力训练的内容，又适当而科学地加入了初中的一些基础知识和能力训练。本套丛书针对性强，将“专项集训”与“模拟测试”结合起来，构成一套综合性立体复习指导体系。每一个专项集训又分为四大板块：名校考点、名师点拨、名校真题和名校集训。是教育专家、教练、特高级教师、中学骨干教师和长期战斗在小学六年级一线的骨干教师在繁忙的教学工作之余，倾力打造的名校应考资料。

四川教育出版社是新华文轩教育产品研发、生产平台，近几年的教辅产品主要是通过新华文轩封闭渠道发行，形成了成熟完备的系列，销售利润直线上升。当然，真正面向市场销售的教辅品种数量不多，还没有完全形成系列或规模，品种数及影响力有待进一步扩大和提升。

一、“走向名校丛书”策划的时代背景和市场背景

在丛书策划中，出版主体首先考虑当时的时代与市场需求。

第一，国家政策和社会转型催生小升初教辅热。20 世纪 80 年代初以来，我国实行“一对夫妇只生育一个孩子”的独生子女政策，独生子女家庭不断增多，家长更加注重对孩子的教育；2015 年，我国全面实施“一对夫妇可生育两个孩子”的政策，教辅市场的潜在份额不断扩大。同时，当前社会处于急剧转型时期，经济发展速度加快，生活水平不断提高，对孩子的教育投资比重也越来越大。这些都是小升初教辅出版的利好信息。

第二，趋于集中的优质教育资源助推小升初教辅出版。四川是人口大省，教育资源分布不平衡。成都作为省会城市，优质教育资源相对集中，拥有成都外国语学校、成都实验外国语学校、成都七中嘉祥外国语学校等众多私立名校。每年慕名前来报考这些名校的考生人数众多，所属区域位置明显，除了成都六大城区外，其辐射区域包括郫县、双流等二级圈层，大邑、邛崃、蒲江等三级圈层，以及绵阳、眉山、雅安、自贡、南充等二三线城市。这些区域中经济条件较好且重视教育的家庭都想让孩子进入成都私立名校，需要相关的小升初教辅做指导。助推了小升初教辅出版热。

其三，教辅市场亟需“区域化”品牌的小升初教辅。通过市场调研发现，竞争激烈的教辅市场近年来有了较大的发展，出现了一些社会认可的教辅品牌，但模仿成风、产品同质化现象仍然存在。其中小升初教辅无视学生的多样化需求，通用色彩较为浓厚，个性化严重不足，具体表现为内容陈旧、指导性不强、成都本土特色缺乏等。出版优质的“区域化”小升初教辅品牌极其紧迫，且具有重要的现实意义。

二、“走向名校丛书”策划的主要思路

基于市场需求，寻找小升初教辅市场的空白，丛书策划方积极寻求市场，将目标受众锁定为成都乃至四川省内想上成都私立名校的小升初学子及家长、五六年级的教师等，面向他们提供精准的出版服务。

依据成都私立名校小升初考试的特点，打造一套极具成都本土特色的品牌教辅。具体而言，就是将丛书策划为语文、数学两个科目，主要以成都各大私立名校历年的小升初试题为基石，分析各大私立名校的命题规

律，预测当年的命题趋势，为学生练习及老师教学提供指导。

依托最优秀的作者团队编写丛书，为图书质量提供保障。“成都市小学奥数界教父”罗朝述老师是丛书编者的最佳人选。罗老师具有丰富的理论及教学实践经验，且拥有一支专门从事语文、数学教学研究与实践的优秀专业团队，这为图书质量提供了坚实的保障。

三、“走向名校丛书”组织生产、产品营销推广的亮点

策划编辑对市场十分敏感，因此，把整个选题策划过程当作一盘棋来通盘考虑。为了策划这套满足市场需求的小升初教辅——“走向名校丛书”，策划编辑在前期深入市场，调查了同类教辅图书的优势与不足，倾听一线教师及学生的意见，实施周密策划，不断分析、论证，并对其进行了整体设计。

为保证图书质量，策划编辑全程介入出版流程。

敲定书名。追新求实，摒弃老套，敲定书名为《走向名校——小升初考前集训》。“走向名校”四个字简洁明了，易识易记，既准确反映了这本书的内容，又巧妙满足了目标受众想走向名校的心理。

设置板块。基于市场调查，根据学科特点，与作者共同确定了板块名称：名校小升初考前专项集训和名校小升初模拟测试每个专项集训下又细分为名校考点、名师点拨、名校真题、名校集训四小板块，形成了“走向名校丛书”内容框架的雏形。

完善内容。策划编辑在成稿过程中主动与作者联系，根据语文、数学学科的最新动态提出稿件修改思路，多次协助作者改稿，使教辅图书更具科学性及实用性。

优化协作。策划编辑与相关部门进行良好的沟通、协调、合作。如多次与发行部的发行人员、设计室的美编协商装帧设计方案，最终选定绿色、黄色分别为语文和数学两科目的底色，图案以 Z 字形为主，暗含学生向上走的趋势。印刷前又与出版部共同考虑纸张的选择，最终商定采用高品质的纸张，舍弃了同类书的低品质用纸；同时采用了覆膜及装袋等装订

印刷工艺，让整套丛书的用纸及印刷品质相对较高。

撰写广告语。“权威性：知名金牌教练、特级教师全面点拨名校小升初考试；针对性：梳理名校小升初应考知识点，再现名校真题，把握出题规律；预测性：对名校小升初命题趋势的有效预测，助你顺利进入名校。”以上广告语凸显了此丛书的卖点及实用价值，有效吸引了读者眼球，拉近了与读者的距离，扩大了教辅图书的影响力。

“走向名校丛书”一经出版，出版社便及时整合资源，多方式多角度地对其进行营销推广，借助纸质媒体、网络媒体、培训机构等，以活动为载体进行产品推广，扩大了教辅图书的影响力，提升了出版社品牌的影响力、品牌形象及美誉度。《华西都市报》、新浪四川、中国新闻网四川分网等媒体对此丛书都进行了报道，社会反响较好。其他的推广手段还包括参加《华西都市报》举办的“小升初现场咨询会”进行推广；进入各种培训机构进行的小升初集训营进行推广；借力“小学生态课堂教学研究”等教育教学研究专题活动进行营销推广。编辑还利用销售渠道多样化优势，不单进入卖场，还利用互联网平台进行销售，同时利用销售代理广泛布点的点式销售、区域销售和直营销售等多种方式进行推广销售。

四、“走向名校丛书”所获得的荣誉及社会影响力

“走向名校丛书”出版后，在出版界、教育界及教辅市场赢得了良好的口碑，取得了良好的经济效益和社会效益。

销售业绩高，取得了较为可观的经济效益。“走向名校丛书”从2011年出版以来，两个版次五次印刷，累计销量达9.2万册，总码洋达271.1万元，取得了较为可观的经济效益，实现了较高的投入回报率。

口碑好，赢得了良好的社会效益。“走向名校丛书”自面世以来，赢得了许多教育培训机构、学生、家长和老师的认可和赞誉，树立了良好的口碑，提升了出版社的品牌形象和影响力，凝聚了优质的作者资源，取得了良好的社会效益。

示范引领，成为小升初教辅市场的主流教辅。“走向名校丛书”在小

升初教辅图书市场上树立起了品牌，具有示范引领作用，被同行跟风、模仿出版。

五、“走向名校丛书”案例值得总结、推广的关键点

精准选题定位，加大研发力度。图书出版是一项系统工程，选题策划具有整体性和动态性。要对策划的图书有明确的定位，发挥编辑的整体意识和主动精神，加大研发力度，提高选题质量，创造出版机会，从而提升出版社的品牌形象。“走向名校丛书”选题的确立，正是以市场调研为重要依据，充分收集和分析信息，把握市场变化趋势，立足市场实际需求，瞄准目标受众，进行严密市场论证，充分发挥编辑工作的设计、组织功能而成的。

坚守图书质量，铸造品牌教辅。图书质量是图书的第一生命力。编辑要充分发挥整体意识、创新意识，注重发扬工匠精神，积极参与图书创编的全过程，提高图书质量，做好“把关人”。“走向名校丛书”编写前期策划编辑介入，提高了创作的针对性和产品的成功率，缩短了作者与读者之间的距离。在作者编写阶段，策划编辑发挥创新意识，主动与作者沟通交流，配合作者解决遇到的困难，实现了编辑和作者的良好互动。在编辑出版阶段，策划编辑发挥工匠精神，“咬定”各个环节不放松，发挥工匠精神，细致打造具有权威性、针对性和实用性的本土特色品牌教辅。

点评

舒尔茨曾说过，在同质化的市场竞争中，唯有传播能够创造出差异化的品牌竞争优势。教辅教材在今天必须以“互联网＋”为抓手，整合各方资源进行立体化的营销。将网络等新兴媒体与报纸等传统媒体相结合，全面融合线上线下优质渠道，实行点式营销、区域营销、事件营销、垂直营销等多种营销方式，以最大限度地提高产品的市场占有率，体现区域化特色及品牌影响力，达到最优的传播效果。

出版业正由单一的教育产品出版向教育服务转型。注重服务形象全程化，可增强品牌的凝聚力。因此要注重从提供优质服务入手来提升服务形象，把服务形象的传播融入服务的全过程，增强图书品牌的附加值。

对待作者，要做好沟通和服务。处于行业顶端的优秀作者具备强大的号召力，往往能凝聚一批优秀的人才组建成精英团队，但因其工作繁忙，日常空余时间有限，编辑需做好心理准备，耐心等待和沟通，协助他们创造优秀的教辅产品。充分发挥编辑在作者和读者之间的桥梁、中介作用。当好作者的助手，及时向作者传达读者的需求信息、反馈信息，促使教辅图书的进一步完善；做读者的朋友，树立“读者至上”的思想，始终站在读者的角度，处处为读者着想，尽可能地为他们提供个性化的完美服务。让编辑、作者和读者三者之间形成合力，共同为教辅品牌化服务。

思考题

1. 教辅编写过程中，编者的名气与威望重要吗？为什么？

2. 在互联网时代的今天，你是否认为应该将教辅丛书进行数字化转型？

3. 就某一类教材或教辅图书的营销进行实地考察，观察其运作规律，并撰写相关实践报告和心得体会。

好教科书是做出来的

——以川教版初中《历史》教科书为例

关键词：教材出版、分级阅读

个案陈述

好书是做出来的，好教科书更是做出来的。这个做，包含了选题策划、营销策划、品牌创建等一系列内容。作为出版人，做畅销图书、品牌图书是其奋斗的目标。作为教育图书出版者，做优秀的教科书更是永远的追求。本文以四川教育出版社出版的课标初中历史教科书为例，分析、总结教科书整体营销的经验教训，从中找出教科书的营销规律。

四川教育出版社于2002年6月在国家教育部通过了新课标初中历史教科书的编写立项，分别于2003年5月和2004年5月，送审《中国历史》七、八年级和《世界历史》九年级共6本教科书（以下简称《历史》），并通过了全国中小学教材审定委员会的审查，在全国部分省市使用至今。该套教科书先后在全国11个省（市、自治区）的部分地区使用，最高峰时每年使用量达1000多万册，码洋1亿多元，仅次于人教版和北师大版教科书的使用量，是川教社成立30多年来出版的单科教科书中使用数量最多、使用面最广、使用时间最长的国家级教材。它不仅使四川教育出版社在新课程改革中占有了一席之地，取得了显著的社会效益，更赢得了可观的经济效益。《历史》已成为川教社的品牌图书和经济支柱。

《历史》之所以能发展壮大为国内有影响力的教材品种，除川教社历届主要领导的高度重视、编辑出版专业团队爱岗敬业外，主要有以下几个原因：

一、抓住机遇、快速反应，是做好教科书的前提

在基础教育教材的出版上，我国长期以来基本上是人民教育出版社的教材一统天下，虽然国家也在不同的时期进行了课程教材的改革，但主要是教材内容的变化。20 世纪 80 年代末至 90 年代初，国家开始进行教材“一纲多本”的改革，原国家教委委托十多家单位，陆续编写出版了“八套半”教材（河北省编写的农村复式教材因只编写了小学部分，所以算半套）。四川教育出版社当时有幸被选为内地版教材的出版单位之一，参与了这一轮的教材改革。可惜由于诸多原因，一场激烈的“教材大战”后，除人教社以外的其他版本教材均败下阵来。

新一轮的课程教材改革启动于世纪之交。1999 年 6 月，《中共中央国务院关于深化教育改革全面推进素质教育的决定》提出要“调整和改革课程体系、结构、内容，建立新的基础教育课程体系”；2001 年 6 月，国务院《关于基础教育改革与发展的决定》进一步明确了“加快构建符合素质教育要求的基础教育课程体系”的任务。教育部在充分酝酿和研究的基础上，制定了《基础教育课程改革纲要》，确定了改革目标，组织相关力量研制了各门课程的课程标准或指导纲要，并组织相关出版社编写新教材。2001 年 9 月，在全国 38 个国家级实验区开始了新课标教材的实验。至此，我国最大的一次基础教育课程改革全面开始。

在此次改革中，四川教育出版社和全国大多数教育出版社一样，未能抢占先机，究其原因，一是这些出版社当时主要忙于手中已有教材的修订送审（几乎在新课标颁布的同时，原使用教材的修订大纲出台，要求必须修订送审）；二是在观念上相对滞后，受过去的教材传统约束，没跟上此次课改的精神，对新的课程标准一开始认同不够；三是对新课程教材市场化的操作不适应。因此，第一批进入课改方阵的主要是几个师大出版社，并作为新课标的制定者占了先机。好在不久之后，川教社开展了 3 科教材的立项申请和编写，经过艰苦的努力，在 2003 年通过了小学《英语》和初中《历史》两科教材的分立项。虽然开始时没把握好新教材开发的机遇，

所幸还没完全错过，可以说，《历史》的成功在于抓住了国家课程教材改革这个大的机遇。

二、选择和培育优秀的作者是做好教科书的基础

做好教科书，选择什么样的作者至关重要。作者的水平、能力、人品是决定教材成败的首要条件。《历史》之所以能够成功，有一个好的主编是很重要的因素。主编龚奇柱先生是享受国务院特殊津贴的有突出贡献的专家，多年担任全国中学历史教学研究会副理事长，是国内有影响的历史教育专家。龚先生不仅具有良好的职业道德、扎实的历史专业功底和对历史课程、历史教学的系统研究，而且有丰富的教育教学实践和历史教材编写的经验以及组织领导教材编写的能力。在长期的合作中，龚先生与川教社建立了深厚的友谊。1994 年，川教社内地版教材面临困境，出版社实行了“单科突破，发展外围”的教材发展战略，全力扶持当时还处于发展中的内地版《历史》教材。此时，龚先生担任副主编、主编。当时，从培训教师、修改教材到送去审查，出版社都认真对待，不惜人力和资金的投入，取得了龚先生对出版社的信任。因此，当出版社准备做新课标教材时，就自然向龚先生提出新课标教材立项的邀约，请他担任主编。虽然当时，北京、上海、重庆等地的出版社也同时向他发出了邀请，甚至开出的条件都比川教社的高，但川教社还是以诚心打动了龚先生。他对其他社的领导说，在内地版教材最困难的时候，川教社想尽办法培育它，现在他们需要我，我不能抛弃老朋友！

龚主编根据课程标准要求和历史学科的特点、初中学生的年龄心理特征，提出教材的编写思想、体系结构、内容选择及编写特色，对每册的编写进行具体指导。他还亲自“操刀”，承担了编写难度较大的中国现代史全册和中国近代史一半的编写任务，是编写组中执笔最多的人。历次的教材编写方案、教材送审报告都由他亲自执笔撰写。除他所在的重庆外，龚主编还先后去四川、陕西、湖北、河南、江苏、广西、广东、云南等省、自治区做教材的宣传、培训、回访工作。

一套优秀的教材还需要有精悍的编写队伍。教材主编遴选的编写队伍由跨省区的高等院校、教育科研单位、省级教研部门的教授、研究员、教研员和中学一线的特级教师组成，10 人具有正高职称，8 人为硕士生导师，1 人为国务院特殊津贴专家，2 人为省级优秀专家，2 人为省级教学名师，4 人为中学特级教师。他们都有从事中学历史教学、中学历史教学研究或中学历史教材编写的经历，是一支结构合理、熟悉中学历史教材编写、能打“硬仗”的编写队伍。

在与作者的合作中，出版社工作人员既非常尊重编写组，千方百计做好服务，又在有关出版社的利益问题上坚持立场，同时认真深入学习新课标，在讨论时能提出自己的见解，在编写组里建立了出版社的信用和良好的形象。

在《历史》实验教科书全部一次性通过后的总结会上，大家一致认为出版社参与此项工作的同志和编写组是一个很团结、特别能战斗的优秀团队，龚先生尤其功不可没，没有他，就没有这套优秀的教科书。做好书，特别是好的教科书，需要培育与出版社精诚合作的好作者，要让优秀的作者对出版社不离不弃，这是出版社长期的基础工程。

三、精心打造品牌，高质量是做好教科书的核心

面对教材编写市场严峻的形势，川教社分管社长与主编以及另一个主要编写者组成的 3 人小组经过反复酝酿、共同讨论研究，拿出了基本的方案和框架。将教材的特色锁定在凸显西部特色，凸显变“教材”为“学材”、“教本”为“学本”的特色，凸显呈现方式独创、完美的特色，发动编写组和一线历史教师讨论、提意见，再送历史专家预审提建议，反复修改。

在教材的呈现方式上力求做出特色。川教社认为，一本优秀的教科书，不仅要有到位的编写，还要有正确、完美、独到的呈现方式。出版社选派得力的编辑和美术设计人员。从开始准备立项，出版社就组织教科书编辑、设计、制作全体人员和编写组一起，认真学习《历史课程标准》，

领会课改精神，全程参与教科书的立项、编写和制作工作。设计人员前后拿出了近10套设计方案，和作者、责编一起讨论，确定后又几经修改，终于形成了现在的比较严谨的文字排列、准确的图片表达、规范而又活泼的构成格式以及点线面完美合成的版式设计。对封面设计，出版社更是经过反复比较、筛选，最后确定了既紧扣每册内容、有深刻历史内涵，又美观大方；既体现教科书的庄重，又能让孩子喜爱的亮丽华美的封面。在印制和装订上，也严格要求工厂，所用材料均是国内大型企业的产品，教科书印制全过程有专人检查质量，使印出的教科书在质检部门的检查中被评为优良产品。由于出版社人员和编者的共同努力，送审的教科书受到专家的高度评价，是8套历史教材中唯一一套不经过复核就可以在全国使用的教材，一次性地通过了审查。

全国中小学教材审定委员会专家们称该套教材“依据历史课程标准，努力实现《标准》规定的目标，体现了新的课程观念和历史学科特点，力求使教材由教本转变为学本，便于学生学习。教材的体例设计、基本结构均安排得当，课文简明、流畅，活动设计多样，图文并茂，较好地贯彻了素质教育的要求”，“对《基础教育课程改革纲要》和《历史课程标准》等文件把握较准，在继承以往教材优点的同时努力创新，增加了不少新材料，呈现方式增加了不少新手段，对培养能力、推进探究式学习、提高学生素质很有益处，是一套有特色和适合教学的新教材”，“在指导思想上坚持了马克思主义的历史唯物史观，坚持了正确的价值导向”，“体例新，内容简明扼要，史料选择精当，课程内容的安排、练习活动的安排合理，在风格上颇具特色。选图精心，图文并茂”，“生动活泼，融知识性、可读性于一体，有利于激发学生的学习兴趣，是一套优秀的中学历史课本”。正因为教材的质量好，在后来的推广中得到了各地教育部门的认可和师生的欢迎。

审查通过的实验教科书从2003、2004年开始使用。为了了解各套教科书的使用情况，便于修改课标，教育部委托基础教育课程教材发展中心于2009年至2011年对全国使用的8套历史实验教科书进行了大规模的问卷调查，最后得出的结论是川教版历史教材无论是在教师中还是在学生中的评价都高于其他 7 套教材。以下两图来源于教育部基础教育课程中心的义务教育课程标准实验教材使用情况调查报告。显示，川教版教材在与其他 7 套教材对比中，师生总体评价均处于领先地位。

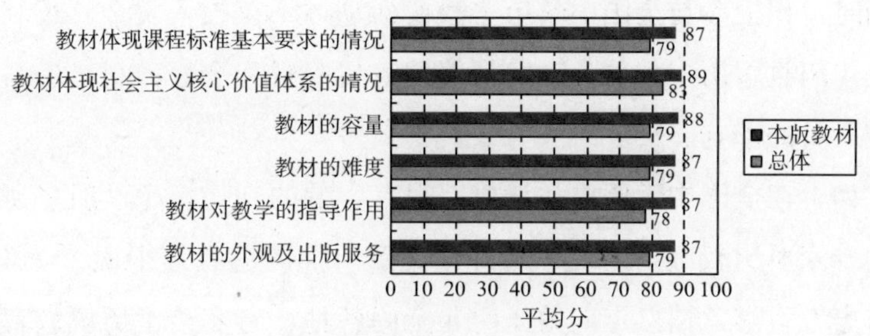

图 1—1　本版教材在教师问卷各主要方面上的总体得分

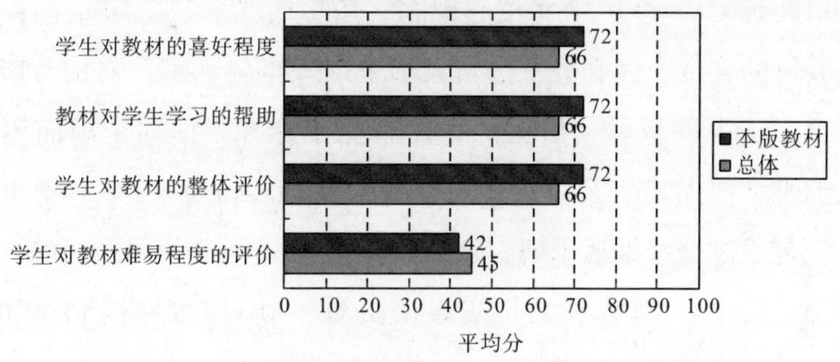

图 1—2　本版教材在学生问卷各主要方面上的总体得分

从 2011 年开始，教育部《义务教育历史课程标准（2011 年版）》颁布，出版社和编写组立即组织全体编辑和编者认真学习，并于当年 7 月按照修订的课标启动了编写和修订教科书。2013 年 9 月，教育部召开了义务教育德育、语文、历史三科教材修订启动会后，出版社和编写组一起，又按照要求和教育部《关于义务教育德育、语文、历史课程标准实验教材修订送审工作的通知》的精神，进行了认真修订，并送审了教科书，顺利获得教育部教材评审委员会的审查通过。2016 年秋季开始使用修订后的历史教科书。

四、宣传、推广教科书，特殊的营销是关键

在宣推方面，编辑有针对性地组织高水平的评价文章在历史教学教研杂志上发表，使圈内人即中学历史教学研究人员和一线教师有初步的印象。同时，积极参与全国中学历史教研活动，不仅投入资金，还利用这个讲坛宣传川教版历史教材，散发精美的宣传资料和全套教材，进一步加深对上述人员的影响。

比如，在全国中学历史教学界都很有影响的刊物《中学历史研究》上发表的专家对川教版《历史》的评论文章所加的编者按中说："川教版新课标历史教科书，悄然走向大江南北全国各地，着实给了历史教育界一个不大不小的惊喜，人们于是不禁感慨系之——可不能再用偏安一隅的老眼光看待川教版了!"全国中文核心期刊《历史教学》刊登了全面介绍川教社历史教材的文章，还刊登了扬州大学朱煜先生的文章，对川教版进行了高度评价，认为该教材"依据课标而不囿于课标，面向全国而不限于内地，从编排结构到装帧设计都体现自身的风格和特色。"许多省市的历史教研员就是通过这些渠道了解、认识和肯定了《历史》的。例如江苏省徐州市选用《历史》，首先就是历史教研员看了教材后，给予了高度评价，认为这才是"真正的中学教材"。在徐州教育局组织的教材选用会上，80个教师代表在比较了发给他们的8个不同版本的教材后，无记名投票选用教材，有72票投给了川教版教材，因此从2004年秋季开始到现在，徐州市一直使用川教社的历史教材。

此外，川教社重点面向各地教育管理部门宣传推广。除了积极参加在各省举办的新课标教材展示会，川教社先后到陕西、重庆、安徽、浙江等地办展览，到一些重点省区宣传，送书上门。社里组织了几个宣传小分队，一个组开车到湖北，8天行程4000多公里，跑了7个地市，白天找人，晚上赶路。人生地不熟，川教社的工作人员就带上样书，直接到教育和教研部门宣传，功夫不负有心人，最后让有"高考神话"之称的黄市冈市教育部门，认可并选用了川教社的教材；一个组到云南，他们先后去了三次，让玉溪、楚雄等地选用了川教社的教材。经过种种努力，最高峰时川教版《历史》在全国11个省市的初中3个年级有800多万学生使用，使其跻身国家主流教材之列。

五、完善后续服务、建立教材的支撑体系

教科书和其他一般图书最主要的区别，就在于它的后续服务非常重要性。要使教科书能可持续发展，就必须要做好后续服务，建立完善的教材发展支撑体系，包括培训教师、提供完善的配套用书、教学软件、对教学情况的回访和研究、提供教学交流的平台等。

新教材的使用，新的课程理念的贯彻，必须要依靠教师去做，这就要培训好教师。2004年川教社组织了编写教材的专家、教师到10个省进行了28场培训，此后每年他们都对各地使用教材的教师滚动培训或进行回访。2016年，在修订的教材使用前，他们又在全国使用地区进行了大规模的教师培训，受到了广大教师的充分肯定。培训后，他们还进行了普查，反馈培训情况。由于组织精心，材料齐全，专家负责，培训者满意度达96%以上，为使用好教材打好了基础。他们还和北京的软件公司合作，编写制作了与教学配套的软件；编写了交流川教版历史教学信息的通讯，发到每个使用县；建立了两个教学网站，一个是主编单位建立的历史教学网站，一个是川教社建立的川教社历史课程网，专门为一个学段的一个学科建立网站，这在当时是绝无仅有的，使之成为与教师沟通交流的平台；出版社还组织了几次全国性的教学经验交流会，发动教师写交流论文，并由专家评比出优秀论文进行表彰。总之，通过各种活动、方法，让使用教材的师生感到放心，用起来方便，培养忠诚的读者，使教材能够延续使用下去，并且不断地扩大使用面，实现教材的良性发展。

至今，川教社出版的初中历史教材经历了内地版、大纲试用本、大纲本、课标实验本，一直到现在的课标修订版。从只在重庆和四川的少数区县使用，到扩展到四川13个地市，重庆市的绝大部分区县，江西、江苏、

河南、陕西、湖北、云南、广西、广东、青海省的部分市县使用，成效显著。目前，该套教材每年印数900多万册，码洋近9000万元，加上配套的教参、教辅以及教辅在省外的授权编写收入，已经名副其实地成为川教社的支柱产品。

点评

机遇对一个人的发展至关重要，一个企业，能否抓住机遇，更是发展的前提和关键。作为教育专业出版社，出版教材教辅是分内之事和强项所在。教材虽然是投入大、风险高、定价低的图书，但它具有可持续发展性，附加值高，可以说教材是皮，教辅等其他产品都是毛，皮之不存，毛将焉附。

《历史》从开始申请立项起，就定位于精品教材，这就促使《历史》取得了长远的成绩。在当时，《历史》教材已经有了5套，并且都是北师大、人教、华东师大这样的大社出版，都有课标制定组的专家参与编写。如果川教社后续编写的教材没有质量上的优势和特点，编写出来了，也难以通过；即使通过了，也难以推广使用。

有了好的教材，可以说只是完成了一半的任务，教材的营销至关重要。要不断吸取课程改革中的教训，把宣传推广工作放到和编写同样重要的地位。出版社应多渠道、多方式、全方位地开展一场营销攻坚战，这样才能将编写完成的教材推广出去。

思考题

1. 在教材编写竞争如此激烈的今天，如何才能在“教材大战”中脱颖而出？

2. 如果你是教科书出版领域的专职编辑，在策划教材选题时，你最看重的是什么？说明理由。

3. 教材出版需要营销吗？请结合案例进行说明。

出版机构如何策划出版基金项目

——以《中国不同储粮生态区域储粮工艺研究》为例

关键词：国家出版基金资助项目、科技出版、学术著作

个案陈述

《中国不同储粮生态区域储粮工艺研究》一书是我国"十五"科技攻关项目可持续发展的研究课题之一，并非一般农业读物，而是一本有关粮食储藏方面的学术专著。

它是在国家"十五"重点科技攻关项目"不同储粮生态区域粮食储备配套技术优化研究与示范"研究成果的基础上，由全国五十多位顶级粮食储藏专家和学者历经十多年调研验证，共同完成的重大科研课题。此书道对我国"不同储粮生态区域粮食安全储藏评价体系"等科研课题的实际运用，是中国首部研究"储粮生态系统理论体系"的学术专著。

四川科学技术出版社在申报国家出版基金资助项目时，准备充分，立项准确，顺利获得2014年国家出版基金资助项目立项为本书的成功打下了坚实基础。

四川科学技术出版社是四川省唯一一家科技类图书出版社，其优势板块与特色板块一直是农业类图书，已经出版了一批在全国有影响的、具有学术价值的优秀出版物，如《中国立体农业概论》《中国庭院经济概论》《当代世界人兽共患病学》《中国两栖动物及其分布彩色图集》《中国大型真菌彩色图谱》《四川蕈菌》《养生保健菌类》《四川植物志》《四川中药材标准》《粮食储藏科学技术进展》等，先后荣获中国图书奖、中华优秀出版物奖、全国优秀科技图书奖、全国优秀畅销书奖、全国服务"三农"优秀图书奖等，多本科技专著曾获得国家出版基金资助。

一、结合时代背景，确定备选选题

结合时代背景，发挥出版专业优势，选题策划精准对路，是四川科技出版社打造学术精品、入选国家出版基金资助项目的重要条件。

我国是世界产粮大国，也是粮食消费大国，做好粮食安全储藏工作意义重大，不仅关系到军需民食，还关系到国家安全、社会稳定。据粮储专家介绍，粮食安全储藏是目前世界性难题，防止虫、霉为害，延缓品质劣变，确保安全储粮的“生态储粮研究”已成为当今世界各国科学保粮技术发展的新趋势；既是我国新世纪粮食储藏科学技术和管理的发展方向，也是我国粮食储藏界专家学者正在面对和亟待攻克的粮食储藏重要的科研课题之一。

解决世界粮食安全储藏难题迫在眉睫。据联合国粮农组织调查统计，全世界每年因粮食霉变和虫害等损失占粮食产量的8%。在我国，农户储粮的鼠、虫、霉害问题比较严重，储粮平均损失为5%左右，粮食主产区农户储粮损失较为突出。专家依此估算，全国每年农户储粮损失约150亿公斤，我国每年粮食产后损失在360亿公斤以上，其中相当一部分是因为储藏不善所造成。此外，我国仓储标准远远落后于仓储行业技术进步的情况依然严重，加之许多标准之间不衔接、不配套，与形成一套完整标准体系还有较大差距，给粮仓规范化、精细化管理和技术设施优化配置带来了不利影响。

纵观我国国情，农业关系国计民生。中央政府高度重视农业，其程度可以从历年的“中央一号文件”中得到印证。从1982年至1986年，从2004年至2016年，中央政府连续5年和连续12年17次发布以农业、农村和农民为主题的“中央一号文件”。“农业”几乎成为“中央一号文件”的专属，足以表明农业在中国“重中之重”的地位。

由此可见，此书稿与国家对农业一贯以来的高度重视相吻合，选题很快被列为出版社当年的重点选题，出版社领导研究认为，《中国不同储粮生态区域储粮工艺研究》这个选题符合国家出版基金资助项目的备选条件，可以作为参选项目上报，将其列入国家出版基金资助项目申报初选名单。

二、找准产品定位，发掘学术价值

在国家宏观背景下，四川科学技术出版社决心策划一本既能帮助读者理解“储粮生态系统理论体系”学术思想，又能指导我国粮食储藏领域的科研、生产的学术专著。通过与作者充分的沟通和交流，四川科学技术出版社在了解书稿写作背景、著述过程、主创人员情况的前提下，提炼书稿的学术价值与意义，彰显书稿的创新性、实用性、前瞻性、原创性、唯一性，最终形成以下几方面的文字内容。

1. 内容介绍：

该专著以我国粮油储藏安全为核心，以粮食流通的宏观经济为背景，围绕不同储粮仓（库）的运行机制，结合我国各地自然地理和经济地理区划、自然气候条件、仓储不利因子及相互联系和相互制约要素、社会生产关系等诸多因素，对我国的储粮生态理论和实践进行了全面系统的分析研究，探讨了中国储粮生态学研究的发展方向，创建了具有中国特色的“储粮生态系统理论体系”。在该体系框架下，提出了以下科研成果，对我国生态、绿色储粮发展具有十分重要的指导意义。

(1) 将中国储粮生态区域合理划分为具有储粮意义的七个储粮生态区域。

(2) 提出“不同储粮生态区域的粮油储藏技术规范”，规范建议不同储粮生态区域的适宜仓型，不同仓型的配套装备技术与选择。

(3) 提出“不同储粮生态区域安全储粮经济运行方案”，以及不同储粮生态区域及不同仓型储存不同粮食的安全储藏工艺和最佳经济运行模式。

(4) 建立我国全面完善的“不同储粮生态区域安全储粮评价技术指标体系”。该体系能够比较客观地对不同储粮生态区域的粮食安全储藏质量进行评价。

（5）首次以“中国储粮工艺模式图”的形式来表达我国七大储粮生态地域主要粮种储粮的最佳工艺和经济运行模式。

综上，《中国不同储粮生态区域储粮工艺研究》是一部具有创新思路，应用指导实践性强，全方位覆盖我国产粮、储粮区，实用有效的安全储粮指导和评价标准体系全书，是兼具学术性、指导性、实用性、原创性的科研专著，也是中国目前唯一研究“储粮生态系统理论体系”的最新学术成果。

2. 学术价值：

《中国不同储粮生态区域储粮工艺研究》是目前中国第一部全面系统研究、分析和规范中国不同储粮生态区域储粮工艺的科技专著。该专著中提出的在我国建立“绿色一体化战略”，或称“粮食生产、加工、储藏、利用、消费全程绿色一体化”的规范体系，符合我国粮食安全的中长期发展战略规划，符合全世界所关注的绿色粮食储藏和人类生存利益。该专著的出版和实施将为解决困扰粮食储藏安全的世界性难题提供理论依据。该著作的出版，填补了中国“储粮生态系统理论体系”理论研究学术专著的空白，也将为世界各国，特别是为发展中国家构建自己的“储粮生态系统理论体系”起到表率作用。

该专著内容所述，全方位地覆盖了我国东、西、南、北、中各省储粮产粮区。在粮食储藏“绿色一体化战略”发展方向的指引下，根据不同地域的生态条件，设计了“不同储粮生态区域的储粮工艺模式”等配套技术；更加注重根据具体储粮生态条件进行储粮技术的优化组合；全面印证了“储粮生态系统理论体系”研究在中国广大地域实施的可行性。该专著的研究创新成果直接服务于各地储粮企业和广大储粮户。在该专著成果的具体指导下，储粮企业的安全质量评价标准有据可依，将使我国储备粮的总体质量有一个新的提升，其创新成果直接服务当代、惠及民生，为实现安全、绿色、无公害储粮提供了技术保障。

3. 出版意义

专著的出版，为确保储粮质量安全提供了理论支持和技术保障，为国家粮油食品安全提供了重要依据，为国家储备粮的安全储存提供了有力的技术支撑，必将产生极大的社会效益和经济效益。

此书首创的“不同储粮生态区域安全储粮经济运行方案”“不同储粮生态区域粮油储藏技术规范”“粮油储藏技术指标及评价体系”等创新成果可直接服务于广大产粮、储粮区的中小储粮企业和农户，对全面实施“农产品绿色储运战略”的具体实现起到规范和督促作用。

随着社会发展，人民对粮食品质提出了更高的要求。该专著的出版对全面实施“农产品绿色储运战略”，起到了极大的推动作用。

此书的理论研究课题之一就是要从危害储粮的不安全因子分析开始，抓住关键控制点，全面实现粮油储藏的“绿色生产、绿色加工、绿色储运、绿色消费”。

该专著的出版，标志着我国继加拿大之后世界上第二部研究“储粮生态系统理论体系”的学术专著问世，是理论与实践紧密结合的实用性、创新科学研究成果，将为世界各国，特别是发展中国家构建自己的“储粮生态系统理论体系”起到表率作用。不仅为解决我国的粮食储藏安全提供实证，也为解决全世界所困扰的粮食储藏安全难题提供了依据。

此外，在学术研究的唯一性科技创新成果作者队伍阵容等方面都有突出表现，为申报国家基金出版项目奠定基础。

三、顶层统筹，合力申报

申报国家出版基金资助项目，需要全面统筹与全局规划。

当2014年国家出版基金资助项目申报通知下发后，四川省新闻出版局（现为“四川省新闻出版广电局”）专门举办了专题培训班，为项目申报人答疑解难。四川科学技术出版社的母公司——新华文轩出版传媒股份有限公司的领导专门就申报人在出版基金申请书中存在的关键问题进行指导，提出重要建议。

为了增加申报胜算，四川科学技术出版社还采取了以下措施：

由社长、总编及骨干编辑组成策划小组，对遴选项目反复论证，对申报国家出版基金资助项目的选题，从学术价值、作者资质、作品影响力、新兴学科与新技术领域重大创新成果、关系国计民生重要程度等方面进行反复论证、综合考虑，最终确定推荐国家出版基金资助项目的选题。在出版基金资助项目入选后，社领导会对申请人进行专门指导。

在填报出版基金申请书之初，编辑要与编委会专家提前进行沟通，以得到作者的大力支持。出版社与编辑利用品牌价值，发挥了很大的助推作用：四川科学技术出版社在出版传播农业科技图书方面做出的成绩有目共睹，编辑杨璐璐曾经担任国际国内知名粮食储藏专家靳祖训教授的学术专著《粮食储藏科学技术进展》的责编之一，后来又作为《粮油储藏重要标准理解与实施》一书的责任编辑跟相关专家们打过交道，其认真负责的工作态度以及饱满的工作热情得到了专家们的高度认可。

四、基金创精品，共把质量关

经过悉心申报准备和半年多的耐心等待后，《中国不同储粮生态区域储粮工艺研究》顺利入选 2014 年国家出版基金资助项目。

当国家出版基金资助项目批复下来后，四川科学技术出版社第一时间提出“质量第一”的要求，对国家出版基金资助项目的出版管理、编校流程、印制监管、基金的专项管理等环节和流程严把质量关，打造国家出版基金资助项目出版精品。

根据此书稿内容涉及多学科和多学科交叉的特点（如农学、粮食储藏学、气象学、地理学、生物化学、建筑学、机械学、植物学等），出版社为此专门抽调了有相关专业经验、责任心强的编辑，与复审、终审、审读、校对、总编室、财务部、出版部等人员组成《中国不同储粮生态区域储粮工艺研究》项目组，一方面强化此书的编审校质量，另一方面由职能科室专人负责协调具体事务，对国家出版基金的使用情况进行监管。

为了保证基金项目的出书质量，出版社采用了项目负责人责任制、编辑三审负责制和三校一检制度。实际上，此书责任编辑对书稿的初审编辑加工次数多达八次以上，社长亲自担纲该专著的终审工作，并会同总编辑和审读人员在书稿里“挑刺”，对书稿中存在的问题提出了中肯的意见。根据各方意见，责任编辑再进行全书的通查修改，使该专著编辑质量得到进一步提升。

此外，出版社还抽调了经验丰富的校对人员对书稿进行多次校对，使书稿质量得到进一步保证。通过落在实处的审校和检查工作把差错消灭在付印之前，确保了国家出版基金资助项目的编校质量。下厂印刷前，责任编辑再次对“蓝样”进行最终检查。

在书籍装帧、排版、印制方面，出版社任用了装帧设计高级美编对封面进行设计；设计方案报项目组进行审定，同时报请作者提出修改意见。另外，对原稿中的全部彩图和图表进行加工绘制，出版部专人全程负责监管该专著彩版书印刷和光盘制作，成品印出后，印刷厂先送样书给出版部、责任编辑和质检人员分头检查，无误后再通知印刷厂安排批量装订。

自国家出版基金资助项目《中国不同储粮生态区域储粮工艺研究》立项以来，四川科学技术出版社根据国家出版基金办《出版基金资助项目管理办法》和《国家出版基金财务管理办法》，在原有制度措施的基础上不断改进和完善，制定了在执行国家出版基金资助项目中的有关“廉政规定”“出版管理办法”“经费使用情况说明”等专项报告制度，在各环节给予国家出版基金资助项目以全力保障。做到从国家出版基金资助项目的申报工作开始，一直到编辑流程、印刷质量管理、出版基金的专项管理等方面，统筹有规划，审核、监管有专人，促进了项目的务实前行。

点评

申报国家出版基金资助项目，是当前出版机构必须面对和重视的工作。选择符合时代潮流、契合国家政策、发挥自身长处的选题是关键。同时，项目成书的作品质量也是项目成功的重要支撑。

案例中的出版机构根据自身优势和特色，结合时代要求，将《中国不同储粮生态区域储粮工艺研究》确定为选题，在此基础上，统筹全社力量，从学术价值、作者资质、作品影响力、新兴学科与新技术领域重大创新成果、关系国计民生重要程度等方面进行反复论证、综合考虑。项目申报成功之后，该出版机构以“质量第一”为标准，在项目的出版管理、编校流程、印制监管、基金的专项管理等环节和流程上严把质量关，以打造国家出版基金资助项目出版精品为目标，为出版类似项目图书树立了典范。

思考题

1. 除了国家出版基金项目资助外，还有哪些专门用于出版的基金项目?

2. 出版机构在申报国家出版基金项目资助时，需要遵循什么样的原则？结合具体事例说明。

3. 梳理近3年国家出版基金资助项目，以时间或地域为基准，谈谈其资助方面的相关情况。

第二章

编辑校对

第一节　知识介绍

一、编辑与校对的涵义及作用

1. 编辑的概念

在汉语中“编辑”是个多义词，既可表示编辑活动（edit），又可表示编辑人员（editor）。编辑这个概念有四层涵义：专门从事编辑工作的人、编辑工作这一职业、编辑人员中具有中级专业技术职称的群体、责任编辑的简称。

一般来说，编辑是以生产出版物的精神文化内容为目的，通过对精神产品进行策划、组稿、审稿、加工整理、整体设计等一系列专业的精神生产活动，使其转换为有物质载体的出版物并向社会传播发行，以满足社会和消费者精神文化需要的一种传播行为。中国的编辑活动大体分为收藏编辑、著述编辑和出版编辑三种。

2. 编辑的内涵和外延

作为人物称呼的编辑，其内涵是指就职于广播站、出版社、电视台等新闻传媒机构，专门负责策划、组稿、审稿、加工整理等工作的工作人员，比如文字编辑、美术编辑、策划编辑等。其外延是指近、现代国内外所有符合这一概念条件的对象。作为职业称呼的编辑，其内涵是指编辑人员在出版方针和政策的指导下，以满足社会和读者精神文化需要为目的，有计划地挑选作者的作品原稿，进行审读、加工和整理设计等工作，以便于将其制作成出版物并向社会传播发行。其外延同样是指近、现代国内外所有符合这一概念条件的一切对象。

3. 编辑的地位和作用

编辑工作是编辑人员对出版物从选题策划到图书发行所付出的全部劳动，是出版工作的重要组成部分之一，它是出版物复制和发行的前提。编辑工作的质量不仅直接决定出版物的质量，还对出版社的发展具有直接影响，它是实现出版物社会效益和经济效益的基础。编辑工作是整个出版流程的中心环节。

编辑在编辑活动中居于主体地位，起着主导作用。其主导作用主要表现为在策划活动中的优创作用、在鉴审活动中的优选作用和在处理活动中的优化作用。编辑的作用，有的是有形的，有的是无形的，很难简单地概括。从宏观上看，大体可以分为六个类型：传播作用、积累作用、促进作用、交流作用、丰富文化生活作用以及娱乐作用。

4. 校对的概念

校对是由古代的“校雠”一词引申而来，它是编辑工作的必要延续，是出版工作的重要环节，是出版编辑过程中的一道必需工序。校对在现代汉语中有两层涵义：其一是指校对工作，即以发排原稿为准，将原稿与校样进行核对，提出质疑，订正校样中的错误的劳动过程，它通过将各种差错消灭在出版物正式印刷之前以保证出版物的质量；其二是指从事校对工作的人员，即校对员。

5. 校对的基本功能

校对是图书出版工作中不可或缺的重要组成部分，是编辑工作的延续，是对编辑工作的补充和完善，是确保图书质量的重要一环。

校对的基本功能由校对的性质决定，校对是一个包含着“校”和“对”双重含义的集合概念。它有两个功能，分别为“校异同”和“校是非”。“校异同”是指将校样与原稿逐字逐句比照以发现两者异同，相同则通过，相异则需以原稿为准对校样进行修改补漏，使其在转换成印刷文本之前保证完整准确；“校是非”是指脱离原稿通读校样，以校对人员丰富的实践经验、专业知识和相关权威资料为依据来判断原稿中的内在矛盾是非，若存在问题，便提出质疑并改正，若不存在问题则可以通过，这一环节的作用在于使原稿更加完善。传统校对以“校异同”为主要功能，现代校对以“校是非”为主要功能。

6. 校对的地位和作用

校对工作是编辑工作的延续，是出版工作赖以完成的重要条件，是出版工作中不可缺少的独立工序。校对的作用在于将文字错误和其他差错消灭在图书出版之前，从而保证图书的传播价值和积累价值。校对工序是确保出版物质量的重要环节。

编辑工作和校对工作，相互独立又相互衔接，共同构筑了图书质量保障体系。

二、编校工作经典案例回顾

1. 美国编辑元老：麦克斯韦尔·珀金斯（Maxwell Perkins）

麦克斯韦尔·珀金斯（1884—1947），1907 年从哈佛大学经济学专业毕业后，先后在波士顿民政部门、纽约时报任职；1910 年入职查尔斯·斯克里布拉出版社（Charles Scribners Sons），做了四年多销售经理后转入编辑部门，直到 1947 年去世。他从事编辑工作三十多年，成为美国最受人尊敬、最有影响的编辑家，是一位在美国甚至世界出版史上都颇具传奇色彩的文学编辑，被称为“美国编辑的元老”“这代人中最伟大的编辑”。

珀金斯的成就主要在于发掘了司哥特·菲茨杰拉德、托马斯·沃尔夫、欧内斯特·海明威等一战后美国新一代青年作者的代表人物；指导和帮助玛西亚·达文波特、南希·赫尔、卡罗琳·戈登、爱丽丝·朗沃斯、玛乔丽·金南·罗林斯等一批女作家成名。另外他编辑出版的弗里曼的四卷本传记和罗林斯夫人的《一岁的小鹿》，获普利策奖；编辑出版的海明威的小说，获得诺贝尔文学奖。珀金斯几乎以一己之力改变了 20 世纪美国文学的版图，奠定了斯克里布拉出版社在美国文学出版领域的主导地位。

珀金斯拥有极高的职业素养：善于发现优秀作品的独到眼光、出色的沟通和说服能力、完善的编辑方法和对书稿的提升能力、全心全意全方位为作者服务的精神。他力排出版社老板和编辑部同仁的反对声浪，以独到的眼光、敏锐的判断、独特的编辑选稿标准，始终寻求不固守陈旧风格的新人作家，寻求能代表一个时代新规范，同时能影响、改变一代人的作品，并成功地挖掘了当时默默无闻后来大名鼎鼎的作家菲茨杰拉德、海明威、沃尔夫等人。珀金斯很乐于和作家交朋友，他与菲茨杰拉德之间如同“财务监管人”“严父”“叔叔和爱享乐但受宠的侄子一般”；他与海明威情同“忠厚大哥和胆大妄为小弟”；沃尔夫是他“职业生涯中付出心血最多的作家”，他们之间情同“父子”。其中，珀金斯与沃尔夫的故事堪称经典。沃尔夫身上具有天才的通病，偏执激情，写作也非常随意——他可以站在家里电冰箱旁，抓着纸张写一页往地上抛一页，写完后直接打包交给珀金斯；他写的书稿，连自己都“几乎不知道写他们的目的是什么，属于哪一本书，各章节之间的关系是怎样的，什么是必须的，什么是完美的”，可以说没有珀金斯艰辛细致的编校工作，就不会有沃尔夫作品的面世、成名。他大胆删减，重塑结构，将编辑技巧运用到极致，终于成功推动一部部名家名作的出版。“沃尔夫的激情和珀金斯的判断”成就了美国文学的一代经典。在与作者交往时，珀金斯秉持作者本位的理念，尊重作家和作品，讲究表达方式。他会先给作者充分的赞扬和肯定，然后提出修改建议，接着给予安抚和鼓励，加上他的文学素养深厚，修改建议到位，因此，傲慢任性的沃尔夫、固执矜持的海明威，通常都会接受他的修改意见，大大提升了作品的品质。

尽管珀金斯20世纪前半叶就去世了，但是他的功劳和影响并未消失。美国职业编辑的经典教科书《编辑人的世界》称赞他为“编辑英雄”，认为“一直到今天……仍然是编辑新手仿效的典范”。美国道尔布戴出版社总编辑麦考米克认为，“他会帮助他们确定作品的结构；给书起标题，构思情节；他可以是心理分析师、失恋者的顾问、婚姻法律师、职业规划师，或者放款人”，“珀金斯是无法超越的，他具有非常独到、极其敏锐的判断力，尤以激发作者写出其最佳作品的能力而闻名”。

为了纪念珀金斯，2005年美国设立了“麦克斯韦尔·珀金斯奖”，奖励那些成绩斐然的编辑、出版商、代理商。

2. 中国编辑典范：周振甫

周振甫（1911－2000），浙江平湖人，名麟瑞，字振甫，中华书局编审，中国现当代出版史上著名的学者型编辑，首届中国韬奋出版奖获得者。他6岁入私塾启蒙，1931年考入无锡国学专修学校学习，1932年肄业，入职上海开明书店校对古书，1952年前后供职中国青年出版社，做古代文史哲著作编辑，1975年调入中华书局，做文史编辑，2000年5月病逝。他在编辑岗位上整整工作了68年，是我国工作时间最长的编辑，也是当代中国编辑的光辉典范。

校对出身使他善于质疑，非常注重校对工作和作品质量。“周振甫编书，不只是看作者写得如何，对引用文字，只要能找到原著，都要一一查对，并向作者提出具体修改建议，以求更加完善。”除了校原稿，他还通读全文，把普通的错字校出来。

有关周振甫先生编校方面的佳话很多，其中一则便是校对钱锺书的学术名著。20世纪40年代周振甫和钱锺书都很年轻，也不出名，钱锺书的《谈艺录》在开明书店出版，周振甫负责校对，“于失字破体，悉心雠正”。由于原书没有目录，读者阅读不便，周振甫费了很大功夫为之编目，共三百六十多条，每一条都精炼地概括了文中内容，使人一翻目录，便可知道全书的主要内容。钱锺书采纳后在书序中写道，“周君并为标立目次，以便翻检。底下短书，重劳心力，尤所感愧”，并与周振甫结下深厚的友谊。有了《谈艺录》的愉快合作，钱锺书对周振甫非常信任，1977年，盛名的钱锺书完成《管锥篇》，点名交给周振甫编辑出版。周振甫认真阅读琢磨，很快拿出两份分别长达38页和40页的《审读报告》，除了指出其价值，便是大量的修改意见。钱先生看了，非常重视，能改就改，不能改也一一注明原因。1984年，《谈艺录》增订本在中华书局出版，仍是周振甫责编，钱锺书在《引言》中说：“审定全稿者，为周振甫。当时原书付印，君实理董之，余使得与定交。三十五年间，人物浪淘，著述薪积。何意陈编，未遭弃置，切磋拂拭，犹仰故人，诵‘印须我友’之句，欣慨交心矣。”在赠给周振甫的书上，钱锺书题词：“此书订正，实出振甫兄督诱。校书者非如观世音之具千手千眼不可。此书蒙振甫兄雠勘，得免大舛错，拜赐多矣”。作者和编者高度的质量意识和对读者负责的态度，是这些名著传世的前提，而编校工作，功不可没。

在60多年的编辑生涯中，作为编辑，周振甫先后编校整理了包括《辞通》《二十五史》《二十五史补编》《明史》《李太白全集》《乐府诗集》在内的大型书稿近50部，编辑出版了钱锺书先生影响巨大的学术巨著《谈艺录》《管锥篇》，为毛主席修改诗词，为鲁迅诗歌作注。周振甫一生热爱编辑出版工作，努力埋头耕耘，编辑出版了无数优秀的作品，影响极大，为中国优秀传统文化的传承和普及做出了卓越的贡献，得到业界学界一致的推崇和敬重，也因此成为首届韬奋出版奖得主和全国编辑的榜样。

三、编辑校对相关知识与方法技巧

1. 编辑校对相关知识

(1) 编辑校对的基本原则

在编辑加工中，图书的主要内容和观点不宜改动，这方面要尊重作者。如有大的改动，必须请作者亲自修改，或在征得作者同意后再修改。在保持原作语言风格的前提下，对于编辑出版体例、语法以及文字方面的不足之处，可以做文字加工修改。在不影响原作的原则下，也可以对某些段落进行删节或补充，对于不够准确的提法则应予以改正。

(2) 编辑校对的把关作用

编校工作中还要特别注意政治内容把关、科学性内容把关和选题定位把关问题。

①政治内容把关。出版物作为传播精神文化内容的物质载体，具有较强的意识形态属性，因此保证出版物内容的正确政治导向和无主流价值导向性差错至关重要。社会科学著作或文学作品，政治性很强，自然科学著

作及一些知识性读物，在前言、后记及某些章节中，也常常涉及一些方针政策。因此，编校加工首先必须重视政治问题和具体政策的提法是否得当。凡书稿中涉及政治、政策的内容，都要与党和政府的提法保持一致；涉及外交、边界的内容，应以中央文件为准，维护国家的利益；涉及少数民族的内容，要注意掌握民族政策，促进民族团结；涉及宗教及各族民俗的内容，也要慎重对待，不能违反党的宗教政策，更不能借写民俗风情，丑化少数民族。

②科学性内容把关。这要求准确判断书稿中特别是学术类书稿中的材料、立论、表述、论证等内容是否成立。这是对文字编辑提出的更高一级的能力要求，虽然普通编辑不一定熟悉作者所从事的研究领域，难以判断其正误，但普通编辑根据自己的学养对书稿的材料是否可靠、方法是否严密、论证是否充分，是可以做出判断的。

③选题定位把关。编校加工环节以选题策划时拟定的各项标准为另一基本原则，审稿过程中需仔细检查稿件的内容细节、行文风格等和选题定位要求是否吻合，能否做到内容和形式的统一。编校人员在实际工作中要通过对稿件的反复审查和修改来确保出版物内容达到选题要求，把好选题定位关。这不仅需要审查稿件内容与结构是否合理，还需审查各部分内容之间的逻辑安排是否得当、语言风格与计划针对的读者受众群是否合适等。如存在问题，编辑应及时返还稿件，说明问题所在，要求作者修改并对修改后的稿件再次审查，直至确保稿件与选题定位要求完全相符。

（3）责任编辑

责任编辑由出版社指定具有中级或中级以上职称的编辑人员担任，是出版物编校质量和印刷发行质量的把关者和直接责任者。责任编辑的主要职能如下：综合考量社会效益、经济效益、市场热点和实际可行性，策划选题并提交选题报告等待审核；负责稿件初审工作，在通读全稿的基础上审查稿件的学术价值、政治导向、社会主流价值导向及知识、文字、体例等内容有无差错，将初审结果写成审稿意见随同稿件递交下一级复审；负责稿件的编辑加工整理工作，消除稿件可能存在的技术性差错和文字性差错；协助校对人员对稿件进行三审三校，时刻跟踪校对进度和情况；配合装帧设计人员设计出版物呈现形式，使出版物拥有与内容相符合的视觉效果；配合印刷发行人员工作，为印发过程提供建议和支持，检查印刷质量；承担出版物出版流程中所有环节的质量检查和监督工作，对所负责的出版物承担直接责任。

（4）责任校对

责任校对通常由具有中级或中级以上职称的校对人员担任，是出版物校对工作的最终把关者和监督者。责任校对的主要职能如下：参与各个校次的实际校对工作，校对的校样不得少于全书总篇幅的三分之一；承担业务技术性工作，如进行文字技术整理以保证全书体例、格式、单位等方面的规范和统一；履行监督职能，对书稿校对质量进行严密的把关与修改，汇总、检查各个校次校对员提出的质疑，及时提交给责任编辑解答协商；通读付印样，结合自身校对经验和知识积累，在通读过程中既要尊重、忠于原稿又要善于发现问题，从校对工作的角度弥补编辑加工环节的缺失，提高书稿质量；进行付印前的最终把关检查工作。

（5）三审三校

三审三校是出版工作必经的六个环节，是我国现行的审稿和校对制度，也是减少出版差错，保证并提高出版物质量的工作手段与方法。三审分别是初审、复审和终审，三校则是一校、二校和三校。初审一般是指由责任编辑负责的对稿件的第一轮处理工作，作为三审制的基础，初审的结果对减少后续编校压力、提高出书效率极其重要。初审要对稿件的政治导向、学术价值、文字体例等进行全面审查，提出处理意见和建议，并按照编辑规范对稿件进行编辑加工，修改稿件中的基础性错误，使稿件可以基本达到出版要求。复审一般是由编辑室主任（副主任）或由出版社指定的编审（副编审）负责的第二轮处理工作。复审一般由策划编辑负责，主要任务是解决初审意见中拿不准的问题和初审中遗漏的问题，并对初审意见进行审核和判断，对稿件内容进行再把关，确定出版物大体框架。终审一般是指由副总编辑、副编审负责的对稿件的第三轮处理工作，重大选题由总编辑负责。终审的主要任务是解决初审、复审中遗留下来的问题并站在出版社和更高的政治社会角度对稿件再次进行整体审查，同时审查初审、复审的工作质量，不合格则退回前两阶段重改，合格则给出同意发稿的终审意见。一校也称初校，是指校对人员对校样的第一次校对。一校一般以“校异同”为主，校对人员需将校样与原稿逐字逐句比照并依据原稿修改校样，一校通常要求灭错率达到 75%；二校是指三个校次中的第二遍校对，校对人员在一校的基础上再次对稿件进行校对，通常情况下手稿的二校以“校异同”为主，电子稿的二校则开始转向“校是非”，二校灭错率要求达到一校遗留错误的 75%；三校又称终校，是通读前的最后一次校对，重要书稿可再相应增加校次。三校以“校是非”为主要任务，发现原稿中的错误以及不妥的地方，用铅笔标注并交给责任编辑确认是否修改，校对人员本身没有直接修改的权利，三校灭错率原则上要求达到 100%。需要注意的是，三个校次需由不同的校对人员负责。

（6）重要稿件事前专项审读

稿件的审读工作分为政府出版管理部门的审读和出版单位的审读，而政府出版管理部门的审读又分为事前审读和事后审读。对一些涉及重要选题的重要稿件，除了需要按照重大选题备案办法报备新闻出版署外，还需要报备相关政府机构等待批复同意后才可继续策划出版。如内容涉及军事题材或军事专业性强的出版物，要严格执行事前送审报批制度，报送所在军区有关部门审定，或由军区报请中央军委审核批复。同理，内容涉及民族题材或宗教题材的出版物需要所在地区民宗委审批。

2. 编辑校对的工作方法和人才培养

（1）校对方法

校对的基本方法有四种：对校法、本校法、他校法、理校法。这四种方法不仅是古籍校勘的基本方法，也是现在校勘的基本方法。

①对校法。对校法是比对原稿和校样有无差错，将校样上与原稿不同之处加以改正的方法。对校法按照不同的校对手段，又可分为点校、平行点校、折校和读校四种操作方式。

②本校法。本校法是指校对人员在通读校样的前提下，检查校样在内容上是否存在矛盾和差错，是依据出版物的内在联系加以判断的一种校对方法。

③他校法。他校法是指校对人员利用权威工具书或其他相关文献资料为校对工作提供判断依据的一种校对方法，是借助外在信息进行校对的主要手段。

④理校法。理校法通常是指校对人员以自身知识积累和工作经验为判断准则，对校样进行校对的一种较主观的校对方法，容易造成错改，因此在实际工作中应尽量减少使用。

现代校对方法除了承古还有创新，比如网络检索法、黑马软件校对法或者人机结合校对、过红与核红、文字技术整理等。

（2）编校人才培养

一名合格的编校人员需要具备哪些素质？

①学习能力。要做个好编辑，一要成为杂家，什么都要学，特别是对与自己主要编辑的书稿门类相关的学科知识更要系统地学习；二要树立终身学习的目标，不断拓展、更新自己的知识和能力，这样才能适应迅速发展变化的出版业的需要。

②判断鉴别能力。即能对书稿（或文章）的导向或基调、内容价值、出版（或发表）意义及文字表达水平等进行比较准确判断的能力。判断鉴别能力的高低是编辑学识修养和业务技能（包括实践经验）的综合体现。

③审改加工能力。它要求编辑能够发现书稿存在的问题并进行正确的修改。审改加工能力主要包括：政治认知和纠错能力，知识与语言文字修改能力，出版规范能力。审改加工的内容主要包括：消灭字词和语法差错，规范统一（正确使用标点符号、汉语拼音、数字用法、计量单位等方面的国家标准），查对资料，核对引文，校订译文，推敲标题，润饰提高，增删文字，向作者提出修改意见等。

④日常写作能力。优秀的编辑应能熟练写作书稿（或文章）内容提要、审读意见（报告），封面提示语、宣传营销用语，选题或栏目策划书，

项目评奖申报材料、立项报告、资金申请报告，编辑手记、书评、读书体会，新闻通稿、情况简报、事件或会议记录、领导讲话或发言稿，调研汇报材料、季度与年度总结（单位、部门、个人），职称申请报告等文体。

⑤整体设计能力。即让书刊（或栏目）的内容与形式较好地统一的能力。很多专业装帧设计人员过于重视形式的美观而不能兼顾对内容的恰当表达，这就需要编辑有设计思想，能给装帧设计人员提出合理的指导性意见，使内容与形式达到有机统一。

⑥工具运用能力。即运用语言工具书和专业工具书、计算机、现代传媒手段和互联网等工具的能力。熟练掌握编务流程与相关软件的编辑，在编辑业务方面（如对文字的处理、封面和版式设计、图文书的制作、图片的处理和网页制作、营销宣传等）受益甚多，效率更高，这也是对年轻编辑的一种技能要求。

⑦人际沟通能力。编辑的人际沟通能力，体现在编辑的各个环节，编辑与作者交流、沟通的能力尤其重要。与作者进行交流沟通的要点在于：有相应的知识储备，有清楚、准确的语言表达能力，有基本的尊重和礼貌礼节。

参考文献

边春光主编. 编辑实用百科全书［M］. 北京：中国书籍出版社，1994.

许以力主编. 中国出版百科全书［M］. 山西：书海出版社，1997.

黎洪波等主编. 图书编辑校对实用手册（修订版）［M］. 广西：广西师大出版社，2012.

新闻出版总署科技发展司. 作者编辑常用标准及规范（第三版）［M］. 北京：中国标准出版社，2011.

A. 司各特·伯格著. 彭伦译. 天才的编辑：麦克斯·珀金斯与一个文学时代［M］. 广西：广西师大出版社，2015.

格罗斯著. 齐若兰译. 编辑人的世界［M］. 北京：中国工人出版社，2009.

朱娅蕾. 麦克斯·珀金斯编辑思想及其对当代编辑活动的启示［J］. 天水师范

学院学报，2017，37（01）：124—127.

薛建立．20世纪美国编辑家珀金斯编辑思想研究［J］．郑州大学学报（哲学社会科学版），2013，46（04）：166—168.

王书华．跟周振甫先生学写《审读报告》［J］．编辑之友，2012（05）：88—89.

邵焕会，范军．试论周振甫的工匠精神［J］．中国出版，2017（15）：23—27.

王昶．老编辑家风采——访周振甫先生［J］．出版广角，1997.3.

李固阳．周振甫先生的编辑生涯［J］．阴山学刊，1992（04）：129—132.

叶新，殷明姝．周振甫的编辑思想探析［J］．出版科学，2013，21（06）：101—103.

默语．论编辑的主体地位和主导作用［R］．河南大学学报社科版，2003，7：148—150.

第二节　案例详解及思考

编辑加工如何助力再版图书出版

——以《羌戎考察记》编辑加工为例

关键词：再版图书、内容升华、编校加工

个案陈述

《羌戎考察记》于2007年1月由四川民族出版社出版，该书文笔流畅、图片生动，穿破时空，以图文并茂的形式再现了20世纪30年代羌族和嘉绒藏族的生存状态和民风民俗。该书出版后，获各方好评，反响巨大，当年再版一次。该书还荣获四川出版集团图书编辑奖，是四川省第一本入选新闻出版总署“三个一百”原创出版工程的社科图书。2017年受国家民文出版资金资助，该书藏汉对照版面市。

策划缘起：

庄学本先生（1909—1984）是一位民俗人类学摄影大师，他的纪实性摄影艺术，在20世纪30年代可与中国乃至世界级摄影大师比肩而立。他的民族调查著作，在民族学等方面也有着超前的成就。四川民族出版社于2006年出版了他的著作《尘封的历史瞬间——摄影大师庄学本20世纪30年代西部人文探访》，获得极大成功，在此基础上，拟推出其姊妹篇《羌戎考察记》。

《羌戎考察记》是一部原创于20世纪40年代的有关西部边疆民族考察和摄影的著作。作者于1934年5月至7月间，自成都出发经灌县、汶川、茂县、理县，最后到达卓克基（现属四川省阿坝藏族羌族自治州马尔康县），通过实地考察的图像摄影和简要的文字记录，撰写出图文并茂的

《羌戎考察记》。书中内容涉及四川西部羌族、藏族地区的民族、历史、地理、宗教、风俗、考古等，几乎囊括当时西部边疆民族地区的所有社会形态，对国际社会了解中国边疆民族文化具有积极影响。该书1937年由上海良友图书印刷公司出版，成为国内高校人类学、民族学教学的重要参考书，也是国际人类学、民族学界极具学术价值的经典著作。

书稿编辑处理：

接到再版任务后，责任编辑意识到该书的编辑加工不能是简单的照排重印，而应结合现今社会时代话语环境、受众关注重点等，考虑市场销售，采用一整套全新的编辑思路。编辑首先与庄学本之子庄文骏先生取得联系，从翻看庄学本先生的照片小样，到筛选他的2000多张底片，从在北京图书馆查找20世纪30年代的报刊，到采访他的同事、学生、亲属，慢慢将历史还原。接着责任编辑又倾注大量精力和时间，挖掘出作者当年的日记、手稿等第一手资料，如1937年版《羌戎考察记》《西康丹巴调查》《俄洛初步介绍》《西康木雅贡嘎雪山游记》等专著和文章，《良友画报》《中华画报》《申报》《民族画报》中刊发的摄影作品和游记文字，以及其子庄文骏处保留着的当年游历西部的大量日记和底片。

通过这些前期工作，编辑对本书价值有了深刻的认知。通过反复整理，编辑思路逐渐清晰：做一本图文并茂，反映70年前四川少数民族生存状态和西部先行者的艰辛探访和收获的图书。

一、提升内容质量

基于对该书稿学术性、专业性、历史资料性、图片鉴赏性等的定位，与庄文骏先生商议后，四川民族出版社决定要补充部分内容，以充实书稿，丰富内容，提升质量。

1. 1937年版《羌戎考察记》有自序和他序，但因成稿时间良久，其序与现今社会文化环境多有出入，读者不容易了解当时的写作背景。为了使该书更能适应现代读者的阅读习惯，四川民族出版社特请著名作家阿来作序。阿来先生出身藏族，此书中写到的马塘又是他的故乡，他的叙述无疑为本书的阅读增加了新的启迪，也为该书的营销增加一个卖点。其序取名“在一本书中游历故乡”，极富吸引力。原书的序置于其后，作序二、序三处理。

2. 庄学本先生被摄影界誉为“被遗忘的大师”，当今读者对其相对陌生。为此，编辑参考众多资料，求证于家属，制作庄学本年表，并放在该书版权页之后，以便于读者在阅读此书之前了解其生平。

3. 1937年版《羌戎考察记》以文字为主，图片为辅，未能突出其在民族影像保存方面的价值。民国时期从事西南边疆民族地区考察的学者，先后有马长寿、林耀华、李安宅、胡鉴民、葛维汉（D. C. Graham）等，但限于客观条件皆未能以大量的图像予以记录报道，唯有庄学本《羌戎考察记》以独特的视角记录了西部边疆20世纪40年代的人文图像，具有极高的学术研究价值，且庄先生在民族摄影、摄影人类学上有独特造诣。因而，再版该书应突出其摄影作品的美学和民族学价值，适当增大图片版面。编辑会同其亲属等遴选出几十幅与书稿内容相匹配的图片，并配文字说明，视觉冲击力较强。

4. 1937年版《羌戎考察记》配有一幅粗糙的手绘地图，与现今的行政区划、地理名称有极大偏差，为方便读者对当时庄先生所行路线有更直观的认识，编辑特地在文前安排“1934年庄学本绘制的旅行线路示意图”和“现阿坝藏族羌族自治州示意图”作比较。此举既方便读者更好地了解作者游历的线路，也是对图书品质的一种提高。

二、严把政治思想关

守土有责，正确判断书稿是否存在思想导向及涉及民族、宗教、国家安全与领土完整等方面的问题，是否存在涉密、泄密以及国家法律法规禁止出版的内容，杜绝政治性、导向性差错，是编辑加工的首要任务。

该书稿记录的是20世纪30年代羌族和嘉绒藏族的生存状态和民风民俗，作者的民族、国家、宗教等观念及行文用语是当时语境的产物，带有时代局限性。在编辑加工过程中，编辑对此予以特别关注，按出版管理政策规范进行处理。如1937年版第十章《卓克基土司》中有“奇异的喇嘛”一节，所述内容宗教神秘主义过浓，将之删去。

又如：1937年版《羌戎考察记》中对当地各民族的称谓为“戎”“番”“夷”等，编辑特别在书后“编者的话”中予以说明：“本书为保持历史的真实性，文中原有的章节名、地名、族名等尽可能地保留庄先生原文的称谓。值得说明的是，一些称谓，如‘戎’‘番’‘夷’等并不是这些民族或部族自愿的自称，而是带有轻蔑性质的他称。囿于历史局限，庄先生不可能对其另起名号。同样也因历史认识的局限，文中表述尚有舛误或不尽准确之处，此次再版尽可能地以作注释或加引号的形式加以廓清。望读者阅读此书时有所体察。”

另外，根据《中华人民共和国国家通用语言文字法》第十一条“汉语文出版物应当符合国家通用语言文字的规范和标准”，现有出版物不能违规使用繁体字，1937年版《羌戎考察记》使用的是繁体字，此次出版全部改为中文简体字。

三、严把知识关

严把知识关，是编辑加工过程中技术含量较高的部分，其工作内容包括对书稿涉及的人物、史实、人名称谓、引用文献、词语用法等进行查证，发现或订正原作的错误或疏漏。

1937年版《羌戎考察记》中涉及大量的民间传说、民族历史以及当时的地方历史事件和历史人物，编辑对此作了一定的考证，以保证该书知识性的部分能够有较高的质量保证。如：廓洛克、俄洛、果洛，这几个地名在文中多次出现，编辑在查阅大量历史资料后发现，这三个地名均指今青海省果洛藏族自治州地区。又如：作者对羌民族习俗及由来的描述与现今权威说法多有不同。在征得庄文骏先生同意的基础上，对此作了适当调整及修改。还如，文中有“倒教”一说，与现今学术界对藏传佛教的划分不符，特地标明“此处‘倒教’为何，有待相关学者指正”。

对于书中的个别错讹，也予以订正。如第五章《八石脑所见的戎民景象》之《古礼之邦》中有这样一句："他们右袒的习惯，是否染着唐右袒的风气?"此处"唐右袒"令人费解。经过查阅资料，请教藏学专家，编辑得知："唐古特"，是清初文献中对青藏地区及当地藏族的称谓。元朝时蒙古人称党项人及其所建立的西夏政权为唐兀或唐兀惕，后渐用以泛称青藏地区及当地藏族诸部。清初曾沿用此称，作唐古特。今蒙古语仍称青藏地区及当地藏族为唐古特。此处应改为"他们右袒的习惯，是否染着唐古特的风气?"此类修订在该书中有十余处。

四、严把语言文字关

所谓语言文字把关，也就是在准确理解作品的思想感情并尊重其语言风格、语体风格和个人表达习惯的前提下，以国家语言文字法律法规、国家标准和规范等为依据，消除书稿中存在的文字、拼音、拼写、语义表达和语法搭配、逻辑和修辞等方面的错误。目的是使书稿的文字表达准确贴切，语言风格连贯一致。切忌无知妄改和破坏作者原有写作风格。这要求编辑不仅要具备深厚的语言文字基本功，还要掌握好国家的语言文字规范标准和编辑加工的尺度。

1937 年版《羌戎考察记》故事性强，继续保持这一活泼通俗的风貌有利于争取更大的读者群，因而该书编撰时按照原有的游记式体系不变，略有删节。

本着"重印旧籍，尽量保持原貌"的原则，在编辑加工过程中，编辑力求忠实于原文，这也是作者之子庄文骏先生坚持的意见。但对出书背景、文中难于理解之处等以脚注形式作解释。如："致祭达赖""戎人""黑水民族""五县三屯""哑巴会""跳神"等。原书所指地名、族称与现在通用地名、族称有异，此书也用脚注形式标明，如"理番"为现今"四川阿坝藏族羌族自治州理县"，"干堡屯"为现今"甘堡乡"，"戎人"为现今"嘉绒人"等。

因该书成稿于 70 多年前的 1934 年，作者庄学本先生 20 世纪二三十年代的语言习惯行文，有些地方与现在的用语规范不符。编辑以《现代汉语词典》《辞海》为依据进行修改，如："四川被尊为'天府之国'也是因为得宜于这道大堰调节水利的得宜"，改为"四川被尊为'天府之国'得宜于这道大堰调节水利"。又如："每草一根"改为"每一根草"，"他们两位述着戎人的趣事，几乎把大家的肚子笑痛"改为"他们两位述说着戎人的趣事，几乎把大家的肚子笑痛"，"所以她一天竟要求我替她照相"改为"所以有一天她竟要求我替她照相"。

五、严把体例关

所谓体例，是指书稿中的数字使用、标点符号、章节标题、序次语、计量单位、字号字体、书眉页脚、表格公式、版式图题、引书格式、注释及参考文献的格式等，国家正式出版物要求对这些内容进行规范和统一。

该书稿中最令人头疼的是数字用法的统一。全书数字既有汉字用法，也有数字用法，还有英语字母"O"与汉字数字"〇"混用的现象。依据国家标准《出版物上数字用法》，编辑对此作了全书统一。另外，编辑还专门写 EMAIL 向出版界的老专家厉兵先生请教"约二百人"还是"约 200 人"，"3 千人""2 万人"写法是否正确。厉兵先生予以明确回答："用'多''余''左右''上下''约'等表示的约数一般用汉字。如果文中出现一组具有统计和比较意义的数字，其中既有精确数字，也有用'多''余'等表示的约数时，为保持局部体例上的一致，其约数也可以使用阿拉伯数字"；"2 万人"是对的，"3 千人"是错误的。

点评

一本图书从选题定位、整体架构再到史料甄别、史实厘清和具体琐碎的标点、体例统一，都体现出编辑工作者自身的学养、经验和细致严谨的工作态度。一本图书能否出版以及在多大程度上获得成功，在很大程度取决于责任编辑对书稿的加工。

就案例中的图书出版而言，相较于1937年版，在内容上，添加了阿来序言、庄学本年表、当今阿坝行政区划地图、说明性的解释脚注等，消除了一些知识性的错讹，理清了20世纪行文表述的不易理解处等，语言流畅、线路清晰，让当今的读者对70年前的故事能无障碍阅读，并引发强烈兴趣；形式上，再版图书更加清朗大气、匠心独具，在艺术表现方面特色鲜明，无论是内文珍贵图片资料的编排处理还是封面图片的选用、作者年表的处理等，都极具匠心，给人以强烈的艺术震撼。因此，再版书不是简单的编辑校对，而是在原版基础上的图书品质的再加工，是对原版图书品质的再造，是对编辑加工工作的再定义。

思考题

1. 通过此案例，说明编校加工的价值和意义。
2. 编辑对再版图书应该注意哪些问题？
3. 什么是编校加工？编校加工包括哪些方面的内容？

编辑加工如何提升图书出版的社会价值

——以《听·见——芦山地震重建故事》为例

关键词：精品图书、工匠精神、编辑加工、专业创新

个案陈述

《听·见——芦山地震重建故事》于 2018 年 1 月由四川教育出版社出版，该书内容客观翔实，语言生动形象，图文相得益彰。36 个故事构成了一幅宏阔的重建画卷，鲜活再现了芦山地震灾区重建历程，立体展现了重建亲历者追逐梦想、勇闯新路的坚韧品格和砥砺前行、守望相助的家国情怀。该书出版后，获各方好评，反响巨大。该书被列入 2017 年度“国家出版基金项目”及“四川省新闻出版局专项资金资助项目”，入选 2018 年度政府采购“农家书屋”目录。

策划缘起：

作者陈果具有丰富的写作经验，尤其擅长报告文学，有文字洁癖，且是一个“拼命三郎”。四川教育出版社 2010 年出版了他的著作《天梯之上——记“感动中国人物”李桂林和陆建芬夫妇》，成功实现版权输出，取得了良好的社会效益和经济效益。雅安芦山为汶川大地震、芦山地震两次大地震的重灾区。作为在芦山抗震救灾重建一线的宣传干部，陈果看见了重建亲历者的泪水和笑容，听见了他们的坚强和乐观，也感到一个两次重大灾难叠加的地方，不能成为出版的空白。在强烈社会责任感的驱使下，加之有第一次的成功合作，陈果找到四川教育出版社，希望第二次合作打造一部记录芦山地震重建历程的图书，留下时代与历史的记录。

对于地震题材的选题，一开始有人提出质疑，甚至有些排斥，认为这是老生常谈，不容易做出新意。为稳慎起见，四川教育出版社迅速成立实力强大的专家组，对样章内容进行了认真审读。经过对选题的认真讨论、

严密论证，四川教育出版社最终得出结论：虽然书稿完成还有待时日，书名不够鲜明响亮，体例结构稍显冗长（包括附录等），但芦山重建走的是“重建新路”，这是以习近平同志为核心的党中央首次将灾后恢复重建的“指挥棒”交给四川，实行以地方政府为决策、实施责任主体的“地方负责制”，而2018年又时逢纪念“汶川地震十周年”“芦山地震五周年”，该书具有重大价值。

编辑加工过程：

出版什么样的图书？图书的质量怎样保证？这需要作者倾注心血，更需要编辑专注于创新，从专业出版角度提前、深度介入书稿修改，协助作者完善书稿。

一、专业独到提出修改建议

图书出版前，项目组多次召开编前会，与作者就书稿的书名、体例、板块、标题、内容等作了认真的讨论。编辑与作者先后构思了11个书名，经过长达半年的碰撞与交流才得以最后敲定。编辑还为作者修改定稿提出了极具可行性的修改意见，建议作者选取的重建故事在标题和表述上要能够更生动诠释党中央“重建新路”治国理政新理念，能够进一步反映社会主义核心价值观在灾区的弘扬，能够进一步展现决胜全面小康的新农村建设成就等，对于作者保留“附录”的内容，也反复建议和沟通。

二、精打细磨突出内容优势

图书恒久、旺盛的生命力无一不来自稳定、可靠的质量，而编辑加工是严把图书内容质量的重要关口。要打造精品图书，需要编辑积极发挥主体意识，用强烈的敬业精神对图书内容严格把关。

1. 严把政治关

编辑必须要有高度的政治敏感度，除及时了解中央领导讲话、研读文件之外，也要广泛阅读主题图书。关注书稿中的政治问题，是编辑“守土有责”的具体体现。书稿中，“台湾和中国还不照样是一家人”，从句子结构看，直接把台湾和中国说成是两个并列的主体，是错误的。如果我们不仔细辨识，错误信息就会传递出去。原稿的“国大代表”改为“人大代表”，“解放前”改为“中华人民共和国成立前”，也体现了编辑环节的严格政治把关。

对国家有关部门规定的一些禁用词或规范词，编辑也予以“严格打表”，如“灾民”应该改为“受灾群众”，“村长”改为“村主任”，等等。

2. 消灭知识性错误

编辑要对书稿中隐藏的一些知识性、常识性错误进行仔细辨别，并进行认真修改。例如，“八级台风”属于知识性错误，只有12级及以上的风力才能称为台风；“那棵树栽下已有二三十年，一个人根本无法合抱”则是常识性错误，因为一棵树长了二三十年，一个人不可能无法合抱。

3. 修改语意语言错误

编辑还要关照稿件前后内容是否一致，对句子中意思不明之处，要修改明确。“当初可以不倒房的肠子悔成八截”就是语意不明。字面上好像是说“当初可以不倒房的”是“肠子”，实际上应该改为“当初可以不倒房的人的肠子悔成八截”。

编辑要仔细辨别书稿中有无隐藏的语意重复。如“约莫四五百平方米”，约莫是指大约，四五百平方米也是指概数，所以语意重复，应该改为“四五百平方米”。

编辑要对书稿中前后表述不一致或矛盾的地方进行纠正。前面写的是“镇党委”，后面“乡领导、乡党委书记”的表述是错误的，应该改为“镇领导、镇党委书记”。

再如，“对方一出口就是一串艳词丽句”表述不当，同时前后矛盾。“艳词丽句”常指描写情爱的诗文或浮艳轻薄的话，与其后所列举的“世外桃源”“遗世独立”“避世不独商山翁，亦有桃源种桃者”完全不符。所以，编辑将“对方一出口就是一串艳词丽句”改定为“对方竟出口成章”。

对于书稿中的俗语、诗句，编辑还要关注并辨别其中有无错别字，或多字或少字。“瞎子背拐子过河”改为“瞎子背瘸子过河”，“人心不足蛇吞吐象”改为“人心不足蛇吞象”，“不见棺材不落泪”改为“不见棺材不掉泪”，“船迟又遇打头风”改为“船破又遇打头风”，“残雪压枝犹有桔”改为“残雪压枝犹有橘”。

编辑还特别要注意分清楚比喻是否恰当，不恰当的比喻可能会引起歧义。如“比河心的农民还要农民”，这个是歧视农民的语言，改为“晒得黢黑黢黑的”。

4. 改正标点符号

标点符号占地虽小，作用却不可忽视，在意思表达上不可或缺。营养快线应该加上双引号“营养快线”，表示特指一种饮料；“设施设备可以说是武装到了牙齿”，应该改为“设施设备可以说是‘武装到了牙齿’”；“中国艺术报”改为“《中国艺术报》”，报纸要加书名号；“这里的黎明静悄悄”改为“《这里的黎明静悄悄》”，表示一部小说的名字。

三、匠心打造完美形式

外观是图书给予读者的第一印象，“形美物精”是精品图书的重要特征。这种图书具有一种审美连续性，容易激发读者的购买欲望，需要编辑设计团队对其进行精益求精的打造。

在封面设计、版式设计、图片选取、排版、纸张等细节方面，编辑团队与设计老师紧密协作，无缝衔接。为让该书能以最完美的形式呈现在读者面前，编辑们仔细研究设计，大到书的整体设计，小到书眉的位置安排，否定了一个又一个的方案，激发了一个又一个的创意，夜以继日，费尽心血。

封面是耗费心力最多的环节之一。起初是编辑不满意，后来是作者不满意，再后来是作者和编辑都不满意。编辑和作者在争执中对标高位，在妥协中集思广益，经过反复磋商，九次易稿，最终设计好的封面像一幅展开一角的画卷，又像一块宝蓝色的重建画布。宝蓝色基调象征雅安芦山母亲河青衣江，代表客观、理性，画卷的意涵即为灾后重建亲历者亲手描绘了生动的“重建新路”画卷。

书眉设计以一个地图的剪影上标识芦山地震具体方位，代表了本书立足于理性，客观地记录与审视芦山地震重建。内文标题设计上，蓝色的圆形代表重建蓝图，代表远景规划；旁边小小的红色方块和三角形箭头，代表重建过程中亲历者们付出的心血。色块设计上，篇章插页的半圆以消防红为基调，暗含了灾情、救援、重建就是命令的意味，表明了灾区重建催人奋进，充满希望。

图片是成书后的一大亮点，也是成书前最难啃的骨头。由于作者前期专注于文字采写而忽视了图片搜集，高质量的图书插图一时成为最大的短板。虽然在编者和作者共同努力下最终找齐了大部分需要的图片，但这些图片如何排版，才能既与文字有机融合，又具有强烈视觉冲击，而且还能优化和美化版面呢？编者和作者一时无法达成共识，版面经历五次推倒重来，为此产生的时间延宕长达半年。2017 年 11 月 27 日，编辑团队和作者一大早就面对面坐在一起，互相启发，互相否定，然后又互相打气，互相勉励，最终形成了将重建全过程按灾情——救援——重建——成果的逻辑线索穿插安排的编辑思路。当内文所需上百张图片逐一得到双方认同时，已经是下午 3 点。后期排版时，36 个故事均选取了具有艺术性、现场感染力和视觉冲击力的照片作为篇章页和内文插图，巧妙地运用了跨页、融入、融出等形式，使得图书的艺术性和感染力大幅提升。

此外，我们还利用 AR 等新兴技术，实现纸质图书到电子媒介跳转式阅读，让读者实现可视、可听等多方位跨媒体多视角的沉浸式体验。读者不仅可以通过生动的文字看见他们，还可以通过真实的声音听见他们，书中重建故事的真实性更强，重建亲历者的形象也更丰满和亲切感人。

“功夫不负有心人”，入列国家出版基金项目 11 个月后，《听・见——芦山地震重建故事》上架发行。通过书中一人一物、一景一画，从“芦山巨变”领略“中国精神”，从“美丽雅安”折射“中国道路”，鲜活再现了“4・20”芦山地震灾区重建历程，向 2018 年纪念“汶川地震十周年”“芦山地震五周年”交出了一份完美的答卷。

四、切实履行社会责任

图书出版并非“一锤子的买卖”。四川教育出版社一直注重打造精品图书的同时，切实履行社会责任。

为扩大图书影响，传播正能量，同时以实际行动为芦山灾区送上一份暖意，“4·20”芦山地震五周年来临前夕，编辑团队特别策划了主题为“书香致敬重建者，赤心感念党恩情”的赠书活动。4 月 17 日下午，四川教育出版社联合四川新华文化公益基金会在雅安芦山向“4·20”芦山地震纪念馆、芦山县图书馆、芦山地震震中龙门乡人民政府、芦山县教育局等 11 家单位和武静、王宗元、邹雪芹、张艺川等重建亲历者代表赠送了图书《听·见——芦山地震重建故事》200 册，总价值上万元，受到《中国图书商报》《中国新闻出版广电报》《中国艺术报》《四川日报》、中国新闻网、自媒体“二更成都”等相关媒体的争相报道，取得了良好的社会反响。

点评

编辑要深度介入书稿修改，要对图书整体质量进行把控，要创新运用新兴技术，这是图书成功出版对于编辑加工的要求。

1. 注重整体质量把控，突出社会价值。从选题、内容，到设计……整个过程，编辑都用心倾力。作为编辑，不仅要了解社会热点，而且要前期深度介入，中期专业指导，后期细致打造……总之，编辑既要注重与作者形成良好沟通，又要注重严格把关内容和形式。案例中，编辑通过编校加工，一反以往地震图书压抑的特点，以内容翔实、文采斐然、图文并茂、印制精良的风格展现出来，突破传统地震图书出版的局限，让人眼前一亮、耳目一新。

2. 立足编校，借助外力，实现精品传承作用。作为编辑，不仅要有编校方面的扎实的基本功，而且还要善于利用资源。案例中的编辑邀请名

人名家作序、撰写推荐语，极大地提升了图书的影响。同时，大胆创新表现形式，将 AR、VR 技术融入其中，通过喜闻乐见的视频、音频、图片等形式，让传统图书如虎添翼，展现出无穷魅力。由此可见，编辑加工，不仅仅是立足作品文本本身的字词句的编辑校对，而且是在此基础上赋予编辑加工更多的内涵。唯有如此，才能发挥编辑加工对于优秀图书出版的示范导向作用，实现精品图书的文化传承价值。

思考题

1. 什么是精品图书？你心目中的精品图书有哪些？请至少举出三例。

2. 谈谈你对编校过程中工匠精神基本内涵的理解。

3. 通过此案例，你认为要打造精品图书编辑加工应该从哪些方面去努力？

编辑加工如何推动精品图书出版

——以《雪域长歌》为例

关键词：主题升华、编辑加工、工匠精神

个案陈述

四川人民出版社于2014年4月出版的重点主题图书《雪域长歌：西藏1949—1960》（以下简称《雪域长歌》），是一部反映1949—1960年人民解放军解放西藏、建设西藏这段重大历史的优秀纪实文学作品。出版4年来，已经重印8次，发行7.2万册，2017年仍有7000册以上的销量。

该书出版以后，好评如潮，获得了“2014中国好书”“2014年度大众喜爱的50种图书”“2015年向全国青少年推荐百种优秀图书”“第三届向全国推荐百种优秀民族图书”以及四川省“五个一工程”奖等十多种省部级以上重要图书奖；入选全国“民族文字出版专项资金资助项目”（藏文版）；入选国家“丝路书香工程重点翻译资助项目”（英文版），等等。该书是一部社会效益和经济效益俱佳的优秀主题图书、精品图书。

《雪域长歌》的初稿与后来的成书有很大的不同，发生了脱胎换骨的巨变，也可以说它从一块璞石变成了一块美玉。这种巨变，堪称出版社以工匠精神或“三精”理念（精准定位、精细制作、精品图书）打造优质精品图书的成功范例。

一、策划组稿、修改书稿基本经过

2013年底，四川人民出版社通过新华文轩公司领导得知书稿信息后，马上与作者接洽，把作者请到成都详谈。出版方除新华文轩总编辑、出版社总编辑和责任编辑参加外，还约请了知名作家来参与讨论，就书稿主题提炼、框架体例、写作风格等方面提出了很多修改意见和建议。随后作者根据讨论的情况进行了近一个月的修改、调整和补充。

作者发来修改稿，出版方多人审读后觉得有很大改进，但仍有不少问题，于是邀请作者第二次来成都。这次讨论还邀请了军史专家参与讨论，对书稿的主题、体例、风格提出了更大的修改意见。作者修改后，再由军史专家补充政治、军事方面的背景史料，订正史实，并对解放军进藏的基本进程做拉通式的修改，作家审改润色。

出版社对书稿进行排版，开始第一轮编辑加工。结合重大选题备案审读的专家意见，对一些重要问题和篇章提出了较大的修改意见。

作者再次修改定稿，军史专家修改和补充史实。出版社正式进行编辑加工。

由此可见，一部好书的诞生，是作者与出版者共同努力的结果。

二、主题的提炼与升华

该书稿最早书名叫《藏·冈拉美朵——18 军在西藏，1950 年 1 月至 1959 年 12 月》，其主题是：追随 18 军从湖南到贵州到四川到西藏的脚步，通过整理、串联 18 军数百位老军人讲述将士们在进藏途中和进藏以后的感人故事，颂扬 18 军将士们如青藏高原的“冈拉美朵”（即雪莲花）——纯洁、高尚、勇敢、坚强，让读者们追忆英雄、怀念英雄、学习英雄，牢记他们的历史功绩和奋斗牺牲精神。

出版社组织的两次集体讨论，对作者原稿采访实录的史料价值给予了充分肯定，并一致认为里面的故事非常感人，很有现实意义和出版价值。参加第一次讨论的人员提出了许多修改意见和建议，包括如何把一颗颗形散的珍珠（大量感人的故事）有机地串联起来，尤其是对书稿的主题进行了提炼升华：由颂扬 18 军将士，扩大到颂扬“老西藏”们（包括解放军和政府机关、科研人员等）；由单纯追随 18 军前进的脚步来叙事，聚焦到直接叙写“老西藏”们进军西藏、建设西藏的历程；由叙写 18 军的不朽功绩是为了证明我们这个民族并没有忘记自己的英雄，升华到颂扬伟大的“老西藏”精神，凸显其现实意义。

第二次讨论时，编辑人员对主题又作了进一步的提炼、升华：要把西南、西北三支进藏部队的情况兼顾起来，全景式地展现各路大军进军西藏的壮阔历程，使解放西藏、建设西藏、实行民主改革（百万农奴翻身得解放）这三大主题更加聚焦、更加突出，从而更好地讴歌中国共产党和人民解放军的巨大历史功勋，彰显中国共产党和人民解放军全心全意为西藏人民谋幸福的根本宗旨。这使该书的价值更加突出，意义更加重大。

三、从书名修改看内容的变化

最早书名：《藏・冈拉美朵——18 军在西藏，1950 年 1 月至 1959 年 12 月》，其关键词是“冈拉美朵、18 军在西藏”，主题是颂扬 18 军的将士们在西藏如“冈拉美朵”。

后来改名：《雪域长歌——“老西藏”们的故事》，其关键词是“‘老西藏’们”，主题由歌颂 18 军扩展到歌颂全体“老西藏”们。

最后定名：《雪域长歌：西藏 1949—1960》，其关键词是“雪域长歌”，内容扩大到了 1949－1960 年解放和建设西藏、西藏发生历史巨变，讴歌了解放军全体进藏部队和中国共产党的巨大历史功勋，彰显了党和人民军队全心全意为西藏人民谋幸福的根本宗旨。

最后的书名有历史感，有气势，有宽度，有厚度，与图书内容完全吻合。

四、《雪域长歌》的编辑加工

编辑人员的编辑加工能力决定了出版物质量的高低。该书的编辑加工，既有一般的语言文字加工和出版技术规范，也有知识性和语法问题纠错，更有民族、宗教、地图等方面的政治内容把关，还有如何提高书稿思想和艺术感染力等技巧性问题。下面仅举几例。

1. 政治思想把关

原稿“34 条《进军手则》”一节，完整展示了第 18 军进军西藏的《进军手则》，其中有三条的内容涉及民族宗教问题，在进军西藏的当时很有必要，但现在不适宜也不必公开，所以编辑加工时删去了其中两条，删节了一条，节题改为“《进军手则》”；叙述文字“完整展示如下”也相应改为“其基本内容如下”，并删去了“十八军政治部”的落款，从而保证了行文的一致性。

2. 语言文字加工

三审人员对书稿的语言文字做了大量的编辑加工，每一页甚至每一段都有修改，有的页码修改之多几乎达到了难以下笔的程度。

原稿有这样一段文字：“访问团一行第一次进村子，街面上看不到一个百姓，犹如入‘无人之境’。军乐队就在村头敲锣打鼓，文艺兵们换上演出装，打起腰鼓。躲在家里的藏民见许久没人闯进来抢东西，外面敲锣打鼓挺热闹，从门缝向外看去……”责任编辑删去了“一行”和“如”字，同时把“许久”二字移到了“家里”之后。终审人员认为前面删去的两处改得很好，最后移动顺序的修改不当，因为移动以后所强调的是“躲在家里许久”（身体活动），而此处应该强调“藏民见许久没人闯进来抢东西”（心理活动）。

3. 图片的选择与编排

图片与文字配合，用得恰当就是强强联合，用得不恰当就显多余，甚至降低作品水平或伤害文意。

《雪域长歌》原稿“不愿做奴隶”一节选用了三张老照片表现旧西藏农奴的苦难生活，见下图。

农奴在庄园打场

戴脖枷锁的奴隶

背草的农奴

编辑在编辑加工时，认为文字描述的西藏农奴生活极度悲惨，而照片所表现的悲惨状况明显较轻，与文字不相配。于是编辑从各种渠道搜集或购买有关旧西藏农奴悲惨生活的照片，最后增加了如下的照片：

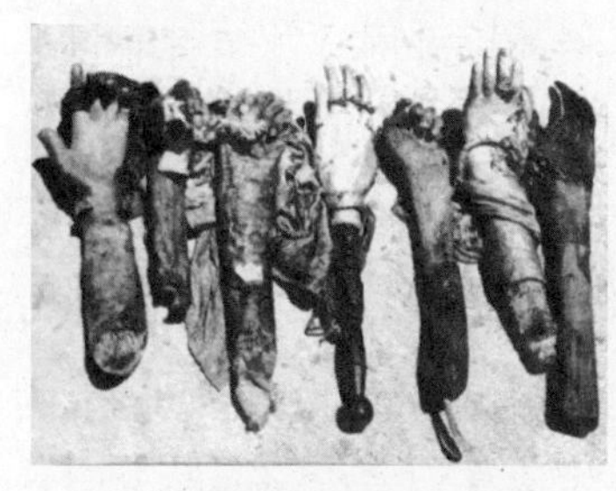

被砍下的手足

被剥下的人皮

戴着手铐、脚镣
沿街乞讨的囚徒

被抽去脚筋无法站立的农奴

被挖去双眼的农奴

被砍去手臂的农奴

从这些被砍下的手足、被剥下的人皮等图片可以看出，旧西藏农奴的命运真是惨绝人寰。这就增加了作品的思想震撼力，凸显了新旧时代的巨大反差，从而充分说明新中国成立以后在中国共产党领导下西藏人民的生活是多么幸福。

另外，在编辑过程中，我们还增加了反映各路大军、各个方面、各个人群的代表性图片，让读者更清楚地了解解放和建设西藏的历史进程和全貌。可以说，这本书的图片选择十分精当，没有一张是多余的，与文字互相观照，互相配合，有机统一。

点评

编辑出版内容好价值高的书是根本的根本。出版社要把作品打造成精品，编辑加工环节不可或缺。首先，编辑加工要从锤炼内容开始。编辑加工不是简单的文字处理，需要编辑在对作品主题深入了解的基础上对作品文字进行仔细修改、反复斟酌与打磨，需要对作品中所选取的图片做精心处理，这是将原稿这块璞石加工成美玉的最重要的几个环节。其次是细节处理。编辑加工要注意细节，需一丝不苟。案例中编辑在处理几个分享的细节时言简意赅，真正起到了窥斑见豹的效果。当然，案例中的图书要是能作更详细的细节介绍，那一定会让读者更加过瘾。

思考题

1. 请以你读过的一本图书为例，分析其编辑加工水平。
2. 请说明工匠精神在案例中的具体体现。
3. 结合具体案例，分析图书编辑过程中图片的使用原则。

专业性要求较高的图书出版的编辑加工

——以《羌族萨朗》为例

关键词：少数民族、文字音乐类图书、编辑加工

个案陈述

羌族萨朗，是中国羌族独有的代表性文化，是典型的歌舞一体的少数民族艺术形式，在羌族地区广为流传。它和羌族释比唱经一样，集中体现了羌民族的世界观、人生观、价值观。2008年“5·12”汶川地震后，党和国家加强了对羌族文化的保护与传承，设立了“川、黔、陕”三省羌族文化生态保护实验区，并将保护与传承羌族优秀传统文化的古籍整理项目列入国家级重点项目，《羌族萨朗》遂被列入国家民委十二五全国少数民族古籍重点出版项目。随后进行的羌族萨朗的抢救性搜集和整理工作是历史上规模最大、范围最广、涉及人数最多的一次。目前，3卷本《羌族萨朗》已付梓。

该书交到出版社的原稿有3000余页，包括手写稿、油印稿、打印稿，埋首其中，涉及的编校问题十分繁杂：使用简谱记录曲调，用国际音标、羌族拼音文字记录歌词，并含直译、意译。因此在编校过程中，既出现了音乐类图书的常见问题，也遇到了民族文字类图书的问题，在前期所做的工作也比普通图书多得多。

图书编校过程：

一、书稿搜集的前期阶段

《羌族萨朗》的搜集工作历时7年，搜集区域为国家划定的羌族文化生态保护实验区内的所有地区，包括四川省汶川县、茂县、理县、北川县、平武县、松潘县，陕西省宁强县、略阳县，以及与羌族文化生态保护实验区密切相关的陕西省凤县。该书搜集时间长，区域跨度大，参与人员多，

内容繁杂，这也对编辑工作提出了更多的要求。针对《羌族萨朗》的出版准备工作应尽早开始。因为项目专家组和搜集人员的关注点及工作重心通常主要放在人员组织、内容搜集与结构搭建等问题上，而对后期的出版要求关注较少。为保证后期出版工作的顺利进行，文字编辑和音乐编辑应在前期主动介入，就图书特别是音乐类图书的出版要求及出版规范与专家组、具体搜集人员充分沟通，就一些需要统一的问题达成共识，如被采录者的姓名应记录准确，不能用简称、昵称等；又如采录地应按统一格式著出，不能有的有，有的没有，或著录格式不统一；曲谱中的表情术语、速度术语应统一用中文标注，不能中英文混用。在这些看似小小的细节上提出要求，会提高稿件质量，大大减少后期的出版工作量。

二、统稿及“齐”“清”“定”

少数民族文字音乐类图书一定要重视统稿工作。这类图书涉及民族文字，专业性又较强，复合型人才的缺乏通常是这类图书在搜集、整理阶段遇到的最大难题。从《羌族萨朗》来看，它的内容涉及简谱、国际音标、羌族拼音文字，而三者均精通的搜集人员较少，在有的搜集地就只能采取记音、记词工作先分开进行再最后合成的办法。遇到这种情况，统稿人员的选择就显得非常重要了。他必须三者精通，能正确指导参与人员的搜集工作及在后期合成各方人员的稿件，同时还要能及时发现搜集者在曲谱或歌词上的错误，在原稿阶段就把这些错误消灭掉。在稿件交付出版社前编辑对统稿人员一定要提出具体的要求，越具体越好。统稿人员做的工作就如同编辑前期做的工作，梳理稿件、核实问题、修正错误、查漏补缺。这一步也是提高稿件质量的重要步骤。

普通图书稿件都要求“齐”“清”“定”，而对体量较大的稿件，因其涉及人员多、搜集难度大、内容易有遗漏等原因却常放松要求。其实，对这类书稿，责任编辑更应先窥全貌，从整体上对书稿有一个基本评判，写出编辑审稿意见。如果整体结构、内在逻辑性等大方向出现问题必须退回给作者进行修改。

三、收稿后排版前的工作

《羌族萨朗》收录的歌曲涉及面广，此类书稿收稿后不能立即进入排版流程，如其内容还未进行分类，文字编辑和音乐编辑则需拟定一个标准，按此标准列出分类目录，对书稿内容进行检查，如按采录地分类或按搜集负责人分类。这样做的目的是便于发现重复、残缺、粗俗等不符合出版要求的内容。所谓“船小好调头”，体量小的图书即使在排版后再做这项工作也不会太难；而体量较大的图书，这项工作如果不在排版前进行，就会为后期的工作增添许多不必要的麻烦，影响编校质量，有的甚至会影响全书的体例。而在剔除重复内容时不能简单地只看名字是否一样，而要从曲谱、歌词内容等方面综合进行分析。如《羌族萨朗》一书在编校中还发现有以下情况：两首曲子看似是不同的，可仔细一分析曲谱，仅是音高的区别，只能遗憾删除；有的曲子曲谱近似，一首歌词为羌文，一首歌词为汉文，这就需要提出疑问，在作者审核后再决定曲目的去留。

有时作者在交稿时已经对书稿内容进行了初步分类。如《羌族萨朗》在交稿时收录的萨朗曲目有3000余首，初步按山歌、劳动歌、酒歌、习俗歌、舞歌、号子进行分类。因为是多人、多地采集，所以重复的曲目也较多，最终在删去重复、残缺等曲目后，选用的曲目有2400余首。而萨朗曲目的分类则更为复杂，目前学界还没有一个统一的分类标准。萨朗曲目繁多，歌词内容十分丰富，所表现内容又有交叉，这是造成分类标准不统一的重要原因。《羌族萨朗》在初分类后，发现山歌所占比例很大。有学者建议，在山歌中有很大一部分属情歌，且情歌的内容丰富多彩，歌词饶有特色，有试探、求爱、定情、热恋、相思、盟誓、失恋等种类，歌词多为七言四句或七言多句，也有长短句的自由体，可将情歌单独分为一类。比如下面这首情歌《姐家门上一道梁》：

姐（呀）家门上（么哟哟）一（哟）道梁（哎哟哟），芹（啰）菜韭菜（么么么妹）栽（哟）两行（么哟哟）。郎（哟）吃芹菜（么哟哟）勤

（嘞）想姐（哎哟哟），姐（哟）吃韭菜（么么么妹）久想郎（噢哟哟）。

这首情歌除去衬词为七言四句，歌词以“芹”谐音“勤”、“韭”谐音“久”，构思巧妙，形象贴切地展现了羌族青年男女沉浸于美好爱情中的状态。

这一建议引发了专家、学者热烈的讨论，因为有的情歌与山歌或其他类别的歌在内容上有交叉，不能截然分开。比如下面这首歌《纳玛由西》：

岩羊坪是个好地方，山清水秀牛羊壮，这里的姑娘很漂亮，这里的鸟儿会歌唱，这里的花儿会飘香。山连山来，水连水，多么美丽的好地方，可怜我上门到他方，想起家乡路程远，想起情妹难团圆，心里好难过呀，好难过。端起酒杯唱起歌，唱的这支歌，是王虎留下的歌，唱的这支歌，是王虎想家的歌。

最终，大家确立了“一把尺子量到底”的分类指导思想，不针对山歌在显示层级上再分小类，因此情歌依然放入山歌中，但情歌特征明显的曲目相对集中出现。

再比如这首歌《嘎鲁妈》：

我妈，我妈呀！我要跟妈去呀！我要跟妈去！我儿，我儿呀！别跟妈妈走呀！天要下雪了，别跟妈妈走呀！我妈，我妈呀！下雪我不怕呀！我要跟妈去呀！我要跟妈去！我儿，我儿呀！别跟妈妈走呀！天要下雨了，别跟妈妈走呀！我妈，我妈呀！天要下雨我也不怕呀！我要跟妈去呀！我要跟妈去！我儿，我儿呀！别跟妈妈走呀！道路你不认识，别跟妈走呀！我妈，我妈呀！道路不认识，我向别人问呀！我要跟妈妈去！我儿，我儿呀！别跟妈妈走呀！陌生人你不认识呀！别跟妈妈走呀！我妈，我妈呀！陌生人不认识，我去向别人打听呀！我要跟妈去呀！

这首歌曲的内容是一个母亲与其孩子分别时的对话，妇女再嫁，而孩子舍不得妈妈离开。这首歌归入山歌，但因为这首歌是在撕玉米的时候唱的，所以从演唱场合考虑，这首歌与其他劳动类歌曲相对集中出现。

四、编校过程中其他常见问题

1. 歌词和音符要上下对正。遇到一字配多音的情况，字要与第一个音符上下对正。另外，民歌通常衬词、衬句较多，如果衬词、衬句加了括号的话，注意应是字对准音符，而不是括号对准音符。比如这首歌《雪花飘飘如幺姐》：

今天天气（嘛喔喂）不新鲜（哟二郎干哥），打开窗子（嘛柳柳雪花飘飘如幺姐）望青（喔）天。

括号内的衬词在与音符对应的时候，特别注意首字、尾字要对准音符，如“嘛、哟、喔、喂、哥、姐”，而不是前括号或后括号对准。

2. 衬词、衬句是否加括号有几种情况。

（1）衬词在实句前或实句后，不产生歧义或不会使人不易理解的，不加括号。比如：

唱歌离不得一双双哟，吃饭离不得小菜汤喔。

歌词中的“哟、喔”都是衬词，但此处可不加括号。

（2）衬词在实句中，造成实句破句的，加括号。比如：

你在唱来（呀呃）我在（哟喔）听（嘞），隔山隔岭（嘛儿罗）听不（喔）真。

（3）同一首歌曲的唱词，允许整句衬句或连续衬词不加括号而插入衬词加括号的情况出现。比如：

山歌好唱（嘛喔喂）口难（的）开（哟），林檎好吃（伙伙嗨）树难（的）栽（哟），海棠花儿红呀。

“海棠花儿红呀”是衬句，但位于句尾，未造成实句破句，且较完整，此处可不加括号。

3. 用多种文字等进行记录，音节线要依据最靠近曲谱的部分来进行记写。如《羌族萨朗》中，曲谱下有国际音标、羌族拼音文字、汉语直译、汉语意译等几部分，音节线就根据最靠近曲谱的国际音标进行记写。

4. 如果多段唱词中有个别小节或部分曲谱出现变化，应用比之前曲谱字号小一些的音节记在其唱词上，并加上括号。

5. 声乐谱中的唱词一律应加上标点符号。《羌族萨朗》因为由多人搜集，又涉及民族文字，所以原稿的标点使用并未统一，有的汉文用了标点，而羌族拼音文字又未加标点，最后本书参照音乐类图书出版规范和羌族拼音文字书写规范，统一加上了标点，并且民文歌词的标点与汉文歌词的标点一致。

6.《羌族萨朗》中多段唱词的萨朗曲目也占了一定比例，为使唱词段落结构更清晰，多段唱词的起始行均用斜体阿拉伯数字标明了段落序号。如果段落数在 5 段（含 5 段）以上，则全曲都应标上段落序号。

7.《羌族萨朗》中有多声部民歌。唱词中出现的“男声”“女声”“领唱”“合唱”等词均应用不同的字体与唱词区别开来。

8. 在曲谱的审校阶段，音乐编辑要对曲谱进行试唱。少数民族民歌在音高、节拍等处都有自己的特点，有疑问的地方要及时与作者沟通，有录音资料的要依据录音进行核实。

以上是在少数民族音乐类图书编校中的一点体会，就《羌族萨朗》而言，编辑出版过程中的得失经验还有很土多，如后期的内文设计、封面设计、宣传报道等，限于篇幅，这里就不一一赘述了。总之，少数民族音乐类图书一定要夯实稿件基础、注重编校细节、规范出版流程，只有这样才能做出精品好书。

点评

编校辑加工一本体量大、内容独特、专业性要求较高的图书，不仅要求编辑有丰富的校编辑加工方面的学养、知识和经验，还要求编辑具备统筹全局、未雨绸缪的能力。

案例中图书材料的搜集工作历时 7 年，内容繁杂，编辑遇到的问题层出不穷。这就要求无论是文字编辑还是音乐编辑都需要在前期主动介入，同专家学者就一些需要统一的问题达成共识，才能保证后期编辑工作的顺利进行。这也为体量大的图书编校工作提供了借鉴：编辑一定要未雨绸缪，提前筹划工作安排，以免工作都集中在后期，造成无法按时完成工作，影响图书质量。尤其是专业性要求较高的图书，对编辑加工提出了更为严苛的要求。不仅要求编辑本身要对作品的专业知识要了解，而且要具有极高的编辑加工能力。此外，严格遵守“齐”“清”“定”的编辑要求，不管是在图书内容方面，还是图书整体结构方面都要严格把控，这是提高稿件质量的重要保证。

思考题

1. 在本案例中编校队伍为何要提前介入图书策划编写工作？
2. 结合本案例，详细说明如何针对内容不熟悉的图书做好编校工作。
3. 结合案例，谈谈编辑加工工作对于做出一本精品好书的重大意义。

参考文献

人民音乐出版社．音乐曲谱出版规范［M］．北京：人民音乐出版社，2015.

《羌族词典》编委会．羌族词典［M］．成都：巴蜀书社，2004.

新闻出版总署科技发展司，新闻出版总署图书出版管理司，中国标准出版社．作者编辑常用标准及规范［M］．北京：中国标准出版社，2008.

第三章 发行营销

第一节 知识介绍

一、发行营销的涵义及作用

1. 发行营销的概念

(1) 出版物发行及方式

出版物发行是出版物经出版发行单位流通至消费者，满足消费者需求的活动，由发行者、出版物以及消费者三方组成。发行者并不仅仅局限于从事出版发行活动的人员，还包括从事相关活动的机构——发行部门和发行单位。发行行业协会是由发行者成立并参与，维护行业整体利益、制定行业规范并监督执行的社团组织。

出版物发行方式是指出版在流通过程中采取的交易和经营方式。根据不同标准可以划分为以下几种类型。根据授权关系，可以将出版物发行方式分为买断发行和代理发行。前者是指经销商一次性买断出版物的所有权，之后不管是收益还是风险都与发行者无关；后者是指发行者将出版物销售授权给经销商，所有权仍归发行者。根据管理方式的不同，可以将发行方式分为多环节发行和单环节发行，两者的不同就在于授权是否集中、代理是唯一还是多级。根据发行策略，发行方式可分为密集发行和选择发行。密集发行是指在预算充裕的情况下，短时间内将出版物布满市场；选择发行则是有选择地在市场上进行投放。

（2）出版物发行渠道

出版物发行渠道，又称出版物分销渠道，是出版物从生产环节到消费环节的交易中所采用的通道。从传统意义上讲，出版物发行渠道分为主渠道和二渠道。主渠道是指国有新华书店、外文书店系统，是国内网络最为庞大的分销渠道，全国各地市县都有其发行网络，以全、细著称，是我国出版物发行路径的一个重要通道。二渠道是指民营渠道，包括各地的图书批发市场和民营书店，它们凭借经营灵活、对市场的“嗅觉”灵敏、反应迅速等优势，成为出版物发行渠道中不可忽视的一个组成部分。除了传统的出版物发行渠道之外，还存在着网络渠道、读者俱乐部、团购直销等主流非传统发行渠道，这些渠道对于出版物分销作用相当明显。

（3）出版物发行体制

发行体制是规定发行者及其发行活动的组织管理制度和运行方式。1982 年，我国对出版物发行体制进行改革，推出了一项新政策，简称“一主三多一少”，一主是以国有新华书店为主体，三多则包括多种经济成分、多条流通渠道、多种购销方式，一少是少流转环节，这“一主”“三多”“一少”逐渐形成了一个新的图书发行网络。1988 年，为进一步深化发行体制改革，国家推出“三放一联”新政策：放权承包，搞活国有书店；放开批发渠道，搞活图书市场；放开购销形式和发行折扣，搞活购销机制；推进横向经济联合，发展各种出版物发行企业群体和集团。

无论从事何种出版物发行，或以什么样的方式和渠道发行，企业都要以实现两个效益为目标，即社会效益和经济效益，并把社会效益放在首位。通过良好的社会影响，最终实现社会效益和经济效益相结合。

（4）营销内涵

关于营销，许多人将其与推销混淆，而二者最大的区别在于是否发现、把握甚至引领消费者的需求。营销就是在此基础上完成交易并获取利润的过程。出版物的营销方式有很多，这里主要介绍寄销、包销和代销三种。这三种营销方式的共同点在于出版物的所有权都未发生转让，区别在于能否退货。寄销是出版单位在不转让出版物所有权前提下，将出版物交给零售商售卖，未成功销售的出版物可以退回给出版社；包销是出版单位将出版物专有销售权承包给发行单位，允许其在特定市场进行独家销售，未成功销售的出版物不能退回；代销则是出版社委托其他机构代售出版物，未成功销售的出版物可以退回。

根据图书在市场销售中的表现，可以把图书划分为以下几种类别：畅销书，它是在一定时间内销售量非常大的图书，当然其评判标准会因时间、地区、国别差异有所不同。常销书，也称长销书，是生命周期较长、销量较为稳定的图书。适销书，即适合消费者需求的图书。销量较低或销量由高转低的称为滞销书。常备书，即从不下架的图书，这类出版物主要是将优秀的经典名家作品作为常备。

2. 发行营销在出版流程中的作用

出版单位企业化改制，出版业需要适应市场经济的发展，实现盈利，发行营销成为企业经营面临的重大课题。出版企业必须重视发行营销，以读者需求为导向，以实现较好的经济效益。发行营销在出版流程中的作用表现为以下几个方面：

（1）发行营销已经成为出版流程的重要环节。传统出版流程重出版，轻发行。当代出版业不仅将发行营销视为出版流程的重要一环，而且要求将营销理念渗透进出版过程的每个环节。这就要求出版企业以消费者需求为核心，调整营销策略，改变传统发行模式，整合各类营销资源，以获得良好的销售业绩。

（2）发行营销是出版单位参与市场竞争的体现。适应市场经济发展，参与市场竞争，出版单位就需要实现出版物产品的经济效益，只有这样，企业才能增强参与市场竞争的能力和实力。

（3）发行营销是出版产业功能实现的重要保障。出版产业的经济效益和社会效益都是通过出版物的成功销售和使用来实现的。发行营销是出版物能否成功销售的重要一环，在一定程度上决定了出版产业功能能否顺利实现。

二、发行营销经典案例回顾

1. 加拿大雨岸出版社与《哈利·波特》案例：“绿色”出版助力图书营销

《哈利·波特》（*Harry Potter*）是英国作家J. K. 罗琳（J. K. Rowling）在1997年至2007年间创作的魔幻文学小说，共7部，已经被翻译为73种语言在全球发行。截至2015年，其全球总销量超过了4.5亿本，成为最受读者欢迎的魔幻文学小说。加拿大雨岸出版社从1997年开始从事《哈利·波特》系列小说在加拿大的出版工作，到2015年该系列图书已经累计销售1100万册，加拿大雨岸出版社也因《哈利·波特》而声名鹊起，一跃成为世界知名的出版企业。雨岸出版社的成功一是得益于《哈利·波特》系列的优质内容，二是由于雨岸出版社高超的发行营销技巧。

众所周知，加拿大是一个非常注重环境保护的国家，因此雨岸出版社不失时机地推出“绿色环保”理念，在出版《哈利·波特》时，全部采用环保纸张，并以此作为营销推广的核心理念。此举非常符合时代潮流。这不仅赢得了读者口碑，而且树立起了雨岸出版社良好的品牌形象，一举多得。这一举动还带动了全球范围内30多家出版社在出版《哈利·波特》时采用环保纸张。绿色环保组织更是亲自为雨岸出版社“站台”，要求北美读者购买雨岸出版社的“环保”图书，抵制美国出版社的“不环保”图书。

以绿色环保为核心的发行营销策略，契合了时代背景与读者心理，不但为雨岸出版社带来了图书销量的增加，也树立了雨岸出版社良好的品牌形象，使得雨岸出版社在众多出版机构中脱颖而出。

2. “罗辑思维”：社群营销助力图书营销

“罗辑思维”是罗振宇在2012年与独立新媒创始人申音合作打造的知识型视频脱口秀节目。2012年，“罗辑思维”上线后，节目点击量高涨，微信关注数呈现出几何式增长的态势，在短时期内收获了一大批粉丝。“罗辑思维”不失时机地推出会员制，通过会员招募，它不仅募集到了一定的资金，更重要的是，“罗辑思维”从庞大的用户基数中筛选出了一批核心用户群体，将松散的粉丝群体固化为忠实的会员，提升了用户的黏性和活跃度，为实现向经济效益的转化打下了基础。在拥有一批忠实粉丝的基础上，“罗辑思维”深谙社群营销之道，它并不主动售卖图书，而是先通过视频脱口秀节目把一本书讲得生动有趣，以吸引听众，使其认同图书的价值，在形成个人魅力的同时，促成粉丝购买。在不断反复的运作中，树立了“罗辑思维”这一品牌，这就为后续的营运带来了价值增值。

2014 年 6 月，“罗辑思维”开启了互联网出版实验，结果 8000 套单价 499 元的图书礼包在 90 分钟内被秒杀，销售额近 400 万元。实体书商需要考虑租金成本、人工成本，再加上传统纸质图书销售不畅、屡有折扣，大部分出版物最终净利率多在 10%以下。“罗辑思维”书城则是线上运营，图书基本上是正价销售，加上“罗辑思维”整个团队人数不多，人力成本不高，利润非常可观，据初步估算利润率可达两三成。

三、发行营销相关知识与发行营销人员的基本素养

1. 相关知识

（1）码洋

码洋，即“总价”，也称“码价”，是出版物定价之和，用数学公式表示为出版物数量×定价，是反映出版物生产规模的概念。实洋与码洋相对，是出版物实际销售价格的总和，用数学公式表示为出版物销售数量×实际价格，计算方式为码洋乘以发行折扣率。折扣是在出版物销售过程中卖方给予买方的优惠，包括发行折扣和销售折扣两种类型。发行折扣是发行单位针对出版物定价进行降价销售的优惠比例；销售折扣是零售商向消费者出售出版物时，在售价上进行的降低，仅存在于零售商与消费者之间。

（2）书展

书展是关于出版物展览、销售的大型活动，非常重要。我国图书业界存在着三大盛会，分别是全国图书交易博览会（The National Book Expo)、北京图书订货会（Beijing Book Fair）和北京国际图书博览会（Beijing International Book Fair），其中北京图书订货会（Beijing Book Fair）是全球最大的华文图书订货会，北京国际图书博览会是世界主要图书博览会之一。世界上规模最大、最负盛名的图书贸易博览会是法兰克福国际书展，每年10月上旬在德国法兰克福举行，为期一周，在此期间可以进行图书展览、版权交易等活动。

（3）电子商务

随着互联网的发展，出版物发行营销出现了基于互联网的电子商务。O2O，全称为Online to Offline，即线上与线下商业活动相结合，互联网成为商务交易前台。B2B，全称为Business to Business，是企业与企业之间依托互联网进行电子商务活动，也是发展最为迅猛的电子商务模式。B2C，全称为Business to Consumer，即企业与消费者互联，也就是所谓的网上商店，其优势在于打破了企业与消费者之间的时空界限，提高了交易效率和几率。C2C，全称为Consumer to Consumer，是个人与个人之间的电子商务，是个体消费者基于网络形成供求关系的电子商务活动。P2P电子商务，全称为Peer to Peer，即对等电子商务，是互联网用户通过使用对等网络技术，不通过中央服务器直接共享文件和计算机资源。

2. 发行营销人员的基本素养

作为出版物发行营销人员应当具备哪些基本素养和能力呢？

一要“会说”，即良好的沟通能力。良好的沟通能力包括清晰地接收对方所表达的思想并做出正确判断，以及在听取意见后，能够准确表达出自己所代表出版单位的立场和看法的能力，两者相辅相成、互相促进。

二要“会算”，即较强的数据分析能力。数据分析能力要求从业者一能够看清数据所折射出来的市场信息，并基于这些市场信息制定决策；二能够熟练地运用数据分析技术和软件，提高数据分析的效率和准确度。

三要“会策划”，即独到的营销策划能力。营销策划是营销人员基于对消费者内心的了解，挖掘、把握甚至引导消费者需求，进而实现商品所有权转移。营销策划需要面对社会环境的方方面面和需求多样的读者，营销策划人员需要“眼观六路，耳听八方”，能够把握市场的发展趋势，了解生活中出现的新事物、新热点，并策划出行之有效的营销方略。

四要“会操作”，即掌握新技术运用出版新手段的能力。当今社会技术发展日新月异，一名合格的出版从业者应该在实践中主动学习。新技术的出现正不断改变着出版形态，改变着人们的阅读行为。只有不断学习，掌握出版新技术、运用出版新手段，才能更好地生产出契合受众需求的产品。

参考文献

陈永芳著．精准营销［M］．北京：中国财富出版社，2015.

王岩镔，徐炯．出版物发行知识词典［M］．上海：上海辞书出版社，2016.

钟振奋．从两个成功的营销案例看北美出版［J］．对外传播，2011，(07)：55—56.

第二节　案例详解及思考

出版单位如何开展渠道定制的图书营销

——以《DK 儿童百科全书（精致版）》为例

关键词：高品质、渠道定制

个案陈述

日前，京东童书总监张戈一行来到四川少年儿童出版社（以下简称川少社）北京编辑中心，双方一起分析了第一季度川少社图书在京东平台的营销情况，并就下一阶段重点图书推介和专题策划进行了充分的讨论。据川少社介绍，这是川少社与京东例行的专题会，由于每次专题会要讨论和确定的内容太多，中午基本都是边吃盒饭边继续开会。

川少社与京东的合作由来已久。2010 年 11 月 1 日，京东图书正式上线，标志着京东商城正式进军图书市场。同年，川少社的图书正式在京东上架。几年来，京东图书一路高歌猛进，迅速发展，成为当前国内图书电商的“一方霸主”，业内影响力不容小觑。川少社与京东的合作也随着一次次成功尝试而日益紧密、融洽。

作为两家合作的开始，《DK 儿童百科全书（精致版）》也是出版社和渠道成功合作的一个典型。2015 年 5 月，该书作为独家销售图书正式在京东商城上架，截至 2015 年底，《DK 儿童百科全书（精致版）》销量超过 3 万册；2016 年底，当年年度单本销量超过 10 万册。

据川少社市场拓展部人员介绍，2015 年至 2017 年，《DK 儿童百科全书（精致版）》已累计印刷 10 次，日常库存备货在 4 万册以上。川少社每天都会观测该书在京东的销售数据，及时做好加印或添货准备，确保市场不断货。

一、关注行业动态，引进国外优质版权

川少社真正开始重视京东图书是在 2015 年，从《DK 儿童百科全书（精致版）》的合作开始。谈起做这本书的缘起，编辑们笑称这是一次“捡漏儿”。据了解，该书是英国 DK 公司最为畅销的经典书籍之一，内容中的各知识点经常更新，广受读者欢迎。而 DK 公司出版的百科知识类图书，在国际上享有盛誉，也受到国内广大读者及各家出版社的青睐，几乎每次有新书出版，版权都会被抢购一空。一次偶然的机会，川少社和京东同时发现《DK 儿童百科全书（精致版）》的版权还未在国内授出。这样一本优质版权书，居然被“落下了”?! 他们很庆幸一起“捡”了这个“漏儿”。

买下版权后，川少社和京东开始了《DK 儿童百科全书（精致版）》的全方位合作。张戈作为该书的特约策划，参与了图书策划、编辑、设计制作、营销推广的全过程。该书的销量很好，2016 年年度单本销量超过 10 万册。川少社与京东第一次合作定制图书项目可谓旗开得胜，取得了极大的成功。“说实话，川少社当初做这本书时心里没底，首版只印了 5000 册，没有想到，京东还真给卖起来了!”川少社相关负责人感叹道。目前，这本书已经成为双方重点合作项目之一，长期位列京东少儿图书畅销榜前几名。

自此，川少社与京东开始了日渐频繁的合作和交流。

二、打造以高品质为基础的渠道定制图书

近年来，传统电商的迅猛发展以及各种新媒体、新营销渠道的悄然崛起，不仅颠覆了传统的图书销售渠道格局，对图书的策划、制作也产生了不小的影响。在这一大环境之下，川少社也把握住了自己的节奏，在试水电商渠道时并未盲目全面开花，而是结合自身产品特色选择合适的渠道，尤其在打造定制图书时，川少社在众多意向合作的渠道中选择了京东，正是基于二者“追求图书品质”的一致观念。

让销售平台直接、深入地参与图书出版的全过程，这是渠道定制图书

的最显著特征，也是川少社尝试与京东童书团队深度合作的一次试水。事实证明，双方对于图书的高品质要求，绝不是一句随意的应酬之语，而真正是两个团队共同追求的目标。在《DK 儿童百科全书（精致版）》打磨过程中，川少社与京东童书团队达成共识，定期碰面开会，讨论产品开发进度以及图书制作的各种细节问题。有时甚至会为了一个封面小元素的取舍而磨很长时间，比如当初在讨论封面版式设计时，京东团队对封面上的人物提出了疑问。当时川少社编辑团队选择了一个中国儿童形象，认为这是一本面向中国儿童的图书，自然选用中国孩子的形象对他们而言更为亲切；而京东团队则认为作为引进图书，外国儿童的形象显然更符合其外版书的特征，为此，双方进行了深入的交流。最后川少社编辑甚至专门为此做了一份读者调研，基于调查结果，最终他们接受了京东的建议，选用了书中的一位外国儿童——后来这个封面也成为得到读者认可的标志性封面。在制作过程中，类似这样的讨论、调研经常发生，甚至为了得到准确的结果不惜将最终的出版时间一拖再拖，最后《DK 儿童百科全书（精致版）》比预期上市的时间迟了半年左右。

在谈到与京东渠道合作的感受时，川少社的编辑们反复强调同一个词——“专业”。他们认为，京东的意见非常专业。共同打造一个新产品的时候，他们不仅会在营销方案上提意见，还会在图书的封面设计、版式、书名等方面给出中肯的意见。川少社的编辑感慨地说：“出版社的编辑容易局限于书稿本身等案头工作，缺乏了解更多其他同类优秀图书的机会，但负责京东童书采购的几位同事，每天都在接触国内外的优质图书，看到过很多好书，具备更加过硬的专业素质，所以他们一眼就能看出产品存在什么问题，也能够准确地提炼出产品的卖点。”

“我们卖的是卖点，而不是折扣。”京东童书团队负责人张戈如是说，这一观点也得到了川少社团队的普遍认可。

自开始合作以来，川少社跟京东洽谈的都不是折扣，而是怎么做好产品，怎么设计封面、宣传语，从哪个角度解读专题营销点等，双方共同的焦点往往是在产品内容以及在每一条产品线的打造上。高海潮说：“未来图书市场的竞争一定不是价格战，而是图书自身的品质。张戈反复强调京东卖的是卖点，不是折扣，也是这个道理。目前京东就在稳稳地做品质。我们要想在京东平台上实现更快的增长，必须把书做得更好。质量做不好，放在平台上销售，高下立现。所以越是在这种情况下，越是要精益求精。”

三、主动宣传，全力配合，实现双赢

费尽百般心力，终于迎来了《DK儿童百科全书（精致版）》的出版，京东也承诺了可观的销量，那么出版社的任务是不是就结束了呢？当然不是。在这个酒香也怕巷子深的时代，营销推广已经成为每个产品生命周期的必经一环。从合作打造《DK儿童百科全书（精致版）》开始，在与京东童书团队一次次的碰撞过程中，川少社编辑团队对营销工作有了更深入的体会和理解，对书籍卖点的提炼和解读能力也得到了很大提高。

正因如此，川少社的编辑们很尊重京东的意见，在日常沟通中也更加积极主动。目前，川少社市场拓展部专门负责与京东渠道对接日常沟通工作。据介绍，目前该部门北京配置3名员工，主要负责日常业务，成都配置2名员工，主要负责跟单、发货。对于《DK儿童百科全书（精致版）》这样的重点产品，川少社市场拓展部相关负责人会每天关注其在京东的销售数据和库存变动情况，预估生产周期，及时补充库存，保证不断货。在专题策划方面，川少社并不坐等京东安排活动，而是主动向京东提出新的专题设想，与其交流、碰撞。到目前为止，川少社营销编辑几乎每个月都会为《DK儿童百科全书（精致版）》设计一个专题页，从不同角度剖析本书对孩子有什么帮助，提取产品卖点。

如今，《DK儿童百科全书（精致版）》已在京东商城独家销售了两年时间，销量持续增长，很多渠道经销商看到了这本书的火爆行情，争相向川少社订货，但川少社仍坚持在京东独家销售。据了解，《DK儿童百科全书（精致版）》项目是川少社与京东在未签署任何销售合同的情况下开展的，目前的“双赢”局面就是基于两家单位之间的互相信任，以及长久合作的友好关系达成的。高海潮说："我们认为，商业信誉不仅仅要体现在合同上，更要体现在双方的口头承诺上。"川少社坚守商业信誉，京东也保持诚信经营，这是双方成功、持久合作牢不可破的基石。

目前，川少社图书电商渠道的销售额已经超过地面渠道，而京东在各大电商销售额中占比已超过40%。未来，川少社将继续加大与京东的合作力度，除了将《DK儿童百科全书（精致版）》、《米小圈上学记》系列、《小兔丝丝》系列、《小牛顿科学王》系列等重点产品在京东上采取多种方式营销外，还计划在京东重点营销即将上市的《DK小博物学家》系列、四大名著美绘版系列等项目。结合不同渠道特点做好品牌、做出品质，将是川少社未来打造产品线战略的重中之重。

点评

1. 营销活动中对渠道合作商的选择至关重要。电商以及各种新媒体、新营销渠道的崛起和发展不断冲击传统的图书销售渠道，如何在这种环境下调整自己的发展战略，对编辑、发行、营销的各个环节进行优化，是当前出版机构必须面对的挑战。四川少儿出版社试水电商渠道，打造渠道定制图书这一成功案例，可以说为其他出版单位提供了一个改革的方向。

2. 大胆引入，充分信任，真诚合作，让销售平台直接、深度参与图书出版的全过程是本案例的亮点。由于编辑个人能力有限，且容易局限于书稿本身，对于其他同类优秀图书的了解不多，在图书版式设计、卖点提炼、营销等诸多方面的素能不如每天接触大量国内外优质图书的京东团队。所以，在这本书的打造过程中，京东团队扮演了非常重要的角色。借助京东图书营销团队过硬的专业素养，川少社不断完善图书制作的细节，提炼卖点，并主动参与营销推广，不仅促成了一本书的成功上市，而且也提高了编辑的专业素养，实现了"双赢"。

知识点补充

渠道定制图书是让销售平台直接深度参与图书出版的全过程，根据渠道特点，设计打造适合该渠道营销的定制版图书。以这样的方式打造出来的图书，充分凝聚了出版社编辑和销售平台营销人员的素养和经验，图书的设计制作更能够贴合读者需求，吸引读者视线，打开销售市场。

思考题

1. 出版物销售的渠道定制是什么意思？这种营销方式有哪些优缺点？

2. 电子商务时代，图书发行营销渠道有哪些？请举例说明。

3. 出版机构在选择与电商渠道进行合作时应该从哪些方面进行考量？请举例说明。

出版单位如何在已有产品中通过营销活动扩展产品线

——以《熊出没》系列图书为例

关键词：特色动漫产品线、特色领地、IP 运营、品牌形象

个案陈述

《熊出没》系列抓帧版漫画首批 5 种图书刚一推出便受到热捧，首版图书还未入库，便开始再次印刷，一个多月加印 4 次，并连续 3 个月入围开卷“全国少儿综合类图书排行榜”前 50 名。

同时，由于《熊出没》系列产品的带动，四川少年儿童出版社（以下简称川少社）在开卷“少儿总体图书市场出版社占有率排行榜”上，由 2013 年 1 月的第 26 位逐月上升至第 14 位，并连续 7 个月稳居第 15 位左右。这是当时该社自 2007 年以来在该排行榜上的最佳排位。2013 年，《熊出没之环球大冒险（丛林篇）》抓帧漫画书累计发行 23 万套，3680 万码洋；全系列图书总码洋达 7950 余万元，为川版动漫图书增添了一个重量级品牌。

一、抓住机遇，打造“全一流”，经营特色领地

近年来，童书在中国出版零售市场可谓独领风骚，无论图书品种、销售码洋，还是其增长速度以及影响力均遥遥领先，无可匹敌。其实，自 2006 年开始，中国少儿出版市场已经显现“黄金十年”的发展态势。而 2006 年的四川少年儿童出版社，还是一家连年亏损的小型出版社。随着“全民阅读”的兴起，当时的川少社领导层敏锐地意识到，童书的春天要来了！为了适应少儿出版市场的需求，跟上少儿出版时代大潮的发展，川少社开始探索适合自己的发展之路。

要想打造一流出版社，必须认定一流的标准与目标，打造一流水平的队伍，积累一流质量的图书，拥有一流的特色品牌。凡国内一流的兄弟出

版社，都拥有自己精心经营、独树一帜的特色板块和作家资源。那么川少社应该经营几块什么样的属于自己的特色领地，川少社对这个问题作了深入的思考。

2009年下半年，当时的川少社北京编辑部利用地域资源优势，跟北京学友园教育传媒集团合作运营《花园宝宝》杂志，从首期印刷10万册还未发货即加印8万册，到第3期的48万册，他们看到了影视动画互动图书产品的市场前景，加之《喜羊羊与灰太狼》《赛尔号》系列图书的热销，更使他们感受到，发掘类似优质资源，可在短时间内形成市场号召力、提升出版社影响力、带动社内相关产品的销售。这，或许就是川少社应该努力去发掘的一块宝地。

二、认真严谨，力求打造拳头产品

但是，这类形象产品大都代价不低，风险不小。而且，鉴于当时川少社在全国的市场地位和发行营销能力，要想抢到好的图书项目，困难不小，常常遭遇婉拒、质疑，让人很无奈。当时的川少社也深知自身的短板，为此他们到处学习请教、广交朋友，一则积极借鉴他社的先进经验，二则充分表达川少社的合作诚意。在不断的尝试、努力之下，2011年，川少社签约了《小羊肖恩》《摇滚宝宝》等项目，然而这两个项目上市后又因播放受限未能达到预期效果。

不过，这些项目运作尽管不尽人意，但川少社运作动画图书的认真严谨、与人合作坦诚开明的态度在圈内渐渐有了口碑，淘米等优质动漫公司主动与他们交朋友、谈合作，但终因风险大等原因，而与《摩尔庄园》等产品失之交臂。虽然失去了机会，但获得这些品牌产品的兄弟出版社的成功，反证了他们对项目判断的眼光是正确的，也激励了他们加大搜寻优质资源的步子，同时在寻找项目的过程中更加审慎，尽可能地借势借力，最大程度降低川少社的经营风险。

2012年底，经过反复努力，川少社与取得国内原创动画片《熊出没》图书独家授权的北京华图宏阳图书有限公司达成合作协议，共同推出根据动画片《熊出没》改编的抓帧漫画和系列图书，力求借此品牌在较短的时间内打造出有市场号召力的拳头产品，并带动社内其他产品的销售，有效扩大市场占有率。

三、全员协作，打造 IP 运营新思路

签下《熊出没》系列图书的合作出版权后，川少社集合了北京编辑中心全员力量打造这个大 IP 产品。当时，川少社北京编辑部缺乏开发抓帧漫画图书的经验，而就如何定位这套抓帧漫画书，项目组的几位编辑意见也并不统一——有的编辑认为这套书太过娱乐，而教育意义并不明显，这显然对后续的销售是很不利的；而有的编辑认为这套书的价值恰恰在于它的娱乐性，毕竟强调功能性的图书市场上已经太多了，而我们何不就单纯一点，就为了给孩子一个快乐的阅读体验呢？经过反复的开会讨论，川少社最终明确了这套产品开发的方向——故事还是要确保它的娱乐性，但为每个故事提炼一个正能量的主题，这也为后续的营销推广提供了很好的思路。事实证明，这套产品开发的思路，正是如今最为常见且效果明显的 IP 运营思路。

为了赶在 2013 年 1 月份北京订货会期间上市，川少社北京编辑中心全体人员放弃了所有的周末和节假日，连续加班 40 多天，每天工作到晚上 11 点后才回家，姑娘们甚至把自己的父母、爱人也调动起来，为编辑部跑后勤。负责抓帧漫画书的编辑，在每秒 20 多个镜头中反复选择恰当的画面表现内容，眼睛疲惫到要靠不断地滴眼药水才能继续工作；甚至当时有一位美术编辑好不容易才在协和医院约了一个手术，也因工作原因不得不暂时放弃，推迟手术，带病加班直到图书开机。

“品质是产品的生命”，虽然时间紧迫，压力重重，但川少社并未放松对图书品质的高要求，为此，川少社几乎全员出动，在编辑加班加点赶稿的同时，社领导也和编辑们一起加班，甚至连社长都亲自坐镇审稿。

功夫不负有心人，在苦熬了两个月之后，《熊出没》系列抓帧版漫画终于成功赶上了 2013 年 1 月的北京图书订货会，并迅速取得了不凡的成

绩——首批5种图书刚一推出便受到各地经销商的热捧，首版图书还未入库，便开始再次印刷，一个多月加印4次，并连续3个月入围开卷“全国少儿综合类图书排行榜”前50名。

因为《熊出没》系列产品的带动，川少社在开卷“少儿总体图书市场出版社占有率排行榜”上，由2013年1月的第26位逐月上升至第14位，并连续7个月稳居第15位左右。这是当时川少社自2007年以来在此排行榜上的最佳排位。2013年，《熊出没之环球大冒险（丛林篇）》抓帧漫画书累计发行23万套，3680万码洋；全系列图书总码洋达7950余万元，为川版动漫图书增添了一个重量级品牌。

四、发力各种营销渠道，强化品牌形象

据编辑讲，现在回想起来，人们也不难发现，《熊出没》系列产品的火爆，一部分原因也正是因为它赶上了电商渠道迅猛发展的契机——也是在2012年前后，川少社开始全面接触各大电商渠道，与京东图书、当当网、亚马逊、天猫商城等众多大型图书电商平台开展图书经销合作。在《熊出没》系列产品推出之际，除了折扣促销等传统的销售方式，川少社更加重视电商的渠道特性，定期与各大渠道开会，讨论沟通活动专题方案，尝试各种各样的网络营销策略，在这样的际遇之下，《熊出没》系列图书甚至超过预期地火了。

当然，上市初的火爆或许跟时运有关，若想做到持续的畅销，出版社必然不能放松宣传力度。在《熊出没》系列图书出现热销趋势时，川少社抓住时机，在各种渠道发力，突出自己的图书特色，强化品牌。通过媒体宣传、卖场促销、引导线上读者评论等整合营销活动，将《熊出没》系列图书品牌传递给更多的读者、渠道卖场和终端客户。例如，川少社与部分实体书店独家合作，书店专门辟出专架，集中展示《熊出没》系列图书。同时，川少社还借助动画片的热播，尝试做了各种营销活动，并通过报刊网络等多种媒体进行报道，加大了《熊出没》系列图书二次传播的力度。同时，微博等新媒体营销刚刚发展起来，川少社也把握先机，在摸索中尝试做了几次赠书、引导读者讨论等新型线上营销活动，取得了良好的效果。

五、坚持高品质，打造特色动漫产品线

随着《熊出没》项目的成功运作，川少社在业内得到了广泛的认可。随之而来的，便是各种大大小小的动漫品牌主动抛出橄榄枝——从原来的被拒之门外到现在意向合作方络绎不绝地找上门来，川少社可以说凭借《熊出没》项目得以扬眉吐气，然而川少社并未就此走上迅速扩张的快速发展之路，而是坚持以“出好书、育新人”的出版宗旨，坚持“专业出版、特色出版、创新出版、双效出版”的理念，总结《熊出没》项目的经验，评估自己的优势产品以及开发能力，同时以专业的眼光筛选合作品牌。在如此清醒而谨慎的态度下，川少社先后签约了《小黄人大眼萌》《侏罗纪世界》《熊熊乐园》《爆笑虫子》《巴啦啦小魔仙》《喜羊羊与灰太狼》《小马宝莉》等品牌动画项目的图书出版权，并于2015年底取得了世界动画第一品牌——美国迪士尼公司的部分图书项目在中国大陆的独家出版权。

总之，川少社从《熊出没》系列图书开始形成了川少社的特色动漫产品线，到今天已经成为国内拥有品牌动漫图书项目最多的出版社之一。究其原因，资源积累的中远期战略，开放的全局视野，真诚的合作态度，专业的项目团队，长远的共赢目标，是国内外品牌IP最终落户川少社的关键因素。而开展整合营销，则是川少社形成特色动漫产品线的重要因素。

点评

创新营销模式，实施整合营销。在《熊出没》系列图书营销过程中，川少社最突出的特点就是创新性地运用了整合营销。通过将整合营销应用到《熊出没》系列图书的营销过程中，同时发力各种营销渠道，线上与线下相结合，突出产品特色，强化品牌，并将单一产品开发转变为大IP产品

开发，不仅使《熊出没》系列图书本身获得成功，吸引了一大批忠实读者用户，并为后来打造特色动漫产品线打下了良好的基础。而这一思路最重要的是体现了出版企业的创新精神。

坚持产品品质提升与整合营销齐头并进。川少社打造特色动漫品牌线的过程为我们展示了出版单位如何通过营销活动促进产品生产线的拓宽。通过创新营销手段，带动产品生产线的建立，对于出版企业扩大生产规模，强化可持续发展有着极大的指导意义。当出版企业面对激烈的市场竞争，出现经营困惑时，不妨通过营销活动创新，倒逼企业改善生产，实现产品结构调整。

知识点补充

IP 运营是通过优质内容吸引一大批粉丝用户，使其成为该作品的忠实粉丝，然后通过粉丝用户去实现作品的商业价值。一般的 IP 运营可以分为两个阶段：第一阶段是作品通过好的创意和内容去接触并吸引更多的目标用户群体，培养用户对该作品的感情，形成重点用户群；第二阶段是当 IP 累积了足够的粉丝用户和知名度之后，对作品进行商业化运作。总的来说，就是先通过一定的手段扩大 IP 作品的知名度和影响力，然后通过作品自身以及产业链条上的其他领域实现并扩大其商业价值。

思考题

1. 市场推广又称促销，是出版物市场营销的重要组成，其主要的方法和手段有哪些？请结合例子分别说明。

2. IP 运营目前持续大热，出版社也更加积极主动地参与到了 IP 运营。但是这种运营模式在带来巨大利益的同时，也产生了很多问题。请结合相关案例讨论 IP 运营模式带来的问题，并提出相关的解决方案。

3. 结合案例，谈谈出版企业在产品生产线拓展中应该考虑的影响因素。

出版单位如何开展主题出版物的影响力营销

——以主题出版物“航天七部曲”为例

关键词：主题出版物、影响力营销、航天纪实文学、李鸣生

个案陈述

“航天七部曲”是中国航天纪实文学第一人李鸣生与天地出版社（以下简称天地社）联合打造的一套展现航天梦的实现历程及弘扬航天精神的主题出版物，以献给中国航天60周年。

一方面，李鸣生作为一位三次获得国家“五个一工程奖”与三届“鲁迅文学奖”的知名作者，身后的评论资源十分丰富。同时，“航天七部曲”能够在《人民日报》《光明日报》《解放军报》《中国航天报》等报纸上获得新闻版面，作者作为一名航天军人的因素不可忽视。正是由于作者的品牌资源，“航天七部曲”的营销宣传做得既有深度，又有广度。

另一方面，为做好“航天七部曲”的营销宣传工作，天地出版社充分利用社内资源，精心策划，从上市前、上市后等环节入手，将常规营销与新媒体营销相结合，作者品牌营销与重要节点营销互为补充。

通过读者见面会、作品研讨会、新书发布会在读者、专家、学者层面建口碑；通过报纸、电视报道等渠道增强图书的影响力；通过网站、微博、微信等新媒体扩大图书的传播力。从出版前的预热、出版后的持续营销，到北京图书订货会、航天纪念日、航天发射等节点的重点营销，达到了50余次的媒体报道、30余家国内主流媒体网站的宣传报道以及上千万的微博点击量的宣传效果，产生了较大的社会影响。

一、常规营销与新媒体营销相结合

天地社利用常规营销与新媒体营销相结合的方式帮助“航天七部曲”在市场上预热。常规营销的方式有举办读者见面会、新书发布会、作品研

讨会。新媒体营销通常是利用微博、微信、搜狐、报刊网页新闻等多种新媒体平台进行信息传播。

“航天七部曲”于2015年年底推出，考虑到2016年的北京订货会、中国航天日、中国航天60周年等重要时间节点，天地社打破了“新书发布会、读者见面会、作品研讨会”的常规营销顺序，而是选择了先举办读者见面会预热市场，再利用2016年北京图书订货会的聚焦效应，在中国作家协会举办了作品研讨会，以此提高“航天七部曲”在学者中的口碑，最后在2016年中国航天60周年时举办新书发布会，抢抓时效进行全面宣传。

天地出版社将“航天七部曲”的读者见面会与“公务员读书节”的活动相结合，一方面利用书店开读者见面会，另一方面利用“公务员读书节”让作者与公务员们进科技厅做专题报告。

读者见面会：2015年12月25日，天地出版社通过其微信公众号发布了一篇名为“李鸣生‘航天七部曲’读者见面会——畅谈中国人怎样离开地球的故事”的文章，将图书资料、作者资料、会上谈论的重点话题以微信传播的方式传播出去，并鼓励大家报名参加读者见面会。微信运营后台会抽取几位用户随机赠送一两本样书。同时，轩客会利用自己的平台来征集读者。

2015年12月29日，天地社采用直播形式在微信上向未能到场的读者分享读者见面会的盛况。读者见面会的开展形式为“作者介绍新书”+“读者互动”。在读者互动环节，作者谈了几个创作主题后读者可对作者进行提问。有一个比较特别的读者是作者的一个作家朋友陈新（曾写过《蛟龙逐梦》，四川科技出版社出版）。他得知李鸣生在轩客会开读者见面会后，特意赶过来与李鸣生见面。会上两人有所互动。

作家李鸣生于同一日在微博上转发了四川在线发布的名为“李鸣生读者见面会邀你参加”的文章。12月30日，李鸣生转发四川新闻网发布的文章《航天文学第一人李鸣生读者见面会，讲述中国“航天七部曲”》。

专题报告：作者李鸣生在此次专题报告中主要向公务员们分享了几位优秀航天人的故事，报告持续了两个多小时。当时，作家李鸣生谈及一位很优秀的工程师刘纪元。李鸣生说，刘纪元的儿子走失了，但他依旧坚守在岗位，等到了休息时间才外出寻找儿子。在场的人无不因李鸣生的话而动容。这引起了“航天七部曲”与听众之间极大的情感共鸣，在一定程度上达到了良好的图书宣传效果。

作品研讨会：2016年1月8日上午，作为新华文轩出版传媒股份有限公司2016年北京图书订货会的重要活动之一，天地出版社出版的李鸣生“航天七部曲”作品研讨会在中国作家协会举行。

中国作协副主席何建明，中国工程院院士、“神舟五号”飞船总设计师戚发轫，以及四川省委宣传部、四川省新闻出版广电局、新华文轩领导和著名作家、评论家等30余位嘉宾出席研讨会。与会嘉宾对李鸣生“航天七部曲”的文学性、思想性、艺术性、出版价值及现实意义进行了深入研讨。

会上，何建民说道，李鸣生在航天题材方面真的是一个老兵，他把自己对航天的深入思考和很多他采访到的事迹都写进作品中。他的写作范围很广，不仅写科学家、写将军，还写普通士兵，甚至包括很多航天科技工作者及他们的家属。

84岁高龄的著名评论家、作家阎纲先生也亲临会场，直吐真言。他说：“李鸣生成就了史诗型的航天大书，为中国文学立了大功。在‘航天七部曲’里不仅能读出科技，而且能读出军事、经济、政治、外交、历史、哲学，读出智能的警示和人文的温馨，更能读出报告文学真的信赖、美的感染，一扫报告文学写作中封神榜、流水账、进庙只管磕头、拾到篮篮都是菜的鄙俗。”

会后，多家权威报社就作家李鸣生的“航天七部曲”发表了评论性文章。

1月20日，新华社发表了一篇名为“长篇纪实文学‘航天七部曲’献礼中国航天诞辰60周年”的文章。

1月22日，《人民日报》发表了著名评论家、作家阎纲先生的文章《“航天七部曲”之美》。

1月25日，《光明日报》发表了鲁迅文学奖报告文学奖评委丁晓原先生的文章《中国航天伟业的文学通史——读李鸣生“航天七部曲”》。

2月6日，《解放军报》发表了著名评论家傅强先生的文章《高蹈的精神与思辨的力量——李鸣生“航天七部曲”的写作伦理》。

3月18日，《文学报》发表了著名评论家、作家阎纲先生的文章《美哉，李鸣生！——航天七部曲的随想》。

新书发布会：2016年4月7日，天地出版社微信公众号“天地出版社爱阅团”发布了新书发布会的情况介绍文章。文章中写道，由中共四川省委宣传部、四川省新闻出版广电局、四川省作家协会主办，新华文轩出版传媒股份有限公司、天地出版社承办的李鸣生“航天七部曲”新书发布会在新华国际酒店举行。出席会议的有中共四川省委宣传部、四川省新闻出版广电局、四川省作家协会、四川新华发行集团有限公司、新华文轩出版传媒股份有限公司等单位相关同志，以及来自文学界、评论界、西昌卫星发射基地的专家。

四川作协主席阿来，副主席傅恒，成都军区影视中心主任舒崇福，四川省作家、评论家谭楷到场。阿来发表了深刻的评论。

发布会上，天地出版社向四川省图书馆、成都市图书馆、青羊区图书馆以及四川大学图书馆赠书。

二、作者品牌营销与重要节点营销相结合

李鸣生作为一个三次获得国家“五个一工程奖”与三届“鲁迅文学奖”的成熟作者，身后聚集的航天纪实文学读物的爱好者、优秀作家、评论家资源都极为丰富。这极大帮助了“航天七部曲”在市场上树立形象，也更利于天地社用作者品牌来进行图书的营销宣传工作。同时，天地社注意把握市场长远动向，在策划新书营销的过程中抢抓重要时间节点的时效性，从而更好地抢占市场，实现图书社会效益与经济效益的同步增长。

在首个“中国航天日”当天，李鸣生在微博上发表了一篇名为“李鸣生：中国第一颗人造卫星上天记”的文章。文章节选自李鸣生“航天七部

曲”之《走出地球村》(天地出版社出版)。该文章在微博上引起了网友的热烈讨论与转发。作家李鸣生也积极地同网友互动。

2016 年 4 月 24 日，天地出版社微信公众号“天地出版社爱阅团”发表了作家李鸣生“航天七部曲”之《走出地球村》的节选文章，并利用当当网的购书平台开展图书销售活动。

2016 年 6 月 25 日，“长征七号”运载火箭首飞成功。作家李鸣生在微博上转载了《神剑》杂志 2016 年第 2 期《评李鸣生“航天七部曲”》的文章，并表达自己对“长征七号”运载火箭首飞成功的喜悦之情。

2016 年 7 月 31 日，作家李鸣生在微博上分享了电视专题片：《李鸣生：天地情怀写沧桑》，引起了平台上网友的热烈转发与评论。

2016 年 10 月 17 日，“神舟十一号”载人飞船发射成功。作家李鸣生转载了《神剑》杂志 2016 年第 2 期《评李鸣生“航天七部曲”》的文章，并表达了自己对“神舟十一号”载人飞船发射成功的喜悦之情。

2016 年 10 月 25 日，作家李鸣生开始在微博开展《走出地球村》的连载活动。天地出版社及时响应并转发连载文章。该连载活动于 2016 年 12 月 4 日结束。

在李鸣生为“航天七部曲”积极宣传期间，他的作家好友积极为他转发、评论、宣传，这极大地扩大了“航天七部曲”的潜在读者范围。

点评

紧扣作品特色，借力作者影响，综合新旧手段，围绕核心亮点，整合营销方法。多种营销手段的综合使用，将常规营销与新媒体营销相结合、重点营销与作者品牌营销互为补充，创新营销方法，使得“航天七部曲”的营销热度持续了很长时间，在媒体和读者群中掀起了宣传和阅读的热潮，该作品多次被政府相关部门推荐为“优秀”图书。可见，主题出版物的出版传播，除了作品本身的高品质外，借助优秀作者的品牌资源，开展多样化的营销宣传依然重要。“航天七部曲”影响力营销，为其他主题出版物的出版传播提供了参考。

思考题

1. 除了一般的微博、微信等新媒体营销方式，我们还能想到其他什么新媒体营销方式来对主题出版物进行宣传?

2. 天地出版社关于“航天七部曲”的营销方式给了我们什么样的营销启示?

3. 主题出版物怎么才能做成社会效益与经济效益俱佳的“双效”出版物?

如何通过精致营销促成高码洋图书的销售

——以少儿类图书“中国少儿必读金典”系列丛书为例

关键词：同质化、高码洋图书、多元化渠道营销

个案陈述

当前图书市场竞争激烈，尤其对于少儿类图书而言，形势更加严峻。在这种情况下，图书的生产与销售周期被不断压缩，如果一本书在短时间内不能引爆市场销售的话，那它最终面临的命运将是下架。因此，图书在面世之初能否很好地与读者见面，至关重要。

2013 年 6 月，由北京华夏盛轩图书有限公司（现天地出版社）出版的“中国少儿必读金典”系列丛书（全套 30 本）一经推出，便引爆销售。

截至 2015 年 12 月，销售码洋突破 1 亿元。

取得这一成绩的原因除了其定位明确，图书填补了市场空白外，更重要的是华夏盛轩与书店紧密合作，在各大中型门店争取到了在少儿区全品种专台陈列的有利位置。这使得读者很快接触到该书，直接催生购买需求。华夏盛轩在后续的跟踪维护上也下了不小的功夫，在六一、暑假等促销节点上不遗余力地进行宣传。其与书店对接和对图书宣传的精心细致营销经验，值得业界学习借鉴。

一、定位明确，锁定刚需产品和目标人群

儿童科普品种一直是市场销售的热点，其类别却呈现两极分化状态。一类定价较低，但内容与质量并不合格，属于低价倾销模式。另一类则定价高，属于礼品类书籍，内容与形式虽没问题，但普通读者消费起来却有困难。而其中间地带，则属于市场空白。因此华夏盛轩在打造“中国少儿必读金典”系列丛书时以锁定刚需品种，保证高性价比为出发点，严把内容关和品种规模，采用四色印刷，硬壳精装，20 个印张，而定价仅为 39.8

元，极具市场竞争力，以此填补这块中间空白区。

同时华夏盛轩对于“中国少儿必读金典”系列丛书的定位也非常明确——针对学前儿童和中小学生打造经典读物。全套书共30个品种，涵盖科普、国学、励志、故事等七大类别。“这一套书在选题、包装、设计、内容方面都极具特色，性价比高，而且满足了读者的刚性需求。”华夏盛轩总经理助理兼营销中心经理侯志刚介绍道。

二、精准营销，孵化渠道经验

然而在少儿图书同质化严重的今日，相关题材图书早已充斥了整个市场。“这是我们面临的最大挑战，如果这套图书不能很好地与读者见面，那么后续销售基本无望。”侯志刚如是说。

因此华夏盛轩在制定这套图书的销售策略时，将图书陈列作为重点，并提出了5点要求：力争各大中型门店在少儿区进行全品种专台陈列；保障卖场的重点陈列位置和在架周期；长期结合终端卖场既有活动进行推广销售；在所有陈列专台或卖场活动中投放产品海报以及营销物料；强化添配跟踪，保证产品生命周期。这5大策略的核心，就是把握书店黄金陈列资源，做到陈列铺货一步到位，并通过高强度在架维护做到产品销售最大化。这实际上很考验发行和营销人员的沟通能力和业务能力，推广难度也很大。

为此华夏盛轩采取了两步走的策略，力图将这项工作做实。

第一，首先前期营销到位。在图书发行前的一个月，华夏盛轩就已经通过发行渠道将产品信息资料、样书发送到书店的采购人员手中。侯志刚表示，“我们的资料是非常全面的，包括文字介绍、实物样书、配套海报以及活动方案等。应该说书店拿到这份资料后，都能充分感受到这套图书的分量和销售前景”。

第二，抓好孵化渠道销售经验的一切机会。利用成功渠道的数据与经验去孵化复制到其他渠道，做到图书全品专台上架。侯志刚以西单图书大厦营销为例，加以解释。西单图书大厦作为全国实体书店销售的风向标，对图书销售能够起到很强的带动作用，故其货架与位置资源也相当珍贵。当华夏盛轩与西单图书大厦就这套书进行对接的时候，西单图书大厦方面虽然肯定了这套书的定位与内容，但是对此类同质化产品的销售依然存疑。后来经过协商，西单图书大厦愿意为这套书提供专台展示销售，但出于效益的考虑，要求该专台月销售码洋必须保证在 2 万元以上，如未完成指标则由出版方补足差额。由于华夏盛轩对这套书很有信心，便立即答应这一要求。结果这套图书在该专台销售的第一个月便获得了 13 万元码洋，打破了西单图书大厦以往的专台单月销售记录。之后西单图书大厦还在少儿类图书的显要位置为其专门设立了 3 个码堆，陈列该套书的畅销品种。之后华夏盛轩就拿着西单图书大厦的销售数据与展示图片向其他较难攻克的 KA（Key Account）级门店进行展示，进行经验介绍和案例孵化，并顺利获得多数门店的支持。

“对于专台陈列和黄金位置码堆推荐，并不是所有的 KA 级门店都如西单图书大厦这样对我们有保底销售要求，很多书店会参考其他书店的销售数据做判断，这也是我们成功采取以点带面、孵化复制渠道的一个原因。”

受到产品类型和读者对象的限制，这套书的一些创新营销和差异化营销手段并不好落地，而且和青春文学类图书不同，没有特殊资源可以用来做活动和推广。所以它更多依靠的还是卖场的资源配置，如果卖场资源能够得到充分释放，销售也是水到渠成的事情。因此，“中国少儿必读金典”在推广上设立了卖场陈列奖励方案和年度渠道销售激励方案，鼓励书店方对图书进行重点陈列推广。

三、脚踏实地，重在落地服务极致化

依托发行部门强大的落地服务支持，新华文轩中盘事业部对全国 5 个发行大区、24 个省市的客户、门店进行重点销售服务和大数据监控。中盘事业部的销售经理保证每周不少于 2 次的门店巡访，检查图书陈列位置是否到位，上架品种是否齐全，是否有缺货现象，查缺补漏。同时与门店销

售人员进行沟通，让他们更好地为读者进行推荐。

四、把握住重要销售节点，做好渠道营销推广工作

华夏盛轩将这套书的重点销售节点确定为3个：寒假、六一、暑假。对于这3个重要营销节点，华夏盛轩提供了大量的物料支持，如海报、灯箱、手提袋等。如在手提袋方面，近3年的时间里，华夏盛轩就提供了10万只左右。同时对于书店的打折促销活动，华夏盛轩也是全力配合。物料与活动支持，使得不少书店在举办促销活动时都将这套书放在名单内，进一步提升了图书的销量。

侯志刚觉得这套书很大程度上在渠道营销推广工作中将图书发行的基础工作做到了极致，这也是图书获得好口碑和好业绩的一个重要原因。

这里他举了两个例子：第一个例子就是某位中盘事业部的销售经理在上市之初给一个门店推销该套图书时进展颇为不顺，最后她使出浑身解数才使得该书店采购了2套图书。之后这位销售经理在周末的时候自己掏腰包购买了一定数量的图书，上班后联系该书店的采购，告知他这套图书在周末几天的时间就有不错的动销。采购人员看到数据后，觉得销售经理的推荐不错，立马又备货5套图书，销售经理也随时跟踪，保证图书摆放的位置，图书销量也是一路提升。之后该书店不断加大进货数量，销售局面一下子便被打开。

第二个例子是一位销售经理在向省店采购介绍该套书时，采购表示不愿意采进。不过他并没放弃，反而从门店入手，利用门店的订单数据反向去影响省店采购。该省店最初只是做了部分品种的采购，门店到货后通过一段时间的实销反馈，采购开始追加品种到全品类采购，再到单次最高采购量600套，实现质的飞跃。

“说白了这都是很小、很基础的营销技巧和业务必备能力，但并不是所有发行人员都能做到。如果书店不采购，我们的发行也不会强求；再或者书店采购了一定数量图书，发行人员完成发行动作便不再跟踪，那么这套产品远不会有今天的销售规模和市场口碑。所以我觉得这套书最大的成

功就是没有纠缠在设计和摆弄花样的营销方式，而是将最基础的发行工作做到了极致。”侯志刚说。

五、迭代升级，内容为王，新版目标发力民营渠道

2016年初，华夏盛轩将“中国少儿必读金典”系列丛书重新升级为“中国少儿必读金典（全优新版）”。升级版的图书除了在内容上更加翔实外，其内文用纸、设计装帧也得到进一步提升，而价格还是维持39.8元的高性价比不变。侯志刚觉得套系产品要想维持好的销售态势和生命周期，需要适时更新升级，尤其是对于这样一套内容有些同质化的图书来说。“我们在之前的销售过程中，也会检测那些种类动销状态不佳，分析原因，之后对其进行品种更替或者新增项目，保持套系中有新鲜血液注入。”

侯志刚觉得现在实体书店对于出版社的营销要求也在发生变化：“之前在图书征订过程中，他们只关心相关的图书信息，但是现在他们更注重的是一本图书上市之初会配套哪些营销资源。这对我们来说是一个信号，如何提供更具有体验性和差异性的营销资源，是我们下一步需要考虑的重点。”

对于书店黄金位置资源配置的问题，侯志刚觉得最终的决定因素还是在于图书的质量：“如果一本书质量不行，即使获得再好的位置读者也不会买账。”不过他还是认为出版机构在此发挥的作用依然很大：“如果你对你自己的图书有信心，那就应该努力争取。”

对于这套图书的推广，侯志刚还是比较满意的，不过让他遗憾的是在民营渠道方面发力并不够。事实上这套书在网络渠道还有商超等特殊渠道，都取得了不错的销量。因此在升级版出版之际，华夏盛轩也会加大在民营渠道方面的力度，刷新之前所创造的纪录。

点评

将最基础的工作做到极致，是营销最简单，也是最有成效的方式。对

于同质化少儿类图书产品，在内容上无法打造新奇的卖点，同时由于产品类型和读者对象的限制，一些创新化和差异化的营销手段无法落地。如何在继承传统营销手段的同时，创新营销方法，成为企业和营销人员必须思考的问题。将基础工作做到极致，发行人员采用最基础的营销技巧，稳扎稳打，使得“中国少儿必读金典”系列图书获得成功，令人深思。

营销推广独具匠心。案例中的营销人员在营销方面也表现出了与众不同之处。例如孵化渠道销售经验，以点带面，以此获得多数书店的专台陈列和黄金位置码堆推荐；做好图书上市之初配套资源的供给，适时维持好的销售态势和生命周期，保持套系图书中新鲜血液注入，是实体书店营销中的重要一节，值得学习。

总之，要想打造高码洋图书，在同质化图书中脱颖而出，保证高品质的图书内容是基础，内容为王，质量第一。在保证图书质量的前提下，构建多元化营销渠道，实施创新营销和差异化营销手段，方能在市场中获得成功。

思考题

1. 出版物渠道推广的时间节点是什么意思？不同类别的出版物在时间节点的渠道推广上有何差异？举例说明。

2. 请找出3个高码洋图书销售的案例，谈谈其在营销方面的经验。

3. 结合案例，谈谈作为一名图书销售人员应该具备哪些职业品质和销售技能。

如何开展渠道营销

——以《中国文学史》为例

关键词：编发融合、渠道营销、差异化产品设计、用户细分

个案陈述

2014 年，华夏盛轩（现天地出版社）副总经理张万文联系钱穆先生的学生叶龙，表示对其整理记录的有关钱穆先生60 年来讲述中国文学史的珍藏笔记很感兴趣。双方见面后一拍即合，很快张万文便拿到了具有很高学术价值与历史价值的《中国文学史》书稿。

除此之外，为了使图书营销取得最大效益，这本由天地出版社出版的《中国文学史》根据不同营销渠道的渠道特点设计了 3 个不同的版本。2015 年 6 月 25 日，罗辑思维定制版《中国文学史》上线罗辑思维微信商城，首批供货 3 万册，不到 24 小时，图书销量就突破了 1 万册。

2016 年 3 月，当当版的《中国文学史》上线，首批供货为 5000 册。

当当上市一周后，大众版开始大面积铺货，上市第一周就打入了当当新书销售榜的第 2 名，之后便维持在总榜 20—30 名左右，第一个月销量就接近 2 万册，而当当定制版也很快实现加印。

一、发掘优质内容资源，深度打磨内容优势

2014 年，华夏盛轩（现天地出版社）副总经理张万文得知，《深圳商报》正在连载一部大作。钱穆先生的学生叶龙将自己珍藏了 60 年的笔记整理成集，里面记录了钱穆先生所讲述的中国文学史，这部作品具有很高的学术价值与历史价值。张万文随即联系叶龙，双方见面后一拍即合，很快他便拿到了《中国文学史》的书稿。此后，天地出版社的编辑部就开始了紧张的编辑工作。因为书稿是由演讲稿整理而成，有很多口语化和表述模糊的地方。对此，天地出版社聘请了很多专家学者指导把关，让图书不仅

保留了钱穆先生的学术精髓，也能满足读者的阅读需求。

张万文说：“这本书有两大卖点，首先是稀缺性。钱穆先生虽以史学见长，但是在他留下的1700万字的著作中，没有一部是讲述中国文学史的，这本书则弥补了这个遗憾；而且钱穆在讲课的过程中有很多即兴发挥，把他当时的境遇与心情投射到了讲课中，所以这是一本很有情怀的文学史。其次是这本书的传奇性。”为什么尘封60年后才出版，这其中有一个长长的故事。张万文觉得，如果还是按照旧的套路去推广这本书的话，会埋没这两个卖点。因此他想借助新崛起的社群电商代表——罗辑思维的帮助，借助罗振宇的口，把这个稀缺的传奇故事讲出去，凭借其庞大的粉丝量以及罗振宇的影响力，为《中国文学史》开一个好头。

二、根据渠道特征进行差异化产品设计，促进产品策划与渠道营销深度融合

1. 罗辑思维版

2015年5月，张万文见到了罗振宇，向他介绍了《中国文学史》这本书的情况与特点。罗振宇对这本书非常感兴趣，立刻决定合作，设计罗辑思维版的《中国文学史》，首批供货3万册。罗辑思维版《中国文学史》特点鲜明，其封面参考了钱穆先生之前的著作《国史大纲》，朴素但有气势，颇有民国风格。内文用纸为80克纯质纸，开本采用罗辑思维独家的尺寸——147 mm×230 mm。“由于面向的是罗辑思维的用户，所以这本书并不需要过度包装。”张万文表示。

大众版尚未上市，面向部分受众的定制版先行推出，这同以往图书推广相比，显得有些另类而大胆。张万文却认为这是大势所趋，他觉得当前图书分销呈现多元化趋势，不同的渠道所呈现的特点也不同，如果还像以往采取“一个版本走天下”套路的话，不仅浪费了相关资源，所取得效果也是有限的。“倒不如根据不同渠道的特点，采取不同的编发形式。”

度过了语音推送购买的高峰期后，图书的销量便逐步过渡至平稳阶段。3个月后，首批图书已销售一空。之后罗辑思维又为此书举办一个告

别活动，天地出版社又为《中国文学史》设计了一个告别版本：原书之外，还加上了一个特别版的罗辑思维定制笔记本，名曰《文学笔记》，内页有 4 幅大师手迹，扉页上则印有“慎独”两字。这又促成了一个销售高峰，而后天地出版社根据订单量，又印制了近 2 万册图书，做到了零库存。

“我们与罗辑思维的合作获得名利双丰收，尤其为后续的推广开了一个好头。”张万文觉得与罗辑思维的合作非常有默契，“合作形式灵活，没有退货压力。同时账期也很短，罗振宇甚至表示如果有需要，日结也没问题”。

2. 当当版

经过与罗辑思维的合作之后，《中国文学史》打开了知名度，也吸引了不少电商的关注。一些图书电商的重点产品推广部表示希望能够推出自己的专属版《中国文学史》。最后，天地出版社选择与当当合作，推出了《中国文学史》第二个版本——当当定制版。“当当希望使用罗辑思维的设计版本，被我们拒绝了，改为沿用罗辑思维的设计，更换颜色，并去掉相关 Logo”，张万文补充道。

在张万文看来，当当版的《中国文学史》战略意义要更大一些，“当当定制版首批供货为 5000 册，远远少于罗辑思维的供货量，不过我们看中的是与渠道伙伴的合作关系。推出这个版本，当当给予了很多宣传资源，这是很难得的”。

3. 大众版

对于当当提出的更多折扣的要求，天地出版社拒绝了。因为这会影响第三个版本，也是张万文最看重的版本——大众版的上市推广。

“这是我们赖以生存的版本，也是我们最看重、投入精力最多的版本。”为了与之前的定制版有所区别，大众版不仅更换了封面，还使用了新的书号。有了罗辑思维销售的基础，还有了罗振宇的推荐语，张万文及其团队在设计大众版《中国文学史》的推广方案时有了更多的底气。

不过张万文还是想设计出符合自身定位的方案来：“罗振宇的微信其实都是自己的粉丝，他只需营造出一个富有情怀的氛围，粉丝就会埋单。

但是我们不一样，面对的读者是分散的，如何打造出强有力的宣传组合拳，是我们考虑的重点。”最后张万文及其团队决定在大众版推广过程中弱化情怀的部分，强调这个版本的稀缺性，来引爆销售。首先，在封面设计上，大众版的《中国文学史》以黑色为基调，并选用了钱穆先生的头像作为封面。钱穆先生照片的清晰度不够，天地出版社聘请专业人员，对照片进行绘制；腰封采用银卡设计，宣传语为“钱穆唯一文学史讲义，尘封60载首度出版”，突出了该版本的稀缺性。而在定价上，大众版为45元，比罗辑思维版定价要低，与当当定制版定价相同。在媒体宣传上，天地出版社精心准备了两篇文章。一篇突出该书的稀缺性；另一篇则重点讲述这本书面世之后所获得的专家评论。很快这两篇文章被大量转载，引发社会关注，形成了饥饿营销的态势。

三、处理好不同渠道之间的营销节奏与协同效应

当当上市一周后，大众版开始大面积铺货，上市第一周就打入了当当新书销售榜的第2名，之后便维持在总榜20—30名左右，第一个月销量就接近2万册，而当当定制版也很快实现加印。

三种营销渠道层层递进，协同作战。面向部分受众的定制版先行推出，在罗辑思维微信商城上线。以情怀为卖点，借助罗振宇的粉丝号召力，使《中国文学史》打开市场，不仅吸引了一部分读者，更重要的是引起了不少电商的注意。一些图书电商纷纷伸出橄榄枝，最终促成了天地出版社与当当网的合作。在第二阶段的合作中，凭借当当网强大的宣传资源，《中国文学史》进一步开拓读者市场。在此过程中，天地出版社拒绝当当网的折扣要求，为大众版的上市保持了良好的营销节奏，不急功近利，稳扎稳打。利用前两个阶段积累的知名度，顺利地将张万文最看重的大众版紧随当当版推向市场，并获得成功。这一成功也对当当版产生了影响，促使当当版实现加印。在整个过程中，天地出版社牢牢把握不同出版渠道之间的营销节奏，三种渠道协调发展，最终取得了1+1+1>3的效果。

四、线下推广配合线上营销，延长社会关注周期

《中国文学史》当时因为罗辑思维独家售卖近 5 万册之后，影响非常大，渠道对此书期望很高，期待做线下活动的呼声也很高。为此，天地出版社有选择、有针对性地策划了三场不同的活动：在北、上、广三个一线城市分别针对不同的人群，组织线下活动。

在北京，主要是看中其学术资源，所以采用研讨会的形式，请专家学者来做研究讨论。以“我们需要读什么样的文学史”为主题的活动在现代文学馆举行，邀请到了陈平原、马勇、解玺璋、杨早等学者，由北京阅读季联合主办，各大媒体跟进，媒体效果迅速向全国辐射开来。

在上海，天地出版社选择在上海福州路书城跟读者见面交流。设计的主题是“《中国文学史》背后的故事”，着重对现场读者讲述这本书的传奇性，并请了复旦大学的骆玉明教授来做学术点评发言，现场气氛和活动效果非常好。

在广州举办的活动原计划是定在中山大学的校园，最后改成珠海最大的民营书店阅潮书店。虽然现场效果也不错，但是距离我们进校园、和学生近距离接触、共同讨论今天的大学生需要读什么样的文学史的预期存在差距，不免留下了些许遗憾。

虽然在本次推广中，张万文对于文本的打磨与形态呈现都比较满意，但他还觉得有些遗憾，那就是对有些细分领域的推广并不深入，比如进大学校园就没有找到更好的方法。另外，张万文还觉得他们对于电视媒体的开发还远远不够，虽然电视台近几年资源分流严重，但还属于强势媒体。如果能够通过它们的力量，让书的宣传飞入寻常百姓家，那会取得更好的效果。

“其实产品推广没有天花板，作为出版方对于相关图书信息可能会更关注一些，但是对于普通读者来说情况就有所不同。我一直在想，我们的推广活动如何能影响到足够多的人，使他们对这本书有了解，并愿意买回去阅读。”

点评

立足不同渠道特征进行差异化产品设计，将产品策划与渠道营销深度融合。随着图书销售渠道的多元化发展，图书的出版营销也在发生着深刻的变化——从以前的编发分离到现在的编发深度融合。根据渠道特征进行差异化的产品设计、实施产品策划与渠道营销的深度融合，以及处理好不同渠道之间的营销节奏与协同效应，成为图书营销能否取得最大效益的影响因素。

“每一本书在推广之前都是原生态，你不为它整合资源，它就有可能被浪费掉。”正如张万文在总结《中国文学史》一书的推广经验时这样说道。在这样一个信息爆炸、多媒体融合的时代，等读者来主动发现是不行的，还得帮助读者去发现。作为一家出版机构，天地出版社去宣传这样一本带有传奇色彩的书，力量是有限的，而且读者也有可能不认可。但是该社另辟蹊径，通过罗辑思维的传播，放大了《中国文学史》的传奇色彩，使这本书被更多人所熟知，提高了知名度，从而打开了销售市场。编发融合，根据渠道特点进行差异化产品设计，值得参考。

把握营销节奏，处理好多手段协同，做到线上线下密切配合，营销活动层层推进。总而言之，“推广经验总结起来有两点，一是根据渠道特点，设计出符合其定位的方案。另外，掌握整体推进节奏，每一步都要走得很扎实”。

思考题

1. 渠道营销模式适合所有种类的出版物营销吗？请说明理由。

2. 社群、电商等线上发行渠道的营销会对线下出版物推广销售产生什么影响？是利大于弊还是弊大于利？请结合某一具体出版物举例说明。

3. 查找梳理更多的有关编发融合和渠道营销的出版物营销案例，总结这种营销模式的特点、构成要素、优势及其存在的问题。

图书卖场如何开展产品营销

——以“文轩姐姐讲故事”为例

关键词：阅读品牌、儿童阅读、阅读推广

个案陈述

儿童与学生群体的阅读刚需，一直是新华文轩出版人关注的重点。2007 年，新华文轩零售部开始打造“文轩姐姐讲故事”活动，主打少儿与教育类产品的营销推广。

2015 年 7 月以来，开展“文轩姐姐讲故事”的实体店已经增加到 36 家书城及中小门店，每周六下午 2：00 同时进行，为时两小时，以讲绘本故事为主，并不断拓展其活动形态，担任“文轩姐姐”这一角色的员工达 114 人。为增强其品牌识别度，新华文轩会为其统一制定活动主题及推荐内容，“文轩姐姐讲故事”这一品牌就此建构起来。

据统计，从 2015 年 7 月中旬到 2017 年 10 月初，“文轩姐姐讲故事”共计开展 115 期 2990 场活动，近 9 万人次参与。单从 2016 年全年统计数据来看，“文轩姐姐讲故事”就开展了 53 期 1587 场活动，参与人数接近 2 万人次，参与者转化率为 17%，积累客户数量超过 3000 人；6 家参与此项活动的出版社销售码洋比 2015 年销售码洋增长 330%。

2016 年，“文轩姐姐讲故事”项目获得 2015 年度全国书业“十大营销金案”荣誉称号。

“文轩姐姐讲故事”这一品牌并非单纯的现场活动，而是有意识地围绕目标受众群，聚焦儿童、家长、家庭三个用户维度，遵循低龄阅读人群习惯，为其定制符合其接受兴趣的阅读推广活动。

一、策划源起

消费渠道的转移和阅读方式的升级，使传统实体书店面临极大困境，经营者不得不改变原有的思路，由传统卖场经营向目标用户群过渡，以定制化、品牌化的文化服务为龙头，完成文化空间的转型。这也是新华文轩零售市场部策划“文轩姐姐讲故事”的初衷。

经过长期的市场调查发现，传统地面卖场中以 3—12 岁的儿童及家长到店意愿最强、滞留时间最长。由此，2007 年，文轩零售部策划推广了“文轩姐姐讲故事”的活动。

其品牌客户群定位就是 3—12 岁的儿童及其家长，通过为其提供集娱乐与教育为一体的讲故事活动，打造健康、益智、积极、快乐的阅读推广服务产品，建构具有品牌忠诚度和使用黏性的用户群，盘活文轩实体店的优质资源。

二、“文轩姐姐讲故事”品牌设计

简言之，品牌是会给拥有者带来溢价、产生增值的一种无形资产，其载体是极具辨识度的产品或服务名称、术语、象征、记号、设计及其组合，即消费者愿意为其付出更高价值的部分。

1. 品牌目标

“文轩姐姐讲故事”品牌建构的目标，在于从下游向上拓展其产业链价值，即通过链接上游出版资源，实现与国内优秀出版机构的合作，这样一来，不仅可以向客户群推荐优秀的少儿读物与相关产品，还可以提高读者的到店意愿及购买意愿，实现上下游环节的双赢。同时，通过此品牌，增强用户的参与热情，提高品牌美誉度和忠诚度，实现文轩零售从产品经营向用户经营转型，提升文化服务附加值。

2. 活动品牌策划

“文轩姐姐讲故事”以实体书店的人际互动为载体，但并不局限于活动本身，而是借助新型社交工具，将其延伸到线上，是全方位立体式的品牌设计。

其一，调整经营理念和方式。从思想意识上改变管理层和员工的传统观念，深挖目标受众需求，将图书销售场所打造成互动式、体验型阅读的文化场所。

其二，调动员工积极性，加大“文轩姐姐”队伍的专业培训工作。公司每年组织两次对“文轩姐姐”的才艺及导读绘本能力的培训，现在已经有40名“文轩姐姐”获得了有关机构认证的“导读师资格证书”。培训提高了“文轩姐姐”对这个品牌的认同度、工作热情与积极性，有的甚至已经拥有了自己的个人粉丝。读者对新华文轩的品牌认可程度提升。

其三，针对不同用户群，开展定制活动。由于拥有“文化”这张特别的品牌名片，文轩零售很容易获得相关机构和人群的定制服务信任，“别人搭台我唱戏”，为品牌良性成长提供了源源不断的“活水”：与合作机构开展公益活动，例如作家进社区、广场朗诵、残疾儿童读书会等（目前合作机构已有志愿者协会、图书馆、学校、工会和区团委5家）；线上开展主持培训、阅读推荐和亲子家教等活动，以提高吸引力；在群员中招募志愿者，邀请志愿者参与服务群的管理工作，并邀请相关专家或有经验的“文轩姐姐”对志愿者进行培训，调动参与者的积极性；提供业务咨询服务、便捷的微信订书及送书上门服务，让群员产生优越感；定时开展朋友圈互动赠礼活动，吸引群员关注，回馈读者朋友。

三、品牌活动的效果

上述措施并举，“文轩姐姐”这一品牌活动取得了良好效果。

首先，品牌活动有效增强了用户认同度，用户到店率和销售额都有明显上升。更重要的是，用户意见是实体店获得用户信息反馈的重要资源。活动中，消费者会在交流中为实体书店的营销分类、产品陈列等提出宝贵意见，目前新华文轩少儿类图书的营销分类陈列试点，有很大一部分是按客户需求展开的。

其次，品牌活动有效提升了经营效益。品牌价值的彰显，会增强用户的参与意愿，建构于其上的有偿活动，就是知识服务品牌价值的具体体现。还是以龙泉店为例，2017 年暑假，该店推出的“国学好少年”系列现场阅读体验活动，其中有 3 场是通过阅读服务群招募读者的收费活动，平均每次活动都能顺利招募到 20—30 组家庭参与，他们已经意识到品牌活动的价值。“明天出版社沙沙老师故事会”更是招募到了 50 组家庭参加；国际安徒生奖获得者曹文轩主题讲座活动在短短两天内就招募到 24 组家庭，每组参与者收费 188 元。截至 2017 年 8 月，通过卖场外各种形式的故事会活动，龙泉店已经实现近 3 万码洋的图书销售。

再次，品牌活动拉动销售业绩明显。据统计，开展“文轩姐姐讲故事”门店的少儿类图书销售增长幅度是其他相同体量门店的 3 倍，合作出版社的促销品种增幅可达 168%，总体销售量增加 13.4%，可见其品牌活动的实际销售助长力十分可观。

最后，品牌延伸和多元化运作空间大。该品牌既可以向上游延伸，与出版社开展合作，比如已经推出的“阅读推广人”活动，合作出版社达 5 家，编辑与营销团队参与这一活动，反馈效果良好；同时还可以向下游的卖场延伸，推出多元品牌，如已经推出两年的收费职业体验品牌“小小图书管理员”，举办场次超过 50 次，场场爆满；同时，还可横向与其他机构合作，如与学校、福利机构甚至企业开展合作，将阅读推广输出到图书卖场之外，实现文化的普及。

点评

创新卖场经营理念，增强卖场文化服务附加值。新华文轩零售市场部通过打造“文轩姐姐讲故事”品牌活动，链接上游出版资源，加强与国内优秀出版机构的合作，同时链接下游客户资源，向目标客户群推荐优秀少儿读物及相关产品，提高目标客户群的到店率及购买率，提升卖场服务附加值。该活动通过为儿童及家长提供一个听故事、讲故事和才艺展示的平台，初步建立起广泛的品牌知名度和认知度，并致力于长期的品牌美誉度、偏好度的形成与提高，实现从经营产品向经营用户的转型，提升零售卖场文化服务附加值。通过多样化文化活动，传统卖场为客户提供集娱乐、教育为一体的品牌化活动，打造以服务儿童为宗旨的阅读服务产品及阅读服务平台，创造阅读新价值，这既满足了读者及用户对于传统卖场的核心价值需求，同时又使经营者通过各种活动建立和获得品牌资产。

当然，从长远看，“文轩姐姐讲故事”还存在一些可以提升的空间，比如增加专职工作人员、加大营销经费投入、加大品牌宣传力度、建构统一品牌形象、丰富活动形式等。

思考题

1. 结合具体事例说明营销活动怎样提升了出版上游产业链的价值。

2. 对比其他年龄层的读者群，分析儿童阅读推广与阅读品牌之间的相关性。

3. 阅读推广活动对企业产品营销的助推作用如何，能否通过纵向与横向的调查数据说明你的观点。

第四章

版权运营

第一节　知识介绍

一、版权运营的涵义及作用

1. 版权运营的概念

(1) 知识产权与版权

知识产权是自然人、法人或其他组织对其智力创造成果依法享有的专有权利。通过系列制度安排，人们的智力成果得到权利界定并因此而商品化、权利化，人们与其智力成果的关系得以确立。知识产权法是调整因智力创造活动所产生的社会关系的法律规范的总称。人类的智力创新活动除了科技领域的技术创新活动、科技攻关活动，还包括文化艺术领域的作品创作和文化艺术传播活动，经济领域的知识产权股份化、商品化和产权化，以及科技成果、文艺作品和各种商业可视性标志的转让与许可使用等活动。

版权即著作权，是文学、艺术、科学作品的作者对作品依法享有的财产权和人身权的总称。版权是知识产权的一种，它是由自然科学、社会科学以及文学、音乐、戏剧、绘画、雕塑、摄影和电影拍摄等方面的作品组成。著作权由人身权和财产权两部分组成。人身权是作者通过创作而获得的与其人身相关、与财产无关的权利，包括发表权，即决定是否将作品以及采取何种方式公之于众的自主权利；署名权，即决定采取何种方式标明身份的自主权利，作者可以选择署真名或署笔名；修改权，即决定是否修改及如何修改作品的自主权利；保护作品完整权，即保护作品不受随意修改、歪曲的权利。财产权是作者通过原创作品获得经济利益的权利，包括复制权，即通过各种方式产生多份复制产品的权利；发行权，即通过出租、售卖、赠予等方式向他人提供原件或复制件的权利；信息网络传播权，即在网络上进行作品传播的权利；改编权，即对已有作品形式、内容等进行修改的权利；翻译权，即将已有作品用另一种语言进行呈现的权利；汇编权，即将已有作品与其他作品汇集成新作品的权利。

著作权人要通过公开发表才能获得该作品的著作权，即通过一定的手段，使作品处于为多数人知晓的状态。一个作品的著作权人可以不局限于一人。这种情况下，所有作者称为合作作者，在作品不可分割的情况下，所有合作作者共享著作权；若作品可以分割，则作者个人享有本人创作部分的著作权，但不可侵权整体作品的著作权。

互联网迅猛发展，对知识产权体系的冲击越发严重，这种情况下就需要法律来进行规范。保护作者的著作权，协调各利益方关系的法律总称为著作权法。在我国，与著作权保护相关的法律有《中华人民共和国著作权法》《中华人民共和国著作权法实施条例》《信息网络传播权保护条例》《出版管理条例》等。

（2）版权代理与版权运营

版权代理是版权代理人受版权所有人委托，以版权所有人名义，处理、转让或授权使用作品著作权及其相关事务的活动。《中华人民共和国行政许可法》于2004年7月1日正式颁布施行。《行政许可法》规定，我国自然人、法人或其他组织成立涉外著作权代理机构无须经过国家版权局审批，只要办理工商登记注册手续即可营业。自此，境外出版机构、著作权代理机构陆续在我国设立自己的代表机构。部分民营出版公司、版权代理商也开始从事涉外著作权代理中介服务。

版权运营并不是一个严格意义上的学术概念，而是在出版实践中形成的一种约定俗成的认识。版权运营被认为是一种利用产业运营中相关理论、方法和操作手段，把版权作为经营对象，进行带有商业性质、以获取经济利润为目的的商业行为或非商业运作的非营利性行为。

2. 版权运营的作用

版权已经成为出版业发展中的基础性资源。随着社会经济、科学技术的发展，版权运营，特别是全版权运营，在出版活动中的作用更加显著。首先，版权运营可以带来经济收益。出版业作为内容生产业，盈利是其目的之一。通过运营优质版权资源，不断开发核心版权的周边商品，可形成完整的出版产业链，从而获取超额的版权运营收益。其次，通过版权运营，可以整合出版与其他文化产业资源的协同应用，实现各种资源的优势互补，形成规模效应，从而获得更多的社会效益与经济效益。此外，版权运营对于保护著作权人的合法利益，激发著作者的创造性具有极大的保护作用。

二、版权运营经典案例回顾

1. 新经典公司成功引进《窗边的小豆豆》版权：敢于打破常规

新经典文化有限公司成立于2002年，是目前中国知名的民营图书策划和发行机构。新经典在外国文学、华语文学、财经励志、儿童绘本等领域的市场占有率和影响力均居全国前列。尤为值得一提的是，新经典在引进国外版权运营方面非常成功，曾出版加西亚·马尔克斯（Gabriel Garcia Marquez）等欧美三百余位世界一流作家、村上春树等日本近百位一线作家的作品，拥有一大批国际超级畅销书作家的中文简体字独家版权。其中，《窗边的小豆豆》版权的成功引进及运营便是新经典公司的代表作。

《窗边的小豆豆》作者是日本儿童文学作家黑柳彻子。该作品于1981年出版，截至2001年，日文版累计销量达938万册，号称“日本二战以来最畅销的图书”。此后这本书以33种文字版本在全球发行，成为20世纪超有影响的作品之一，在全球引起了极大的反响。教育专家孙云晓曾对这本书做出评价：“《窗边的小豆豆》令人惊讶地证明了童年是永恒的，是超越时空的，是有独特价值的。黑柳彻子对童年的发现与证明，不亚于爱因斯坦发现相对论。”2001年之后，该书的简体中文版也开始在国内出现。遗憾的是，由于受版权问题所限，这本书并没有被国内出版单位正式引进，而是出现了一些盗版书，直到2002年新经典公司成立后，创始人陈明俊经过多方打听，终于知道了这本书的详细信息，便立马拍板引进该书。

《窗边的小豆豆》的版权是属于日本讲谈社，那个时候中日之间的关系还不算缓和，按道理来说在这种情况下，新经典是很难拿到《窗边的小豆豆》的版权。但是时势造英雄，陈明俊认为中日之间几十年的隔阂是因为中日双方对彼此的不了解，他希望通过书籍这种介质，对缓和中日两国的关系起到一点作用。再加上陈明俊大胆启用日本的猿渡静子从事与版权有关的工作，并由她负责《窗边的小豆豆》版权引进工作，同时，又通过版权公司与讲谈社沟通，最终以很低的预付金拿下了该书的版权。

现在，《窗边的小豆豆》在豆瓣上的评分高达9分，在当当网上的评论多达近百万条，已经连续10年稳居开卷少儿畅销书榜TOP5，2005—2010年童书销量第1名。开卷榜单由全国各地书店销售数据综合而成，是出版业界公认的榜单，也是最难买榜刷榜的榜单。据开卷数据显示，截至2017年6月，《窗边的小豆豆》简体中文版发行总量高达10175920册，印次高达143次，成为中国单本销量最大的童书，并且该书在10万名中小学生投票评选的“最受欢迎读物”中领先《哈利·波特》，荣获第1名。这些数据足以说明当时陈明俊引进《窗边的小豆豆》的成功。

2. 二十一世纪出版社“引进来”：创新版权运营模式

二十一世纪出版社成立于1985年2月，前身为江西少年儿童出版社，主要出版青少年图书、杂志以及相关音像电子产品，尤以出版儿童文学、青春文学、卡通动漫和绘本见长。而它还有一个建树是在版权“引进来”方面走在了全国版权运营的前列。以往的版权运营主要有三种方式：第一种是购买版权，然后编辑出版；第二种是直接出口版权；第三种是到国外成立出版机构。二十一世纪出版社的做法不同于以往的版权引进，它是通过在国内策划选题，直接邀请国外优秀作家、漫画家来华，创作带有中国元素的版权作品来实现。

“不一样的卡梅拉”系列图书是由获得过瑞士儿童作品奖的法国作家克利斯提昂·约里波瓦所作。2006年二十一世纪出版社将其从法国引进并出版，在网络上推出之后，稳居当当网童书畅销书排行榜第一位。2008年，二十一世纪出版社花重金，将“不一样的卡梅拉”系列图书的文字作者克里斯提昂·约里波瓦和插图作者艾利施从法国请到中国。这一做法使得“不一样的卡梅拉”系列图书的日销量翻倍增长。之后，二十一世纪出版社在北京国际图书博览会期间举办“不一样的卡梅拉”系列图书突破200万册庆典暨原画展，使得“不一样的卡梅拉”系列图书重新走向国际，并且带动了原创作品的策划出版。

二十一世纪出版社“引进来”的创新模式获得了巨大成功，为更好地“走出去”奠定了良好基础。该社重点推介的原创作品《烟》《夏天》《熊猫的故事》《你是我的妹》《哈哈哈》《恐龙快递》等版权都已经输出到美国、法国、瑞典、新西兰、日本、韩国等国家。①

三、版权运营相关知识与版权运营者的基本素养

1. 版权运营相关知识

(1) 国际著作权保护法

第一个将知识产权列入世界贸易范围的国际条约是《与贸易有关的知识产权协定》，简称“TRIPS协定”。

1992年10月，中国成为《保护文学和艺术作品伯尔尼公约》（简称《伯尔尼公约》）和《世界版权公约》的成员国，以此为标志，我国与世界全面接轨，开始真正意义上的版权贸易工作。

另外，《罗马公约》《唱片公约》《马德里协定》等国际著作权法也是从事与版权相关工作的从业者需要了解的。

(2) 版权经纪人制度

---

① 杨定安. 二十一世纪出版社引进来是为了更好地走出去［N］. 国际出版周报，2017－04－17（010）.

版权经纪人制度已有100多年的历史，最初发源于英国。创始人一般认为是亚历山大·坡洛克·瓦特（Alexander Pollock Watt）。1875年，他在伦敦创办了一个经纪人事务所，立即受到了作者和出版社的欢迎。100年来，作家经纪人已成为英美现代出版生产机制中的重要角色。如今在美国大众图书出版市场，超过90%的书是以作家经纪人作为中介而出版的。

一个健全的出版市场是由作者、编辑、出版社等角色共同组成，不同角色行使不同的职责，版权经纪人在其中扮演着重要角色。版权经纪人又称为出版经纪人或者作家代理人，是受作者委托，代其办理作品版权及其相关出版事宜，并向作者收取中介费用的中介人，是介于作者与出版社、报刊社以及其他媒体之间的所谓“第三实体”。

（3）法兰克福书展

法兰克福书展是世界上规模最大的国际性图书博览会，于1949年由德国书业协会创办，是最负盛名的书展，也是全球最重要的图书贸易活动，被誉为“世界文化风向标”“世界出版人的奥运会”。该书展以促进版权贸易为主要职能，允许世界范围内所有出版公司展出任何图书，为来自世界各国与图书有关的人员提供了一个洽谈版权、图书出版以及展书订书的场所。目前法兰克福书展也是中国出版界对外输出版权的重要媒介。

2. 版权经营者的基本素养

版权经营具有复杂性、跨行业特点，对从业人员的素质要求高。一个成熟的版权经营人才应当具备以下能力：

（1）熟练的语言表达包括外语表达能力。版权经营，特别是国际版权交易，其最终成果大多通过签署书面合作协议的形式进行，协议中关键词句的字斟句酌，将会直接影响到双方的最终利益。如果不懂对方语言，便无法与合作方沟通交流，自然也就谈不上合作了。

（2）丰富的版权法律法规知识。版权经营是一项对从业者法律知识要求极高的工作，它不仅要求从业者熟悉我国版权相关的法律规定，更重要的是还要了解国际著作权保护的相关规定，避免在版权转让和实施中出现问题。

(3) 良好的人际沟通与交流能力。版权经营，从本质上讲就是版权的让渡与转移。无论是国内版权营运，还是国际版权转让，离不开版权交易双方的沟通与交流，甚至在一定意义上讲，版权运营就是交易双方建立起信任从而实现共赢的过程。

(4) 高超的经营管理能力。国际版权经营，对从业人员要求高。熟谙各国间文化差异，洞悉国内外出版热点，知晓全球出版大势，适时把握市场商机是优秀国际版权经营人员必须具备的素质。

参考文献

吴汉东. 知识产权法［M］. 北京：中国政法大学出版社，1999年.

第二节　案例详解及思考

如何借助国家政策开展人物类图书“走出去”

——以《草根总理——莫迪》为例

关键词：出版策划、人物类、走出去

个案陈述

2015年4月，印度总理莫迪访华。四川美术出版社也在2015年初正式出版了《草根总理——莫迪》中文版（*Modi*：*Rise of a New Star*），该书是莫迪总理唯一正式授权在中国出版的个人传记。中文版的出版得到了莫迪总理的高度评价，称其“能帮助亿万中国朋友了解印度正在发生什么。它将成为当代印度的窗口，并有助于增进两国的了解与合作”。

该书作者、印度议会印中友好小组主席塔伦·维杰先生对于本书能够率先在中国出版简体中文版感到十分激动，希望它能为中国读者、中国民众了解印度社会打开一扇友好的大门。

作为中印两国出版界交流合作取得的积极成果，《草根总理——莫迪》（中文版）图书发布会被原国家新闻出版广电总局列为2016年新德里世界书展中国主宾国重点活动，该活动也得到了中国驻印度使馆和印度政府的大力支持。2016年1月9日，《草根总理——莫迪》（中文版）图书发布会在印度国际中心成功举行。原国家新闻出版广电总局副局长孙寿山、中国驻印度大使乐玉成，印度总理办高官、东北地区发展部部长吉坦德拉·辛格、社会公正和赋权部国务部长克里山—帕尔—古尔加尔、德里邦印度人民党主席S. 乌帕迪叶等印度政要，该书作者、印度议会上院联邦院议员、印度议会印中友好小组主席塔伦·维杰先生出席首发式并分别致辞。

在致辞中，孙寿山副局长对《草根总理——莫迪》的出版发行表示祝贺，认为《草根总理——莫迪》中文版图书将有助于中国读者从莫迪先生的个人经历、社会活动、政治生涯诸方面了解其世界观和宏大愿景，进而加深对印度社会与印度文化的了解。孙寿山副局长特别对新华文轩旗下的四川美术出版社与印度东亚基金会合作，共同设立出版机构的工作给予充分肯定。他希望双方以此为契机，推动中印两国出版界进一步合作，挖掘中国文化元素和印度文化资源，出版满足两国读者阅读需求的精品图书，搭建一座真诚沟通两国人民心灵的桥梁。

2014年以来，“一带一路”倡议的提出及相关政策的出台为中国文化产业积极开展“走出去”工作，与“丝绸之路”沿线国家进行交流合作搭建了平台，四川美术出版社紧抓机遇，借助四川大学南亚研究中心的学术资源，利用多年来与印度出版界、学术界及政府部门建立的良好合作关系，以出版为桥梁，以书籍为纽带，开启了与印度文化界出版合作的新篇章，搭建起了一条文化交流的“新丝路”。结合中印两国交往中的热点事件，四川美术出版社积极开展版权合作，借助两本“小书”推动了中国对印外交工作的开展。同时，四川美术出版社积极与巴基斯坦中巴文化交流发展有限公司以及属于巴基斯坦政府国家历史与文学遗产部门的巴基斯坦国家图书基金会展开合作。

在引进适合中国国情、满足中国读者了解印度需要的印度优秀出版物的同时，四川美术出版社通过在印度举办中文版图书首发式、发布图书信息等方式，扩大了中国出版在印度的影响力，并有力地配合了我国外事部门对印度外交工作的开展，得到中国驻印度大使馆、原国家新闻出版广电总局、中宣部等单位领导的肯定，被盛赞为“依靠一本小书打开了对印外交工作的新局面”。

与印度相关的图书出版及宣传推广活动的开展使得四川美术出版社与印度政府部门、出版界、学术界建立了良好的合作关系，更进一步了解和熟悉了印度图书市场，为筹备中的中印合资出版机构在印度的落地积累了丰富的资源，也为四川美术出版社主动“走出去”，向印度读者推荐介绍中国历史文化、人文艺术和发展成就的优秀出版物奠定了良好基础。

目前，四川美术出版社积极与印度东亚基金会在新德里成立的冈仁波齐文化传媒公司展开合作，合作以图书版权贸易与图书实物输出为主，将涉及中印艺术家文化交流、艺术策展，这为中印两国出版界的出版合作和文化交流创造了良好的平台。

同时，四川美术出版社还积极与巴基斯坦中巴文化交流发展有限公司以及巴基斯坦国家图书基金会展开合作，实现该社图书的版权输出，目前正在讨论关于双方在版权贸易方面的进一步合作。

在分析该书“走出去”的可行性时，该社进行了以下几个方面的思考。

一、“走向印度”的必要性

1.“走向印度”的意义

中印同为亚太大国和最大的发展中国家，两国理念相通、资源互补，都面临巨大的发展机遇，具有得天独厚的合作潜力。该项目在国家“一带一路”倡议指引下，可以更好地传播中华优秀文化，打造丝绸之路经济带沿线国家出版合作平台，有效提升中国出版在南亚国家的影响力，促进中印两国民间交流与了解。

“走向印度”的实施将有利于提升我国出版物在印度的市场份额和影响力，有效地推进两国的文化交流，发出中国声音，讲好中国故事，将现代中国形象传递给印度人民，具有十分重要的社会效益和经济效益。

2. 市场价值

印度图书市场发展成熟，为世界第二大英语图书出版国。除英语图书外，印度也是唯一一个出版 20 多种语言图书的国家。出版语种数量之多，读者群体之大，无疑为图书销售提供了保障。近年来，中印两国不断加强双方的合作交流，也促使印度社会各界人士渴望更加直接、清晰地了解中国。在这一背景下，印度图书市场对讲述中国题材的优秀图书的需求量日益增加。而现今的印度图书市场上，优秀的中国题材出版物份额较少，展示了极大的市场潜力，也为项目推行提供了巨大机遇。

二、“走向印度”的可行性

1. 单位优势

2014年以来，借助四川大学南亚与中国西部合作发展研究中心的优质学术资源，四川美术出版社与印度知名政策与学术研究机构——印度东亚基金会建立了密切的合作关系，双方结合中印两国交往中的热点事件，开展版权合作，推动中印民间交流，增进相互了解。在引进印度优秀出版物的同时，四川美术出版社通过在印度举办中文版图书首发式、发布图书信息等方式，扩大中国出版在印度的影响力，有力地配合了我国外事部门对印度外交工作的开展，得到中国驻印度大使馆、原国家新闻出版广电总局、中宣部等单位领导的肯定。

在2014年底，四川美术出版社出版了由印度议会上院议员、印中友好小组主席塔伦·维杰先生撰写的《神山圣湖的召唤》一书。该书成为首部在印度总统府举行新书首发活动的中文图书，引起巨大轰动。印度总统普拉纳布·慕克吉专门为首发式发来书面贺词，称赞该书的出版“将成为加强中印交流的新纽带，有利于增强两国友好关系的民意基础”。

2016年新德里世界书展期间，四川美术出版社与印度东亚基金会联合在印度国际中心隆重举行《草根总理——莫迪》（中文版）图书发布会。该活动邀请了多名印度政要和印度文化界、出版界人士共两百人出席，是此次新德里世界书展中国主宾国重点活动，其受印方重视程度与活动举办规模都是此次书展独一无二的。

上述图书出版及宣传推广活动的开展使得项目执行方与印度政府部门、出版界、学术界建立了良好的合作关系，积累了执行项目需要的人力资源、渠道资源及舆论环境。

2. 实施基础

（1）四川美术出版社作为西南地区唯一一家专业美术出版社，多年来积累了丰富的有关中国优秀传统艺术、民族艺术、现当代艺术发展成就的选题资源和作者资源，能提供符合印度读者需求的中国题材出版物。

（2）项目发起方之一的四川大学南亚研究所拥有众多印度研究方向的专家学者，能提供专业的学术支撑，为合资公司在印的具体运作提供专业建议和指导。

（3）印度东亚基金会作为印度本土知名政策咨询与学术研究机构，熟知当地政策、商业环境和出版物市场的具体需求，能为公司在印度的业务提供合理化建议，保障公司相关工作的顺利开展。

（4）合作方之一——塔伦·维杰先生系印度议会上院议员、印中友好小组主席，印度知名媒体人、作家。其长期以来致力于推动中印两国政府间及民间交流，在印度政府高层及出版界、文化界拥有众多资源。

三、“走向印度”计划的特点及优势分析

1. “走向印度”有效整合出版、文化、艺术等资源，以内容出版带动文化艺术交流，以文化艺术交流推动工艺、美术品贸易。借助出版社的优质内容资源，从在印度出版中国题材优秀出版物入手，扩大在印度文化界、艺术界的影响。以此为契机，组织中印两国杰出艺术家开展交流对话，并提供创作采风、作品结集出版、艺术策展等服务。时机成熟后，以合资公司的名义代理两国艺术品或工艺美术品在对方国家的销售，实现从出版到文化交流再到艺术贸易的一体化运作。

2. “走向印度”集合了企业、高校、政府等多方面资源，可以有效地实现优势互补，充分利用当地政策争取实现利益最大化，并合理规避投资风险。

3. 为使合资公司出版的图书真正符合印度图书市场需求和印度读者阅读口味，“走向印度”项目方将委托印度德里大学从事中国文化研究和汉语教学的学者组织相关人员进行市场调查，出版印度读者真正关注的中国热点题材图书，并在印度本地挑选从事汉语教学的中方教师和进行中国研究的印度本土学者，组建专业翻译队伍。

四、用户市场需求分析

据国际调查公司尼尔森联合印度出版商协会和印度出版商联合会共同发布的《2015年印度出版市场报告》显示：2014年，印度图书市场产值为2610亿卢比（约254.7亿元人民币），以微弱优势超越英国，成为世界第六大出版市场，世界上仅次于美国的第二大英语国家出版市场。印度全国共注册有出版机构达1.9万家，近4年有出版行为（指使用ISBN书号）的印度出版社为9000多家。全年出版各类图书近10万种。新德里和孟买是印度的出版中心。英语图书销售额占整个印度年图书总销售额的55%。从2011年至2014年，印度出版业产值年平均增长率达20.4%。

近年来，中印双方通过高层互访推动文化交流和商贸往来取得了积极进展。但作为“一带一路”区域重点国家，印度对于当代中国发展现状和发展成就的了解还较少，其图书市场关于中国题材的出版物少之又少。印度政府、文化界的诸多有识之士希望借助中印出版界的交流，从中国引进优秀的中国题材出版物，尤其是介绍中国传统文化、反映中国当代经济社会发展成就的出版物，翻译成英语、印地语等印度通用语言，以推动印度读者更加客观、真实地认识、了解中国。

点评

1. 准确把握“一带一路”战略机遇。版权运营，把握机遇、顺势而为是其基本要求。印度作为与我国西南地区接壤的南亚大国，历史上与我国的关系源远流长。借力国家“一带一路”倡议，为中国文化产业“走出去”搭建传播平台，时机的选择很重要，这可以取得事半功倍的效果。

2. 重视版权交流在国家文化交流中的价值意义：基于版权，超越版权。四川美术出版社积极开展版权合作，借助两本“小书”推动了中国对印外交工作的开展，得到国家相关部门、单位领导的肯定，被盛赞为“依靠一本小书打开了对印外交工作的新局面”。可见，版权运营人员要有高度的政治觉悟和外交意识，要看到版权交流在国家文化交流中的重要意义。

3. 审慎选择合作者。合作者若是选择不好，会为失败埋下隐患。四川美术社选择在当地非常具有影响力、有身份的印度议会上院议员，印中友好小组主席，印度知名媒体人、作家塔伦·维杰先生作为合作者是非常明智的。塔伦·维杰先生长期以来致力于推动中印两国政府间及民间交流，在印度政府高层及出版界、文化界拥有众多资源，为此次合作提供了很多便利。

思考题

1.《草根总理——莫迪》一书在版权运营中获得成功的要素有哪些？

2. 在国际关系交往中，图书贸易承担着什么样的使命？

3. 以《草根总统——莫迪》一书的出版为例，说明出版社在图书出版之前应做好哪些方面的准备？

如何开展引进版权图书的判断定位与本土化经营

——以《我是马拉拉》为例

关键词：引进版权、定位、本土化

个案陈述

《我是马拉拉》是由四川人民出版社于2014年10月推出的一本重量级引进版权图书。上架销售两年多以来，取得了较好的经济效益和社会效益，在一定程度上取得了在我国图书市场中往往难以兼顾的“双赢”结果。

本案例展现从图书引进之初的版权洽谈，到中期的编辑加工，以及后期的营销推广的全过程，在此基础上，结合该图书在上市后两年以来平稳运行的情况，就引进版权图书的判断定位与本土化经营问题做一个简要的解析。

一、判断引进版权选题的核心问题

长期以来，我国图书市场的版权引进呈现为明显的贸易逆差，但大量的引进版权图书，在市场上的表现却是良莠不齐，各年的畅销排行榜中，引进版权图书并未取得像在版权贸易领域那样的绝对优势，这说明引进版权图书水土不服的情况是普遍存在的。虽然近年来一些引进版权的畅销书，如《乔布斯传》这样的单品种不时成为当年的超级畅销书，但总体上引进版权图书总会面临更多的不可预估的市场风险。

1. 引进版权图书内容考量的决定因素：选题的唯一性

选题的唯一性是图书策划中编辑一直追求的一个优秀选题的重要因素，这一点并不限于版权图书。从广义的角度来说，这种唯一性应该是能够被大众基本认同的唯一性；从狭义的角度来说，一个选题的唯一性往往需要编辑在日积月累的工作实践中，用锻炼出来的一双火眼金睛来甄别和选择的。

目前国内各大图书代理公司的书讯，对各大出版社基本都是公开发送的，也就是说各大出版社在面临优秀外版图书时——除了少数特例——基本是公平的。能否拿下一个优秀的选题，拼的多是编辑的选题眼光、对选题的理解和认识是否能够赢得版权方的认可，以及出版社层面的总体运营能力。当然，不可否认在大多数情况下，版税亦是版权方考虑的重要因素，但需要强调的是，这绝不是唯一因素。

四川人民出版社在最初获得《我是马拉拉》一书的书讯时，正是《我是马拉拉》一书英文版上市后不久。实际上，此时马拉拉热已经在全球展开，日本版、印度版等已经在各国掀起了销售旋风，但在中国，马拉拉以16岁的年龄获得诺贝尔和平奖的提名，只是一小条新闻报道，绝大多数民众并不了解她的传奇经历。这也就意味着，图书市场对她的自传的认可程度，从发行渠道到读者都可能会有一定的障碍。但是在选题讨论中，不论是从社领导的层面还是策划、编辑的层面都认为，这些后置因素都不能影响其核心内容的唯一性、不可替代性。在剥离政治、宗教这些外部因素后，《我是马拉拉》一书讲述了一个女孩在近距离枪击的情况下奇迹生还，并以她的智慧、勇气站在世界舞台上，为所有受压迫的妇女和儿童发声的故事。其间马拉拉分别获得2013年诺贝尔和平奖提名和2014年的诺贝尔和平奖以及众多其他国际奖项。这些奖项既是对马拉拉人品和事迹的认可，从另一个方面来说，也是马拉拉的故事不可替代的唯一性的体现。

然而，能够满足这种唯一性要求的选题数量是非常少的，并且对这样的选题各出版社之间的竞争也非常激烈，能否顺利敲定版权除了上述的诸多因素外，甚至还会有一些“运气”或者“缘分”因素的影响。那么面对大多数的引进版权选题，策划过程中面对的判断标准有哪些呢？总体来说，大致分为两大板块，一块是内容方面对其思想性和情感性的考量，另一块就是市场评估和成本预估之间的动态平衡，后者将在文中细分讨论。

2. 引进版权图书内容考量的重要因素：思想的独立和情感的共鸣

近十年来，引进版图书的细分门类主要集中在哲学及社会科学，文化、教育、文学、艺术，自然、科学技术类，少儿读物和综合性图书，以2009年的数据为例，各门类占当年引进总量的比例分别为32.64%、25.65%、26.82%、10.39%、5.15%。① 各大门类在引进版权图书中所占份额虽然可能在个别年份受特定因素的影响，但基本构架不会发生重大改变。对一个社科类选题思想内核的判断，是对这个选题进行整体定位的基础工作，如果对这个思想内核判断失误，往往会造成图书品种定位不准确，后期上市后，不能精确锁定读者人群的问题。《我是马拉拉》除去马拉拉本人的传奇经历和耀眼光环，实际上讲述的是一个关于勇气、关于平等和爱的故事。引进版权图书，因为其文化背景、价值观，甚至语言风格和渠道营销天生的缺陷，往往在中国市场都会或多或少地面临水土不服的问题。怎么样解决这些问题，从内容上看，学术类图书自然更偏重于思想性，对于大众图书而言，思想性并不一定像学术书那样具有非常明显的指向，但总结起来，无非是文本核心内容中体现出的世界观和价值判断。比如《我是马拉拉》一书中，一个15岁的小女孩，能够挺身而出，对塔利班分子说“不”，其中蕴含的对恶的抗争，对女童和妇女平权的追求，以及她受伤后整个治疗过程展现出来的毅力和勇气，其实是能体现出这个选题的思想性的——那就是不论是强者还是弱者，不论贫穷还是富裕，不论身处逆境还是顺境，都应该在自己认定的道路上，努力坚持。找准了这样一个思想核心，也就给这个选题一个准确的定位，即正能量、励志。从情感上来说，《我是马拉拉》重点展现出的是她与家人，特别是与父亲之间的亲情。在情感方面，往往最基本的亲情、友情、爱情是非常好的切入点，因为这些感情普遍地存在于每个人、每个家庭之中，比起一些在社科或者文学领域更有看点和更有争议性的情感表达，亲情能非常好地对读者产生移情作用，使其更好地融入文本。而且难能可贵的是，《我是马拉拉》的另一位作者克里斯蒂娜·拉姆是一位非常优秀的战地记者和作家，她强有力的语言能力使整个文本充满了画面感，在让思想和情感产生共鸣的同

① 邓碧玉：《我国图书版权引进研究》，《经营管理者》2012年第5期。

时，增加了全书的可读性，这在引进版权图书中是非常难得的一点。

总结起来，在内容判断上，引进版权的选题在很大层面上与本土选题并无二致，只是策划团队和编辑团队需要有更敏锐的触觉，一层层地剥开引进版权选题在风俗、文化、语言上的障碍，找到选题的唯一性、思想性和情感表达这三者的独特之处，这样，至少在内容方面，一个引进版权的选题才有了立项的一个基础条件。需要说明的是，在判断上文所述的唯一性、思想性和情感因素的时候一方面需要考虑读者市场的判断标准，不能完全以编辑或者某个团队的好恶来进行判断；另一方面一个优秀编辑往往能够独具慧眼，能根据自己的知识储备、业务敏感度来进行更进一步的挖掘，而做到这一步就需要编辑在漫长的职业生涯中不断地累积和提高，远非一朝一夕之功了。

二、引进版权图书的成本预估与市场判断的综合考量

引进版权图书与本土创作的图书相比，普遍存在成本更高，市场判断更不明朗，运作周期更长的问题。这就意味着在进行一个选题的成本预估时，除了直接成本能够较为精确地计算出来，间接成本是比较难以掌控的，而且在一个引进版权选题进入实际操作过程中，间接成本，特别是时间成本可能会因为翻译、协调、外方审读等多个不可控因素而大大增加。所以如何判断引进版权图书的市场价值，确定其预付版税；如何掌控引进版权图书在操作过程中的不可控因素推进选题顺利进行，是体现一个编辑全方位业务能力的重要方面。

以《我是马拉拉》为例，对于这样一个不可多得的内容，当初的版权竞争是相当激烈的。如何预估一个引进版权项目的预付版税、基本成本？首先和整个项目团队对这个选题的市场定位息息相关；其次和当时的出版环境，甚至是与一些随时万变的时政因素相关；最后是与出版社平台对该选题的营销资源配比相关。

1. 明确的市场定位，准确的成本预估

在充分进行选题论证和编辑审稿的基础上，首先要确定的工作就是确

定图书产品的市场定位，确定目标销售人群。《我是马拉拉》一书明确为针对青少年的励志类图书，目标销售人群是15—25岁的青少年、青少年家长和刚刚踏入职场的新人。这部分人群是目前图书市场的主力军，这也就意味着，这比把《我是马拉拉》单纯地定位为一本“反映巴基斯坦民众与塔利班分子进行斗争”的社科或偏时政类图书的目标销售人群要大得多。这让整个项目团队在预付版税的起印数上能够有一个较高的起点。

2. 时势造英雄——市场的即时变化对引进版权选题的影响

图书销售作为一种商业行为，随时受到市场波动的影响。通常来说，某个选题的图书还会受到当年特定的主题、时事热点、纪念活动，或者是一些突发事件的影响，而且这种影响一旦发生，往往是巨大的。一般来说，主题出版物和传记类出版物是受非确定因素影响最大的图书品种。以《我是马拉拉》为例，2014年10月10日，因“为受剥削的儿童及年轻人、为所有孩子的受教育的权利抗争”，马拉拉获得当年的诺贝尔和平奖，同时她也成为有史以来最年轻的诺贝尔和平奖获得者。可以说在奖项被公布之前，没有任何人能够预判到这样一个绝对重量级的奖项会授予时年只有16岁的马拉拉，特别是她在2013年获得了该奖项的提名后，舆论普遍认为这已经是非常高的荣誉了。作为当时最大的一个时政热点，一方面整个项目组立即调整了《我是马拉拉》这个选题的产品等级，所有环节和部门人员立刻到位，进行付印前的准备工作。2014年的10月10日晚，对马拉拉本人，对图书版权方、出版社都是一个不眠之夜。产品等级提升到最高级别，在四川人民出版社已经投得版权的情况下，意味着从开机印数到营销配置，从稿件审读检查到印制调配，从美工设计到物流配送都进入超常规的运营模式，通常情况下的图书出版流程被打破，社长、总编辑亲自抓，多个部门科室同时启动，成立内容、渠道、营销三个小组，集中骨干力量，在非常短的周期内，调配各种资源，完成图书的出版、发行、营销工作。这种突发性事件对引进版图书的影响有的时候是决定性的，不少图书因为某些特定因素，其版税额度可能会有10倍以上的增幅，此时对版权专员、编辑、整个项目团队的眼光、魄力、反应速度的要求也会呈几何倍数的增长。而所有这些因素，最终都会反映到一个核心问题上，那就是对成本的预估和市场判断。大数据时代，很大程度上做出的成本预估和市场判断必须建立在大量的基础数据的分析上，但时势造英雄的故事也常常在出版界发生，在没有大量数据和充裕时间做出充分的定量分析的时候，一个优秀的版权专员、引进版权图书编辑和整个项目团队的综合素质将在第一时间内对这个选题做出判断。

点评

1. 敏锐的选题意识。对政治格局有敏锐判断的人能从新闻报道中捕捉商机。《我是马拉拉》一书在国外掀起销售狂潮之时，在国内却只有一条关于该书的小新闻报道，而四川人民出版社正是从这一条小新闻报道中捕捉到了商机，成功引进《我是马拉拉》这样一本不可多得的好书。版权运营人员在选题方面敏锐的触感在其中起到了不可忽视的作用。

2. 选题内容的唯一性。当前，我国每年出版的图书品种越来越多，类型越来越丰富。作为一家出版社也好，一个选题的项目组也好，一线的责任编辑也好，选题内容的独特性尤其重要。面对众多选题，出版人不可能对每个选题平均分配精力和资源，但对内容资源具有唯一性的选题，出版人要有勇气和魄力，大胆引进。

3. 内容质量过硬。什么样的书才是一本内容优秀的书呢？《我是马拉拉》一书的版权引进，给我们提供了答案：一本好书能使读者在阅读之后有思想上的思考和情感上的共鸣。这两点对于引进图书来说尤为重要。文化差异是一个不容忽视且很难解决的客观存在的难题。如果引进之后进行改编，使其成为适合本土读者阅读的图书，不仅涉及著作权问题，还耗时耗力。所以最好的办法就是在引进之初，就挑选适合我国读者阅读的图书，即能引起我国读者思想上和情感上共鸣的图书。

思考题

1. 在引进版权图书时应从哪些方面进行考量以便做出是否引进的判断决策?

2. 市场时机的变化会对引进版权图书的销售带来什么样的影响?结合实例说明。

3. 引进版图书出版与本土创作图书出版相比存在着什么样的特点?

如何推动川版图书“走出去”

——以《超堡队》为例

关键词：走出去、版权贸易、川版图书

个案陈述

作为一家有六十多年历史的老牌出版社，四川人民出版社从20世纪80年代就开始了图书实物出口和版权贸易，包括外文译作和原创著作，如“走向未来”丛书，涉及社会科学和自然科学的多个方面，代表了当时中国思想解放最前沿的思考。近年来，四川人民出版社抓住各种“走出去”契机，开四川出版之先河，率先成立版权部，以版权输出、引进为主要工作内容，开展了系列版贸活动，参与了多项“走出去”国家级重点项目，与超过50家境内外出版机构、版权代理公司和图书公司实现了常态化的业务合作。版权输出区域从东亚地区扩大到阿拉伯地区和欧美地区，也打通了“一带一路”沿线的“丝路国家”输出渠道，成为地方性出版社中版权贸易的佼佼者。

本文以《超堡队：美军第20航空队与中国人民共同抗战图集（上下卷）》（以下简称《超堡队》）策划组稿、版权输出、国际书展活动为案例展开论述，解读如何抓住重点选题，实现四川出版“走出去”。

《超堡队》简体中文版由四川人民出版社2015年5月出版，是国内第一本全面系统地介绍美军第20航空队（B—29）在华作战史实的图书，该书以发掘珍贵史料、抢救性整理的方式，完整收录了二战期间B—29在华作战的档案史料，其中包括首次公开的珍贵历史图片，中美双方二战亲历者的回忆，以及相关军史计划、史志记录等，既是可读性强的历史类读物，又是实用性强的工具类史料集。

作者李肖伟先生是成都电视台高级记者，资深编导，民间军史资深研究者，曾在空七军服役。在2015年5月美国书展上，“《超堡队》中文版在美国圣智学习集团圣智盖尔电子图书馆中文平台全球上线签约暨赠书仪式”被原国家新闻出版广电总局确定为纽约书展中国主宾国活动重点项目，也是四川唯一入选的重点项目。二战援华美军老兵家属代表格兰恩·史密斯先生及其家人，美国军史专家约翰·普雷廷先生，本书作者李肖伟，美国老兵协会、美国纽约皇后区公共图书馆代表等嘉宾亲临现场。原国家新闻出版广电总局领导和中国驻美国纽约总领馆文化参赞均对此次活动给予高度评价，认为这次活动不仅是一次意义重大的出版活动，更是一次加深中美两国人民缅怀历史、增进互信和友谊的重要民间交流活动，特色鲜明。这次活动引起了中外媒体的高度关注，《人民日报》、中央电视台、新华社纽约分社、新华社联合国分社、《中国日报》、凤凰卫视、美国西雅图电台及北美地区最大的华人电视台美国ICN国际卫视等多家媒体进行了现场采访，新华社的报道陆续被国内各大中央媒体、网络新媒体和地方媒体转发，在报道的广度、深度和阵容上，都是前所未有的。在原国家新闻出版广电总局召开的纽约书展中国主宾国活动总结大会上，全部320场活动中，仅有26场活动入选“优秀活动奖”，本次活动位列其中。

2015年10月，继中文电子版版权输出后，四川人民出版社与加拿大皇家柯林斯出版公司达成该书英文版版权输出协议，目前英文已译制完成，即将在北美地区上市。

一、选题策划紧扣重要时间节点

2015年是中国人民抗日战争暨世界反法西斯战争胜利70周年。四川作为抗战大后方，为抗战胜利做出了巨大牺牲和重要贡献，也涌现了一批优质选题。为隆重纪念这一伟大胜利，表达对历史的铭记和对未来的展望，四川人民出版社考虑策划出版一部追忆和展现二战期间中美两国人民联手抗击日本法西斯的共同历史的图书。而对选题的追踪，源自出版社数年的坚持：多年前，时任新华文轩总编辑的张京先生向李肖伟先生谈到二战话题约稿事宜。1999年，作者从新闻报道中获悉在成都大雪塘（西岭雪山）曾有一架美国飞机坠毁。这条线索让作为记者的他有了探寻真相之心。经过查证，坠机真相浮出水面，“B—29超级堡垒，序号42—6286，属美国陆军第20航空队……十一名成员牺牲……”这支二战期间美国驻华航空队，作为打击日本主力军和驻华美军重点部队，却鲜为人知。历时14年，作者多次往返中美两国，收集、整理档案史料、图片，采访上百位亲历者及其后代，探访各地坠机地点，最终形成厚厚的六卷本史料集《超级堡垒》。

四川人民出版社收到书稿后，根据市场需求，重新对书稿作了定位分析：B—29有珍贵的军史价值，但飞虎队和驼峰航线更为人所熟知；厚重的六卷本，除了军史研究者之外，普通读者难以消化。为了让本书高质量出版，四川人民出版社成立了项目筹备会，多次召开会议，并请作者到社参与交流，最终决定将六卷本取精化简，做成一套图文并茂的上下卷史料集，并将原书名更名为《超堡队：美军第20航空队与中国人民共同抗战图集（上下卷）》。同时，四川人民出版社与作者一道，探访曾营救B—29飞行员的中国人民及后代，用镜头记录下他们的口述历史，拍摄了宣传记录短片。

二、版权输出趁热打铁，电子版先行

在宣传记录短片拍摄之后，经四川人民出版社重点推介，全球领先的创新型教育、研究方案提供商美国圣智学习集团认为，《超堡队》一书凝结了中美人民深厚情谊、具有很高史料价值，决定购买本书电子版权，并通过圣智盖尔电子图书馆实现中文图书内容全球上线。《超堡队》电子版权的输出，将以新型的电子化技术造福全世界的读者：读者可以通过圣智盖尔电子图书馆提供的现代化电子平台，对本书方便地实现跨章节、跨卷、跨书甚至是跨数据库阅读，根据不同的需要以多种方式进行检索，随时进行复制、梳理和记录。圣智盖尔电子图书馆联通世界各国高校图书馆的网络，可以使本书实现全球共享，实现最大范围的有效阅读，这必将开拓历史学术类图书出版领域“走出去”新路径。

在电子版版权输出之后，加拿大皇家柯林斯出版公司对此书表达了高度关注，并在2015年8月北京国际图书博览会上向四川人民出版社表达了英文版出版的意向。皇家柯林斯出版公司是一家起源于加拿大蒙特利尔的学术出版商，发行网络覆盖全球近180个国家，每年可实现图书在数千家实体书店等渠道的上架和上线。考虑到要准确翻译书稿，经双方协商，先由国内译者对书稿进行英文翻译加工，作者审读确认，再由国外专家按当地市场阅读习惯修订译稿，最终交由皇家柯林斯出版公司出版。

三、积极参加国际书展

美国纽约国际书展自1947年举办，是目前北美洲最具影响力、规模最大的年度国际书展，也是全球最重要的图书贸易和版权贸易盛会之一。2015年中国是美国纽约国际书展的主宾国，这是自中美两国建交以来，中国出版业在美国举办的规模最大的一次中美出版交流活动。考虑到《超堡队》是一本展现中美两国人民并肩作战抗击日本法西斯侵略者的壮阔历程的优秀作品，是向总部位于美国的圣智学习集团圣智盖尔图书馆实现电子版权输出的作品，全球上线在即，四川人民出版社成立筹备小组，决定围绕《超堡队》一书策划、积极申报主宾国重点活动项目，并由社领导亲自与美国圣智学习集团进行接洽磋商，向原新闻出版广电总局汇报活动方案。在活动筹备中，四川人民出版社联络上了美国老兵协会，该协会得知《超堡队》一书后，协助联络到了二战援华老兵家属和相关军事专家，并获得了积极的回复，二战援华老兵家属愿意代表当年参加B—29服役联合抗日的所有美国空军家庭向中国人民表达最诚挚的感激之情并参加活动。同时，中国驻纽约总领事馆也同意出席本次活动。功夫不负有心人，经过作者和出版社的精心准备，肩负着民间外交的使命，《超堡队》在2015年美国纽约国际书展上呈现给全世界的读者，展示了四川出版的风采。

点评

要想版权输出成功，需要具备以下几个要素：

1. 具备综合版权价值的判断力。不论是编辑还是社长，对版权的综合价值要有所判断。《超堡队》版权的成功输出，源于不可复制的机遇与巧合。但适时抓住国内、国际两个出版市场动向，挖掘图书内容与时政社会热点的本质联系，提升图书的综合版权价值，是推动图书“走出去”的重要前提。

2. 具有重新再造图书品质的准备和思路。有的版权引进的图书不需要加工，但是有的图书需要重新加工，所以要有随时重新再造图书品质的准备和思路。四川人民出版社将六卷本取精化简，做成一套图文并茂的上下卷史料集，实现了内容的提升，解决了普通读者阅读困难和如何将珍贵史料直观呈现的问题。

3. 重视出版时机的把握。我国每年出版大量抗战类图书，而《超堡队》一书紧扣世界反法西斯战争胜利 70 周年纪念出版时间节点及时推出，并且通过圣智盖尔图书馆实现全球上线，走向世界，通过纽约国际书展主宾国活动，引起中美读者广泛共鸣，印证了“书是人类智慧的使者，出版物的互相引进、输出与合作，是国际文化交流的最好方式之一”这句话。

4. 审慎选择合作伙伴。《超堡队》一书所授权的海外出版机构，都有良好的声誉和较高知名度，这些出版机构都力图将《超堡队》打造成有分量的出版物，这也为四川人民出版社更多优秀的作品成功走向世界打下了基础。

思考题

1. 在版权输出中，有哪些渠道和方法可以使用？

2. 是否任何题材都可进行版权贸易？结合案例说说你的理由。

3. 在引进版图书出版时，需要对图书品质进行再造和加工吗？请结合相关例子进行说明。

科技图书如何进行版权输出

——以铁路技术图书“走出去”为例

关键词：科技图书、版权输出、高铁

个案陈述

中国高铁已成为国家的一张名片。与如火如荼的中国高铁“走出去”相比，中国高铁技术图书“走出去”的步伐却显迟缓，国际图书市场上有关中国铁路技术的出版物很少。随着国家“一带一路”倡议的深入推进和“高铁外交”成果的显现，中国铁路技术图书“走出去”显得尤为重要和紧迫。西南交通大学出版社紧紧把握住这一历史发展机遇，从自身优势着手，配合国家高铁“走出去”，发力以高铁为代表的铁路技术图书的版权输出和国际出版合作。

中国出版“走出去”是中国出版业一种具有跨国经营性质的经济活动，但目前情况下更多的是一种肩负提升国家文化“软实力”、扩大中华文明海外影响任务的文化传播活动，这就更加需要政府主管部门通过制定“体现国家文化意志的文化政策”加以实施。在中国出版业国际化进程不断加快、出版业竞争日趋激烈、文化“软实力”作用日益彰显的国际氛围下，这种规范和控制绝不是一种随意性的行为，而是一种策略性很强的宏观管理活动，体现了政府主管部门的规制能力和管理上的智慧水平。

科技类图书代表了一个国家的科技水平与成就，出版社应在国家政策的支持下，将有潜质的科技图书打造成能引领市场、促进科技交流合作的畅销品，以彰显我国的科技水平。

一、抢抓机遇

从 2011 年开始，西南交通大学出版社抓住西南交通大学与越南河内交通大学、越南建筑科技大学开展校际合作的机会，由总编辑带队，参与两国专业学者的相互交流活动，并结合越南国家铁路建设及人才培养的需要，推荐西南交通大学出版社出版的专业图书进入越南高校作为教材使用，进而带动了轨道交通技术优秀图书的版权输出到越南。2013 年，由越方专家引荐，西南交通大学出版社与越南交通运输出版社就“轨道交通技术丛书”签订了版权输出协议，由越南河内交通大学的专业教师负责组织翻译，计划 2017 年年内越方完成 6 种图书的出版工作。同时，两国教师还根据专业设置共同编写英文版教材，与越南科学技术出版社合作出版。后续相关图书的版权输出及选译工作还在进行之中。这种专业技术图书通过专业教师的推荐、引进和翻译，能够在异国发挥实实在在的作用。

二、积极参与国际合作，深度开发配套图书

2015 年，西南交通大学承担了由国家商务部下达的为老挝进行铁路技术培训的任务。老挝方面希望中国帮助其编写教材与授课，并将其翻译为老挝文。老挝通过一家出版社与交大出版社商讨此事。通过大使馆的推荐，西南交大出版社与当地一家杂志社签订了协议，选了五六种铁路教材。随后交大出版社组织专家翻译为老挝文。因为此事，西南交大出版社积极对接国家“一带一路”倡议，申请丝路书香基金予以资助。西南交通大学及其出版社积极跟进并与承担培训教学任务的老师一起，根据中老铁路建设项目为老方培养技术人才的实际需求，策划组织编写教材“中国铁路技术丛书”，包括《铁路规划与设计》（老挝文版）等 5 本铁路专业教材，并将其在老挝出版发行。

此外，西南交通大学国际处以及国内其他一些铁路院校也承担了中东、非洲以及丝路沿线等许多国家铁路技术人员的培训任务，目前西南交通大学出版社正在选择适合的中文版教材或组织相关教师编写针对性强的教材进行翻译输出。这种根据实际需要“走出去”的图书能更好地满足所在国需求，打开市场，发挥作用。

印度是一个人口大国，但铁路事业发展相对滞后。2013 年李克强总理

访印时双方同意加强铁路合作，此后两国合作在印度开办铁道大学，成为“铁路合作”的重要内容。西南交通大学作为传统铁路学科强校，积极参与配合国家外交政策的实施。为此，西南交通大学出版社积极了解相关合作的背景及印方的规划与需求。西南交通大学出版社参加2015年新德里书展之时，有意寻求国际合作机会。由于近些年国家提倡“一带一路”，印度方面也曾与西南交通大学有合作建设“铁道学院”的想法，在那次书展上，西南交通大学出版社领导主动找到印度当地售卖中国图书最多的一家出版社，期望建立合作关系。经过双方几个回合的商谈之后，印方出版社选择了几本铁路图书于2016年8月的北京国际书展上正式签约，达成战略合作协议。自此西南交通大学出版社将其已出版的一套系列教材推荐给印方，并在2016年北京国际图书博览会（BIBF）上与在印享有“中国图书中心”之称的印度通用图书公司签署了“中国高铁技术系列教材”（一期）的合作出版协议，为双方在高铁技术领域及人才培养方面的深度合作打下了良好的基础，现各项工作正在按计划实施。后续西南交通大学出版社还在跟进一些大型高铁国际合作项目，有针对性地开展图书版权“走出去”，让“走出去”的每一本书伴随修建的铁路在异国落地生根。

三、加强与国际出版业巨头的合作

由西南交通大学专家研发、拥有完全自主知识产权并突破高速铁路运行屏障的道岔技术书籍由西南交通大学出版社正式出版后，引起了欧美地区有影响的国际科技出版商的高度重视，他们主动找到学校和出版社联系合作事宜。在2015年4月22日“世界读书日”到来之际，西南交通大学出版社与爱思唯尔科技出版公司合作出版的全球第一部英文版中国高铁学术著作——《高速铁路道岔设计理论与实践》在成都举行新书首发式，很快便产生了广泛的国际影响，新华网等许多媒体进行了报道，从此拉开了西南交通大学出版社“中国高铁技术出版工程”“走出去”的序幕。爱思唯尔遍布全球的传播平台将这些图书销往世界，充分展示了我国和西南交通大学在高铁技术领域的研究成果，加速了中国高铁科技图书向世界的推广。

2016 年，双方又签署了《高速铁路空间线形动力学分析理论与方法》等 3 部中国高铁学术著作的合作出版协议，使得双方的合作更加深入。为此，2016 年 8 月，爱思唯尔科技图书部总裁白素贞（Suzanne Be Dell）女士由于“长期致力于向世界推广中国优秀科技图书……包括‘中国高铁出版工程’等”获得第十届中华图书特殊贡献奖，这也充分肯定了中国高铁技术出版工程在国际上的影响力。

四、加强部门建设，培养版权人才

2011 年，西南交通大学出版社看准形势，决定成立版权贸易部，由过去的编辑有项目就兼职经营版权改为专人负责版权贸易工作，同时每年还派业绩突出的骨干编辑参加各种国际书展，开阔眼界，开展交流，了解国际图书市场的情况，以我之长有针对性地开展版权输出工作。通过几年的努力，西南交通大学出版社采取“走出去、引进来”的方式，培养了既有专业知识、懂外语，又具有国际化视野的出版人才，逐步建立了一支稳定的“走出去”专门队伍，这是西南交通大学出版社持续做好铁路技术图书“走出去”的根本保证。

五、版权输出展望

近十几年来，西南交通大学出版社依托该校在高速铁路、轨道交通、磁浮交通、大型桥梁和隧道、现代交通信息等领域国内领先和国际先进的科技与人才集成，将这些资源优势转化为出版优势，形成了立足“轨道交通”、面向“大土木、大交通”的出版特色。西南交通大学出版社以构建中国轨道交通出版高地为发展目标，出版了一系列反映高速铁路和轨道交通技术的图书，其中包括一批具有中国自主知识产权的高端学术著作，建立了一套较完整的从研究生、本科生、高职高专生到中职生乃至技术岗位培训的铁路技术教材体系，受到了国内外读者的广泛关注。随着“一带一路”建设的快速发展，以及国际铁路合作项目的日益增多，中国高铁制造技术国际化发展步伐也在加快。西南交通大学出版社将进一步依托铁路技术“产、学、研”的资源优势，以出版为纽带，谋求共同发展，为中国铁路技术走向世界贡献一份力量。

点评

案例中，科技类图书版权“走出去”获得成功，主要有以下几点原因：

1. 科技类图书版权“走出去”，技术资源是关键。高铁科技是国际上普遍关注的一个话题，以这个话题作为选题进行策划，具有很大的市场基础；这一类图书要“走出去”离不开国家政策的支持，“一带一路”倡议成为出版社有力的支持；国内大学丰富的技术资源优势，也使大学出版社有足够的能力完成这一选题。

2. 科技选题给编辑提出了更高的要求。这不仅要求编辑具备版权输出意识，还要具备技术保护意识，对一些涉及尖端科技成果、不宜公开的部分，应该加以保护。案例中的出版社在这方面有很强的意识：一方面，在与教师或作者合作时注意用多种文字写作和出版；另一方面，要求作者加强对核心技术的保护。

3. 勇于与国际知名出版机构合作，资源共享。案例中的出版社主动利用高铁图书，借助爱思维尔出版平台扩大自身影响力，并在此基础上主动走出去，与“一带一路”周边国家开展出版项目合作。同时，积极参加各类国际书展，向世界各国推介中国高铁、推介高铁技术。

4. 以实现社会效益为己任，促进多赢局面形成。出版社凭借大学自主开发的尖端高铁技术资源，立足教学与科研，通过编辑出版活动，出版了一大批相关图书、教材，助推科研工作者和教师的科研教学活动，从而形成“教学—科研—推广—出版”多赢的局面。

思考题

1. 在出版涉及尖端科技内容的图书时，版权输出应如何把握好公开与保护的关系？

2. 科技类图书的版权输出有什么独特之处？

3. 出版“走出去”需要与国际出版巨头合作吗？请举例说明。

合作出版，真正意义上的文化交流与跨文化合作

——以中法合作项目《我爱熊猫》为例

关键词：合作出版、法国桃李出版社、熊猫

个案陈述

2017年，四川少年儿童出版社与法国桃李出版社开展了合作出版，项目之一即为国内外著名摄影家周孟棋先生的摄影精品集——《我爱熊猫》。

四川少年儿童出版社与法国桃李出版社在该选题上联合策划，共同投资，最终在法国本土实现出版物的上市发行，图书品质得到读者与法国业内人士的高度评价。这一中法合作出版项目的成功是四川少年儿童出版社（以下简称川少社）开展版权“走出去”工作十年来，不断积累自身海外资源，积极追求开拓创新的体现。

一、川少社合作出版之行业背景

2003年，在全国出版局长会议上，新闻出版“走出去”被确定为行业改革发展的五大战略之一。十多年来，中国出版业经历了从产品“走出去”、版权“走出去”到资本“走出去”的发展阶段。

据统计，截至2016年，我国新闻出版企业已经在50多个国家和地区投资或者设立分支机构450多家，资本“走出去”初步完成海外布局，海外本土化发展质量正处于稳步提高阶段。

据2016年度中国出版业发展报告统计，走出去的企业，有国内大型出版集团，也有单体出版社，还有民营出版机构；走出去的企业，资本形式多样，有投资或并购现有海外机构，与境外文化企业合作经营，建立海外分社、中国主题编辑部等形式。

在2016—2017年，国内出版机构进行海外市场拓展的案例有：明天出版社与海星湾出版社合作成立英国伦敦月光出版社；广东教育出版社澳

门分社挂牌成立；中国人民大学出版社以色列分社成立；东方出版社东京分社成立；浙江出版联合集团与俄罗斯尚斯国际出版公司合作经营的尚斯博库书店开业；广西师范大学出版社收购英国 ACC 出版集团等。

二、川少社拓展海外市场策略及思路

四川少年儿童出版社自 2000 年就开始注重版权贸易工作，至 2017 年底，版权贸易数量约 400 项，连续 3 年被中宣部、国家商务部、文化部、原国家新闻出版广电总局共同认定为“国家文化出口重点企业”，为进一步推进版权贸易工作、进行海外市场拓展打下了良好的基础。版权贸易经验的积累，广泛的海外客户联系，都是川少社开拓自身海外市场，建立海外合作机构的优势。

四川少年儿童出版社在海外市场拓展的过程中，坚持“以市场为导向”，立足“市场化生存和发展的需要”，采取“注重调研、控制风险”的务实策略，以合作出版作为进一步拓展海外市场的尝试。通过市场调研，搜集相关信息，川少社认识到，在整合国际资源的起步阶段，选择与海外出版机构合作，或者依托海外出版机构设立出版中心，这两种模式能够有效降低投资风险，并且能够借助海外合作方的力量收集市场信息，逐步推进本土化建设。

此次中法合作，川少社联合法国本土出版社共同进行选题策划，共同完成文本和设计的优化，以及图书项目的审校工作，是建立在双方深度合作、双方全程参与图书编辑全环节的跨文化合作的基础上，有利于提升川少社的国际出版力，有利于在“低风险、少投入”的基础上，创新模式进行海外市场开拓的有益尝试。

三、项目合作方之法国桃李出版社

Taoli Editions France（法国桃李出版社）位于巴黎，前身是 TABCO France 多元国际文化有限公司。此公司原董事长 Jean-Jacques 现任出版社社长、总经理、职业 CEO Technique，曾被巴黎第十大出版社长期聘为顾问，负责出版社系统的软件开发、编程，精通出版法律法规、企业管理、市场营销、会计和国际惯例等理论知识，并具有丰富的实践经验。

法方此次与川少社推动合作出版的负责人是 Berthe li，从事职业编辑 32 年，曾在德国读书期间尝试代理德国图书十余本，是把 Carlsen 图书引进中国的第一人，并且和英国新经典出版社合作在英国书展中成功推出《军旅作家雷锋》一书。

桃李出版社以引进和推动中国图书文化教育和社科人文文化为主要方向，帮助中国好书迅速、准确地进入国际社会。以一年一个图书主题为基点，务实有效地将中国文化渗透在欧洲人的心里，以此带动人们去关注中国，了解中国，爱中国。

四、为什么我们选择熊猫这一主题来进行合作

大熊猫作为中国的国宝，是一张友好的外交名片，世界人民对中国大熊猫的喜爱往往超出国人的想象。在 2017 年，法国民众对熊猫的喜爱处于持续上涨的过程中，圣艾尼昂市保瓦尔动物园的小熊猫“圆梦”受到法国民众空前关注。法国当地时间 2017 年 12 月 4 日，法国还特别为“圆梦”举行了命名仪式，总统马克龙夫人布丽吉特亲自出席，中国国家主席习近平夫人彭丽媛女士致贺词。“小圆梦”迈出人生第一步的视频也被法国媒体争先恐后转载超过 3 万次，这只象征中法两国友谊的小使者将在 2018 年 8 月 4 日迎来一岁生日，法国民众对熊猫及相关产品的热情，有利于合作出版项目在市场上赢得成功。

正是基于这种市场背景，法国桃李出版社确定了合作主题——中国大熊猫，而四川少儿出版社又恰恰拥有此类图书的优质作者资源。受法方和四川少年儿童出版社诚意邀请，著名摄影家周孟棋先生给予合作项目大力支持。

周孟棋，中国摄影家协会四川分会常务理事、《中国国家地理》杂志特约摄影师。20 多年来有 5000 多幅作品（文章）被报刊、电视台采用，300 余幅作品入选全省、全国、国际影展。作品多次赴日本、美国、俄罗

斯、意大利、法国、西班牙、比利时等国展出。牵头策划和组织走向辉煌·成都50年成就展、第28届国际摄影艺术联合会FIAP摄影展、今日成都——新中国成立60周年图片展等大型摄影展览；其编辑的《成都》《成都·生态·建设》《大熊猫和它的故乡》等6种图书获全国对外宣传“七个一工程”一等奖、全国“金梧奖”、四川省“五个一工程”优秀作品奖。

一方面是优质的内容资源，一方面有法国出版社的诚意邀请，四川少儿社开始琢磨如何架构这个跨文化的合作出版。

五、什么是合作出版

通过查阅相关信息，我们了解到，合作出版，广义地说，它可指由两家或多家出版社共同参与的任何形式的出版活动。它的外延包括出版社之间的版权贸易、代组稿、交换使用稿件或图片以及以共同策划为基础的出版活动。只要涉及出版社之间的合作，都可泛称为合作出版。而狭义地说，合作出版仅指两家或多家出版社，通过签订合作出版协议，以共同策划、共同投资和在编辑、制作、发行上以分工合作的形式出版某部或某系列作品。

合作出版的作品，可以只有一个版本，以合作一方或所有合作方的名义出版；也可以有多个版本，分别以各合作方的名义出版。各版本在内容、装帧形式和销价上也可有所不同，以适应不同的市场。

在川少社已经有的合作出版的图书产品中，能称得上合作出版项目的如《南京1937》《丫丫历险记》，就是川少社与法国FEI出版社联合推出的精品图书项目。法方完成了图书的法文版本的出版，中方实现了图书中文译文版本的上市发行。而为什么说此次川少社与法国桃李出版社的合作出版让版权输出上了一个新台阶呢？

六、合作出版，签订合同只是一个开始

有别于以往传统的海外授权，以及中外合作方各自完成本土版本的出

版发行，四川少年儿童出版社与法国桃李出版社面对的是一次全新的从零开始的合作：图书需要全新的策划。我们把目标市场放在法国本土市场，而非中方市场，四川少儿社打算借此合作出版来试水自身出版物在海外市场的生存能力。

合约的签订，就是不容易的开始。没有一个固定的模式可以直接参考，中法双方需要基于各自能承担的工作、能够付出的财力进行综合平衡。法国桃李出版社有自身的劣势与优势：新生出版社，财力相对单薄；务实认真，站在欧洲来传播中国元素和中国文化，加之团队成员大多为法国人，能更接地气地推进双边合作项目。经过长达半个月的洽谈，最终四川少年儿童出版社挑起该合作出版项目重头，承担该图书的海外印制费用，而法方出版社则承担图书翻译、设计，以及后期发行工作。合同的签订只是开始，也仅仅是一个开始。

首先，此次四川少儿社和法国桃李出版社合作的《我爱熊猫》是一本需要全新策划的图书。法国桃李出版社在做了大量的市场调研之后，对本图书的定位锁定在少年儿童：一来增加摄影图片的趣味性；二来四川少儿社作为专业出版儿童读物的出版单位，更具有策划此类图书的经验。桃李出版社集合摄影家提供的照片，对图书的文本进行了全新的创作，强化了图书的趣味性和互动性。同时，法方高度重视图书的翻译与表述方式的本土化，在对第一次邀请的中国译者的翻译表达了不满意之后，推翻了已有译文，重新邀请亚眠大学的中文老师 Florine（中文名字傅雅婷）担当，保证了文本翻译的高品质，有利于图书后期的发行和销售。

在图书设计环节，法方邀请了熟悉摄影家作品、长期为《国家地理》进行版面设计的设计师全面负责。由于法国现在通行的排版系统为国内已经淘汰的旧系统，中法双方在系统上无法兼容，每一次排好的版本只能转为 PDF 发送给法方审阅，法方通过邮件形式提出需要修改的细节，再由中方完成修改。中法两国，时差 7 个小时，每一天的下午才是法国一天的开始，双方可以一起工作的时间被这样的时差和距离压缩。为了保证项目的如期出版，四川少儿社在项目期间，往往在无数个下班以后的夜晚，继续和法国合作伙伴隔空推进项目进度。

图书设计接近尾声的时候，法方积极调研了合适的印厂。为什么中法双方的此次合作，选择海外印厂来承担图书印制呢？经调研，图书在国内本土印制的费用毫无疑问低于海外印制产生的成本，但是基于图书最终会走向法国市场，如果已经印制好的图书再通过报关出口，成本的增加几乎翻倍。法方通过翻阅市场上已经有的印制优良且定价适宜的图书，最终物色到了一家合适的印厂。成本算下来仅仅比国内印制多1万元人民币左右，远远低于本土印制再运送出关的费用。于是，中法双方经协商，合作出版的项目交由法国工厂承印。看似简单的决定，背后是中方对此次合作伙伴——法国桃李出版社的极大信任与支持。

七、合作要领

1. 跨文化的合作，沟通与对他国文化的理解是合作基础

此次中法合作出版，作为四川少年儿童出版社对外合作的全新尝试，带来很多感悟与合作思考。《我爱熊猫》项目执行过程中，与川少社对接的是法方出版社负责海外业务的女士——一名中国人，因此双方在沟通上，增加了不少方便。尽管四川少儿社的版权业务板块不乏英语优秀的业务员，但是在一个深度合作，有太多的细节需要商榷和沟通的时候，使用非母语的交流一定不会比直接的中文交流来得更便捷。但是，即便是在有此优势的基础上，川少社也深感海外合作，更多的是一种文化与沟通的磨合。

法国人思维直接，办事效率非常高，哪怕中方出版社一个提议或者想法，法国团队都会立马开始市场调研，或者与印厂、渠道商沟通。因此，川少社在与法国团队的合作中，越来越认识到，为了减少不必要的工作和烦琐的信息往来，中方出版社需要在传递信息的时候，尽量给予经过社内协商一致、相对明确的信息与意见。同时，合作出版也要考虑合作对方所在国家的文化与行事风格，而不仅仅是对方出版社的企业文化。给予合作方更明确易执行的信息，方便合作方在当地推进与印制商、渠道商的洽谈

与沟通，才能促进中法双方的长远合作。

2. 合作出版应该把握好的三审三校流程

《我爱熊猫》一书是中法文对照，如何在以后的合作中把握好图书的三审三校和流畅审校的程序，是一个值得探讨和改进的议题。此次合作中，四川少年儿童出版社在前期的合作中，文本审校过度依赖法方编校人员对图书的审读和把握，疏于按照中国出版社的三审三校走一遍流程，导致在图书编校工作快接近尾声的时候，才发现中文文本有个别标点符号出现错误。中外合作出版，出版物在国外的发行也并非想象的那么宽松，依然要经过相关部门的质检和审读，不合格的出版物依然无法上市与读者见面。在一定程度上，中外合作的图书产品，对出版物的质量有了更高的要求。

3. 中外出版排版系统的不兼容有待在长期合作中解决

作为川少社与法国出版社的第一次深度合作出版，排版软件的不兼容极大地增加了合作出版的工作量。法国习惯使用的排版系统为 FICSHER，是已经被国内淘汰的排版软件。国内惯用的 ID 系统对法国出版社而言，是全新而陌生的。基于摄影家在中方，为了在排版设计时便于与摄影家沟通，以及传递图片信息，此次图书的设计安排在了国内。法国出版社每一次的图书审校，川少社只能将排版文档转为 PDF，传送给法方进行审阅。在法国，任何软件的使用都要支付不小的费用，作为利益联合体的中法双方，在第一次合作中采取相对保守的态度，用 PDF 完成了多次审校和修改，但是立足长远合作，软件系统的不兼容简直是影响合作进程与效率的第一位因素，值得中法双方探讨解决模式和方法。

点评

《我爱熊猫》版权的成功输出，告诉了我们选择国外合作伙伴以及合作双方文化认同的重要性。

在版权输出的过程中，出版社选择与法国桃李出版社建立长期合作关系，对《我爱熊猫》这本摄影精品集进行联合策划，共同投资。这是一种非常聪明的做法。首先，作为法国本土出版社，桃李出版社十分了解法国读者的文化习俗以及喜好，能够策划出符合法国读者品味的作品，降低投资风险。其次，借助法国桃李出版社在法国的名声，为《我爱熊猫》在法国的出版奠定一定的市场基础。

跨文化合作，对双方文化的认同是合作的基础，也是合作成功的前提。首先，《我爱熊猫》在法国版权输出的成功在一定程度上取决于两国文化的认同度。大熊猫是中国的国宝，而法国民众对于熊猫的喜爱也是愈演愈烈。在中法两国都认同熊猫文化的时候，《我爱熊猫》的推出已经获得了很大的优势。其次，国内出版机构能够理解法国文化，并不断做出改变，顺应合作方国家的文化和行事风格，使得合作能顺利、有效地进行。

思考题

1. 结合中国出版产品“走出去”、版权“走出去”、资本“走出去”三个发展阶段，分别找出并分析其中比较成功的典型案例。

2. 结合案例，谈谈出版机构在中外合作出版过程中需要注意的问题。

3. 什么是合作出版？结合案例谈谈这种出版方式的优势。

第五章

融合出版

第一节　知识介绍

一、融合出版的涵义及作用

随着媒介融合时代的到来，出版业必然面临转型、升级、变革和融合。2014 年，中央全面深化改革领导小组审议通过《传统媒体和新兴媒体融合发展的指导意见》，强调了媒体融合语境下的融合出版概念。2015 年 3 月 31 日，国家新闻出版广电总局、中华人民共和国财政部以新广发〔2015〕32 号印发《关于推动传统出版和新兴出版融合发展的指导意见》，提出了创新内容生产和服务、加强重点平台建设、扩展内容传播渠道、拓展新技术新业态、完善经营管理机制、发挥市场机制作用等方面的要求。

1. 融合出版的涵义

融合出版是一个仍在发展中的概念，尚无公认一致的结论。有学者提出，融合出版是在媒介融合学术语境下、顺应中国出版融合发展趋势、基于数字化技术和互联网思维产生的新兴出版现象，是解决传统出版和数字出版融合发展问题的新兴出版范式。① 也有学者指出，媒体融合简单来说就是在数字化和互联网的背景下，将不同的媒体形式进行融合，而融合出

① 曹继东. 基于数字化技术和互联网思维的“融合出版”［J］. 科技与出版，2014(09).

版应当说是媒体融合的一部分也是最为关键的一部分。①

融合出版分为狭义与广义两个层次。狭义的融合出版是将与出版相关的各种媒介形态融合在一起，形成一种新的出版媒介形态，如网络文学、数字出版、网络书店等；广义的融合出版则包括一切与出版相关的媒介与要素的结合、汇聚和融合，即不仅有出版介质的融合，还有出版功能、传播手段、所有权、组织结构等方面的融合。

2. 融合出版的作用

融合出版实践中，各种出版要素互相渗透，形成新的出版业态，作用显著。

（1）融合出版可以加大出版产业链各要素的融合。

传统出版业的生产方式是线性的，出版流程是单向、闭合的，产业边界清晰。融合出版会打破出版业与其他文化产业甚至所有产业的边界，出版产业链上的各个环节是双向甚至多向、开放的，任何一个产业环节点都可以与其他环节发生关联，可以实现出版产业链中各种要素资源的深度融合。

（2）融合出版可以有效提升出版产业层面的要素融合。

产业层面要素融合可以有效提升出版主体的深度管理能力，即通过数字化资源管理软件和资源库建设，提升出版主体在内容层面的整合、与其他媒体介质的产品组装，以及根据读者消费需求的个性化出版产品的定制，完成从生产端口到消费端口的转型。

（3）融合出版可以增强出版业与其他内容产业的融合。

媒介融合使内容产业可以突破原有的产业边界，互相进入。当前，出版业面临着其他文化产业的强势“入侵”，比如影视业、游戏业甚至新兴的视频、音频集纳平台等向原有的传统出版领域进发，因其机制灵活，在竞争中处于强势地位。对于出版业而言，也要有意识突破传统观念，以“出版＋”为指导思想，主动借鉴或与其他内容生产主体共同融合发展，

① 马晓俊. 基于数字化技术和互联网思维的融合出版［J］. 新闻传播，2017（03）.

以内容生产为主导，实现“大出版”战略格局转变。

二、融合出版经典案例回顾

1. 起点中文网的融合出版

起点中文网（以下简称为“起点”）创立于2002年5月，其基础是2001年在西陆BBS成立的玄幻文学协会。2003年10月，在网民尚未养成付费习惯和网络支付手段滞后的情况下，起点首先推出VIP付费阅读制度，开创了网络文学的商业模式，网络写手因此获得了一定的收益。2004年，盛大集团收购起点中文网。2008年，盛大文学成立，开始大量并购其他网络文学网站。2015年，盛大文学与腾讯文学合并为阅文集团，成为国内目前最大的网络文学公司，起点中文网作为其中的主力阅读平台，融合出版起到了重要作用。

（1）建立VIP付费阅读制度，开启网络文学阅读收费新时代。

在中国出版乃至于世界出版产业中，起点中文网最突出的贡献是成为第一家尝试推行阅读付费的网络文学网站。早在2003年，该网站就建立了依托于读者市场的VIP付费阅读模式，成功迈出了向付费时代进发的第一步。

作为网络文学出版平台，起点最初是网络写手的文学发表与传播渠道，一般而言是作者出于兴趣和爱好，在业余时间写作，供读者免费阅读的平台。也正因为如此，出版平台不够稳定，需要有健康、稳定的赢利模式来支撑。为此，起点建立起包括连载更新、按字付费阅读、作家福利、白金作家月票、打赏等制度体系，充分保障旗下作家资源的领先优势，推动了网络作家的职业化和品牌化，以流量带动粉丝，成为IP运营的大户和源头。其运营模式为：作者分段式发表，读者按章阅读，及时反馈，良性互动，对传统阅读、出版模式起到了颠覆性作用。2016年的统计数据显示，包括起点在内的阅文集团旗下的注册作家数达到了690万，作品总数约1100万，其中原创作品数930万至970万，覆盖200多种内容品类，注册用户超过 6 亿。① 2018 年 4 月 19 日，阅文集团正式发布“2018 年原创文学白金、大神名单”，除男性原创文学 36 位白金作家、151 位大神作家之外，名单还首次公布了女性原创文学 20 位白金作家及 168 位大神作家。

（2）以网络出版为源头布局 IP 泛娱乐开发，开展以版权运营为核心的融合出版产业升级。

起点中文网是阅文集团最重要的板块，目前已经与国内外多家出版单位、影视、游戏、动漫等机构建立版权合作关系。它以自身最重要的原创网络文学版权为中心，开展“全版权”运营，将一个“大 IP”的所有版权，包括电子版权、出版权、影视和游戏改编权以及一系列衍生产品的版权等综合起来，先由作者生产产品，再通过不同平台、渠道销售版权，最终形成以版权为中心的完整产业链。例如，《鬼吹灯》《斗破苍穹》《盗墓笔记》等原创作品都已经成功地实现了 IP 的影视、游戏、出版等多元开发。特别值得一提的是起点及其母公司阅文集团深度介入 IP 的经营开发，创新性推出以大 IP 开发为重点的“IP 共营合伙人”制度。

（3）带头开展打击盗版行动，引领网络文学的现实主义走向，成为融合出版的领头羊。

作为业内大型的网络文学内容生产运营平台，正版化是其立身之本。同时，作为行业龙头，阅文集团成为首批通过国家审核取得互联网出版许可证的企业之一，主动维权，打击各类侵权盗版行为。例如牵头成立“中国网络文学版权联盟”，发布自律公约，号召业内平台共同抵制侵权盗版行为。

同时，为了保证网络出版的多元化生产格局，阅文集团不仅有作家培训体制和作家品牌机制用以培养新入行的作家，孵化有品牌潜质的明星作家，而且通过开展征文比赛、设置大奖的方式引导创作走向，比如 2017 年举办的“网络原创文学现实题材征文大赛”，积极推动现实主义题材的创作，主动承担相应的社会责任，为网民提供多元优秀的作品，对阅读活动

---

① 郑晓红，吴文辉. 网络文学商业模式开创者［J］. 中国版权，2016（6）.

起到有意识的引导作用。

2. 亚马逊电子书 Kindle

亚马逊公司（Amazon）成立于 1995 年，最初只经营书籍的网络销售业务，现在已经成为美国最大的一家网络电子商务公司，也是全球出售商品品种最多的网上零售商。

2007 年 11 月，亚马逊采用电子墨水技术推出了第一代电子书阅读器 Kindle。它不仅可以为用户提供低价、海量图书，还可以作为一个阅读平台与渠道，用户在接通互联网之后，可以直接在亚马逊平台上购买、下载、阅读图书、杂志及其他媒体内容，很大程度上改变了原有传统的阅读模式。此后，亚马逊陆续更新其电子书产品，Kindle Fire、Kindle Paperwhite、Kindle Unlimited 等陆续推出，使 Kindle 成为全球销量领先的电子书阅读器。2011 年 5 月，亚马逊宣布其电子书（eBook）销量超过纸质书。其在其融合发展历程中采取的一些做法值得借鉴。

（1）坚持用户中心论，拓展出版的产业边界

亚马逊坚持以顾客需求为出发点和归宿点，这个宗旨在 Kindle 升级换代中体现得尤为明显。Kindle 并不仅仅只是一个电子书阅读器，而是依托亚马逊强大的平台功能，为用户提供多种综合服务，如基于互联网之上的用户体验评比、推荐书目、搜索引擎、便捷购物、内容预览等。

针对不同用户的个性化需求，亚马逊会融合各种出版介质，生产多元产品给相关用户，比如推出白色 Kindle 设备，满足女性读者对产品形式外观的喜好；比如与中国移动咪咕公司合作推出了专为中国网络文学市场定制的亚马逊 Kindle X 咪咕电子书阅读器。这样的融合已经超出了出版产业本身，真正体现了不同产业间的深度融合。

（2）发挥出版主体优势，挖掘跨地区融合的出版资源

随着全球化时代的到来，作为文化产业板块之一的出版业，跨地区融合成为必然之举。亚马逊借助 Kindle 终端的普及，继而开展全球化战略，打破语言、文化、阅读等方面的地区壁垒，与所在国家开展出版资源的深度融合，拓展产业边界。

以中国为例，2011 年 9 月，亚马逊中国书店启动，这是唯一一个以国家命名的网站，同时被列入了亚马逊网站的全球购计划，配送范围达 185 个国家或地区，实现全球商业资源共享。此后，亚马逊 Kindle 开辟了中文电子书店，使全球读者能在同一时间阅读中国的优秀文学作品。2015 年 12 月，Kindle 中文电子书店在亚马逊美国网站上线，中文作品成为第二大语言特色书籍。亚马逊中国区总裁张文翊表示："亚马逊一直致力于为中国的数字阅读产业提供业界领先的技术、平台和经营理念，同时也希望能够借助亚马逊覆盖全球的平台优势，为中国出版物的全球传播探索切实可行的渠道。"①

（3）打通多家出版主体版权平台，实现线上线下的技术融合。

与其他电子书终端不同，Kindle 倚仗着亚马逊丰富的出版资源，可以低价高速下载最新最全的电子书。因为 Kindle 不仅有亚马逊平台的电子图书，还与企鹅、英格拉姆、兰登等出版主体有电子书版权合作，同时还提供个人写作出版业务。

与此同时，亚马逊还会拓展线下活动，比如组织研讨会、文化沙龙等活动，直观了解出版行业整体变化和读者阅读行为走向，为线上线下的对接提供虚拟空间与实际社交的技术支持。

三、融合出版相关知识与编辑应具备的素养能力

1. 整合出版相关知识

（1）数据库出版。

数据库即将零散的信息、知识和经验加以整理汇编，通过高效、快速的检索方法，使人们可以更加便捷地使用这些信息资源。② 数据库出版是利用数据库技术，实现电子出版的过程和技术，强调了数据库技术在数据

---

① 王永亮. 电子书传播文化平台探索——以亚马逊 Kindle 营销为例 [J]. 出版广角，2017（21）.

② 邓婷，沈波. 纸质数据库和数字化数据库出版模型的对比 [J]. 科技与出版，2007（10）：46—48.

库出版中的作用。① 也有学者认为，数据库出版是以互联网为载体，以平台整合方式为基础，以大量文献内容来共同构成知识资源文献数据库，将全部文献资源进行分类、整理和加工，从而形成系统化、具有强大检索功能信息库的新兴出版产业。②

（2）开放存取（Open Access）。

其本义是图书馆学术语之一“开架借阅”，后逐渐应用于信息领域，用于描述网络环境中以公开、免费方式获得信息的行为。其首次明确提出始于1998年的“自由科学运动”，即减少对学术作品知识产权限制的条款，反对将作品的复制权从作者手中转移给商业出版商，其核心是学术交流与传播的自由与共享理念。③

（3）碎片化阅读。

这是因媒体融合和信息超载而形成的一种常见阅读形式，即人们通过移动互联方式浏览而非精读信息与资讯，主要是通过社交媒体上开展内容分享、信息订阅，或通过下载阅读类客户端阅读电子图书等方式。一般而言进行的是不完整的、断断续续的阅读模式。这种阅读模式的最大受众是与电子产品有着天然“亲缘关系”的青年群体，它不可避免地参与塑造了正处于社会化过程中的广大青年的认知机制。④

（4）媒介融合。

媒介融合的概念最早由美国马萨诸塞州理工大学教授伊契尔·索勒·普尔（Ithiel De Sola Pool）提出，原是指各种媒介呈现出的多功能一体化的趋势，主要指电视、报刊等传统媒介的融合。继而指的是信息传输通道多元化下的新作业模式，把报纸、电视台等传统媒体，与互联网、手持智

---

① 周荣庭．网络出版［M］．北京：科学出版社，2004．

② 王瑄．手机数据库出版应用困局及发展路径［J］．中国出版，2013（16）：15—18．

③ 李玉蓉．开放存取视域下我国学术出版发展路径研究［D］．大连：大连理工大学，2015：2．

④ 李玉蓉．开放存取视域下我国学术出版发展路径研究［D］．大连：大连理工大学，2015：2．

能终端等新兴媒体有效结合起来，衍生出不同形式的信息产品，再通过不同的平台传播给受众。

（5）数字出版。

有学者指出，数字出版指的是在整个出版过程中，从编辑、制作到发行，所有信息都以二进制代码的数字化形式存储于光、磁等介质中，信息的处理与传递必须借助计算机或类似设备来进行的一种出版形式，强调出版介质（或载体）在数据出版中的作用。新闻出版总署《关于加快我国数字出版产业发展的若干意见》将数字出版定义为“利用数字技术进行内容编辑加工，并通过网络传播数字内容产品的一种新型出版方式”，将电子书、数字报纸、数字期刊、网络游戏、数字动漫、数字音乐、网络广告等都纳入数字出版中，可视为广义的数字出版。

2. 编辑应具备的素养

融合出版大背景下，出版业从业人员也必须适应融合出版的要求，具备融合出版的基本素养。

（1）确立融合出版的观念

媒介融合背景下所面临的问题复杂多样，传统思维方式已无法完全有效解决，出版融合发展要求出版人开阔视野，以开放学习的心态创新产品与服务。一方面，不断创新适合不同目标用户的多类型、多层次的产品；另一方面，不断创新服务，以“用户服务”为导向推进数字产品开发。从业人员应始终坚持用多元化的思维去思考和解决问题，保持创造力和创新性。

（2）掌握移动互联时代融合出版的前沿技术，实现技能的升级换代

适应移动互联网时代的要求，了解数字化时代用户阅读习惯，这是编辑在融合出版发展历程中应具备的素质能力之一。在出版媒介融合的背景下，原先壁垒分明的行业将被打破，原先传统的出版技能必须提升为多媒体技能。

（3）培养融合出版的市场意识。

出版融合发展要求出版人才具备敏锐的市场意识，能够根据当下的出

版环境，采用互联网思维，洞察互联网特性。根据其碎片化、海量、交互、非线性、即时传输等特征，编辑需要根据融合市场的现状以及动态更新出版内容，实现渠道与内容有机结合、内容与技术相互支撑，不断提升内容传播的影响力、有效性，使出版内容的传播效率最大化。

第二节　案例详解及思考

编辑如何开展产品创新

——以新华文轩教装中心“地理学科教室”为例

关键词：学科教室项目、教装中心、AR 技术、教育类 APP、课程教学产品

个案陈述

为解决“新高考”后中学即将面临的“走班制”问题，新华文轩教育装备中心适时提出“打造有用、能用的学科教室”的想法，以“新华文轩”的金字招牌和雄厚实力为基础，结合新的招生制度改革开展产品创新及研发工作，以“地理学科教室”为突破口，推进学科教室在学校的建设和运用。

2017 年 4 月，文轩教装中心启动“地理学科教室”课程教学产品研发项目。

2017 年 9 月，产品初步交付使用，取得了市场的高度评价和积极认可。

为适应新型多元市场需求，出版主体要适时突破原有的思维定式，开发有市场需求且符合自身品牌定位的新型产品。新华文轩教育装备中心的“地理学科教室”数字教学产品就是其中的典型代表。

一、新政策带来新选题

2014 年 9 月，国务院下发《关于深化考试招生制度改革的实施意见》。结合四川省实际情况，四川省委十届四次全会对推进考试招生制度改革提出了明确要求，2016 年制定了《关于印发四川省深化考试招生制度改革实

施方案的通知》。

通知明确规定，从2021年开始，考生总成绩由统一高考的语文、数学、外语3个必考科目成绩和高中学业水平考试3个选考科目成绩组成，即选考科目由考生根据本人兴趣特长和拟报考学校及专业要求，从思想政治、历史、地理、物理、化学、生物等普通高中学业水平考试科目中选择。

按此规定，从2018年入学的高一新生起，各学校将不得不全面适应“新高考”，高中的“走班制”新型教学模式也就应运而生——日常管理仍在固定班级，称为行政班；学生可以自由选择上课内容和学习教室，称为教学班。不同班级的学生可以根据自己所选科目到教学班教室上课，自习也可以在教学班。实行“走班制”自主选课的教学模式后，将产生20种不同的选课组合。目前北京、深圳、青岛等地已经率先采用“走班制”教学，集合学科资源的“学科教室”产生。变化总是蕴含着机遇，正是由于“学科教室”这一新型教育样态出现，新华文轩教装中心以此为契机，尝试开展课程教学新产品的研发。

二、项目前期工作

在文轩教装中心启动此项目之前，已经了解到现有市场中有部分类似产品，当然，由于开发主体多为企业，且主要是围绕着经济价值开展的，少有面向大众教育市场的情怀。而这正是新华文轩的优势所在，是文轩教装中心有信心与其他同类产品竞争的底气所在。

1. 选择“地理学科教室”作为研发突破口

按照招生制度改革的相关内容，文轩教装中心组建了学科专业教室小组，在综合考虑“理、化、生、政、史、地”六个选考科目后，项目组认为：理、化、生是理科，老师教学可以借助于已有的实验室器材进行讲解与演示，学生有相应的器材进行操作帮助理解。而对于文科的政、史、地来说，地理由于学科内容涉及时间、空间等抽象知识，学生很难根据课本和老师的讲解消化理解，且现有的教学设施比较缺乏。

因此，项目组最终决定选择“地理专用教室”作为突破口，探索从学科资源、装备组织到服务提供的可行之路。2017 年 4 月，文轩教育装备中心启动该项目，是基于原有“地理专用教室”之上的教学课程产品开发。

2. 组建研发团队

根据现有中学课程教育的市场现状和市场需求，文轩教装中心学科专业教室小组制定了“地理专用教室”产品研发方案，即对市场上已有的产品进行补充，制定高、中、低三档产品供市场选择。同时，打磨产品的细节，使最终推出的产品能满足甚至高于市场预期。

在全国教育市场上，已经有一些供应商推出了针对地理专用教室的教学产品。但是，四川省情不同，需要产品供应商根据四川本省的教学方式和特点进行相应调整，文轩教装中心学科专业教室项目组据此结合自身优势，组建研发团队，寻找合作伙伴，适时开展市场推广。

经过多方调研、深入了解市场情况，项目组初步锁定 4 家供应商，最终选择一家为新华文轩提供地理专用教室所需的硬件装备。

三、产品研发阶段

产品硬件的稳定是研发团队考虑的重要因素，产品研发的内容和资源生成则是在逐步落实的过程中去实现的。

1. 产品开发和整合

文轩教装中心调动和整合各种优势资源为己所用，按如下步骤推进“地理学科教室”课程教学产品的研发。

第一，寻找技术支持。研发团队成员前往各个科技公司考察，了解到当前教育教学领域中已经开始引进较前卫的应用技术 VR（Virtual Reality 虚拟现实）和 AR（Augmented Reality 增强现实），一致认为可以将这些技术应用在地理专用教室的课程教学产品研发中，为此，项目组找到了高水平的技术团队合作，为此项目提供技术支撑。

第二，熟悉产品内容。为了最大限度地掌握和了解地理学科教室课程教学产品的基本内容，项目组成员认真系统地学习了地理学科相关内容，包括课程标准、教学大纲、人教版教材等，同时还有针对性地参加了全国性地理方向高水平的学术研讨会，与教育界专家频繁互动沟通，熟知产品的所有构成。

第三，确定内容研发成员。新华文轩的品牌优势是权威性和可信性，通过四川省教科所地理研究室、成都市教科院附属学校的推荐，项目组很快聚集了一批专业能力极强的专家队伍。他们要么在全国比赛中获得地理赛课特等奖，要么在国家教学核心期刊上发表过地理教学方面的科研论文。由这些极具专业水平的地理教师参与产品研发，可以将其教学一线经验有效转化，成为产品研发的优质资源。

在明确上述思路后，新华文轩教装中心研发团队以初中地理教学资源为切入口，开始了资源内容的开发：老师梳理知识难点——教科所研究认可——确定研发流程图——样品输出——教学试点（将水平相当的两个班级互相参照），找到地理专用教室与教学紧密结合的方式，并将地理专用教室运用在教学难点中。

以“等高线”教学为例，在传统教学中，学生很难直观理解等高线的知识点。而在地理课堂上，运用 AR 技术，学生可以通过平板扫描平面的等高线，看到立体可旋转的等高线。靠近山川可以听见虫鸣鸟叫，靠近大海可以听见海浪声，这些具体可感的细节不仅激发了学生的兴趣，还将学生难懂的知识点形象生动地展示出来帮助学生进行理解。

2. 建设示范校，“测”产品“试”市场

在多方考察后，研发团队最终选择双流艺体中学作为此项目落地的第一所示范学校，在建设该校地理专用教室选材时，特别选取了形态丰富、高技术配置的产品。落地建成示范校后，新华文轩教装中心和成都市教科院沟通，联合举办了成都市中学地理赛课活动。通过观摩、示范的方式展示了地理专用教室在实际教学场景中的应用。这一次的活动，为新华文轩地理专用教室积累了第一批“粉丝”，扩大了产品的市场影响力和号召力。

在产品调研、研发、试点、打磨和推广期间，研发团队为检验资源内容在课堂教学中的适用性，联同成都市教育局、成都市教科院、成都市温江区教师研培中心等机构，在成都市温江区寿安学校建设了成都市的“地理专用教室创新课程研发基地”。此教室是半开放、可生成的，在学校教学应用中获取课程生长的源动力。其后，“地理专用教室”课程教学产品受到四川教育市场的认可，并在四川其他区域如雅安、乐山、眉山、达州等地相继开设。

在试点过程中，研发团队也逐渐发现了地理学科教室的一些不足，最核心的就是教学方式问题，即如何通过“学科教室”打破传统的传授为主的课堂教学模式，以探究的方式开展学科学习，促进学生的学科素养。只有通过扎实的现场测试才能发现，这些真实的情况也能成为改进课程教学产品的重要资讯。

3. 走访全国市场，开展产品营销

在产品研发的同时，文轩教装中心也开展了产品营销，比如通过参加两年举办一届的全国教育装备展，参加全国性的地理学术研讨会等有针对性地推广自身的产品。

在 2017 年全国中学地理教育网络教研会现场，主办方基于该产品质量的原因，特地给予项目组较充足的演示时间。当“地理学科教室”产品研发团队以“初中地理教学的数字革命——基于 AR 技术”为题介绍其产品时，得到了与会教师和专家们的认可，前来咨询的与会人员络绎不绝。为此，文轩教装中心适时调整其推广策略，在会议现场免费派发 100 份试用产品，有选择地发放到相关学校中，并以此为基准建立了产品客户的微信群。在其后的交流与沟通中，地理教师们将产品使用中的问题与意见及时反馈给研发团队，成为宝贵的市场调查信息，也成为其后产品升级论证的重要依据。

四、产品上市后的品牌推广阶段

“地理学科教室”是文轩教装中心推出的创新性产品，是作为招生制度改革“流动教室”的主产品，是辅助地理教师课堂知识传授的多媒体产品。产品上市后，由于本身的专业性、权威性、形象性，很快得到了教师与学生的高度认可，其品牌知名度与美誉度双高，为下一步的其他选考课程的学科教室课程教育产品打下了坚实的基础。

文轩教装中心适时开发了一个教学 APP，即“AR 妙懂课堂”试用版，供公众通过手机免费下载。在这个真实课堂之外的虚拟地理课堂上，学生们可以真正做到“一看就懂”，其主界面分为三部分：AR 难点妙懂、3D 考点妙记、PK 地理妙赛。借助 AR 识别彩图，用户可以顺利进入一个极具三维感的立体动画场景。

以“AR 难点妙懂”为例，打开其界面，可以看到其包括的知识点有：地球的公转、地球的自转、等高线地形图、世界气候类型、经纬网、七大洲四大洋板块、中国地形地势、我们的地球等诸多知识点。进入每一个知识点后，用户可以在立体感极强的虚拟现实中直观理解相应内容。如果需要深入了解，可以点击每个知识点界面右上方的“难点剖析”按钮，之后就会有欢快的画外音介绍，学生很容易地就能复习相关知识点了。

截止到 2017 年 10 月底，“AR 妙懂课堂”APP 单在腾讯应用宝中下载量已达 1.7 万，评分高达 4.8 分。该 APP 的迅速推广，既有效扩展了文轩教装中心“地理学科教室”产品的品牌知名度，又使该产品有效衍生，品牌运营手段可谓高妙。

点评

“地理专用教室”是新华文轩教装中心建成学科教室整体解决方案的第一步尝试，其核心是学科装备课程化，即从学校现已实行的课程为出发点去考虑学科教室整体解决方案的构成和应用。从地理专用教室到全学科教室，从学科教室到学科教、研、学一体化的学科工作室，从学科的拓展到学科教室功能的外延延伸，这是一个已经取得初步成效的、具有创新性的产品拓展延伸项目。

文轩教育自身的优势是品牌优势、市场组织能力、项目实施能力以及丰富的教育科研专业人员组织能力，但要把课程教育产品做得符合教师和学生双方的需要，还需辅之以专业的技术力量。换句话说，让学生愿意学、乐于学甚至追着学的产品，不仅要体现其准确性，还要具备基本的感染力，即通过技术手段呈现具体可感的知识点。因此，产品展现中的美观、趣味、创意等元素就成为选择合作伙伴的重要考查指标。可以说，在产品创新中，文轩教装中心的研发团队把品牌优势和AR技术作为助其飞翔的双翼。

思考题

1. 出版主体面对新技术革新，如何突破自身的业务壁垒，开展产品创新业务？请结合具体的出版事例谈谈你的想法。

2. 新技术如AR、VR等一方面在“蚕食”传统出版原有受众群的同时，另一方面也为传统出版提供了新的工具，请你结合新技术的发展，预测未来的出版产品新形态。

3. 传统出版业依托虚拟现实技术后，如何实现行业转型升级？请结合具体的事例进行分析。

出版社如何整合影像资源、构建互联网传播平台

——以“视界”数字影像资源共享式聚合传播平台为例

关键词：数字影像、资源共享、融合发展、互联网+

个案陈述

随着传统出版传媒机构的转型升级、传播形式的多样化，随着自媒体等新兴媒体形式的出现，影像资源的重要性日益凸显。但影像文件的非结构化特性使其潜在价值未得到充分挖掘，即便是人们用传统计算机手段加以分类保存，也仅限于小范围的查阅和调用，数据孤岛由此产生，影像数据的价值生产力受到限制。

创立于1972年的四川画报社，是在四川省人民政府新闻办公室指导下，以图文并茂方式报道四川重要时政新闻、经济社会建设成就和旅游文化资源的专业传媒机构。作为一家以影像创作、出版和传播为特色的媒体单位，四川画报社拥有大量宝贵的影像资源，也正是这些影像资源，造就了四川画报社在影像领域方面的优势。

早在十多年前，四川画报社就启动建设了数字图片版权交易平台“图片库·中国”，通过科学的管理和流程设计，使分散的影像资源得以有机聚合并发挥出潜在的价值。四川画报社在该系统支撑下，发展签约作者1000多位，图片总容量达100余万幅，日均浏览量达27.2万次，成为独具四川特色的图片数据中心。

媒体融合发展对资源深度整合、高效传播、采编一体化、多渠道推送自动化的需求变得愈加强烈。面对新的媒体环境，四川画报社开始思考如何突破传统的图片版权交易业务，深度挖掘影像资源的价值，搭建更广阔的平台，撬动影像资源的全产业链。

以传统数字图片版权交易平台“图片库·中国”为基础，四川画报社创建了新一代综合性数字影像资源平台——“视界”数字影像资源共享式

聚合传播平台。该平台于2015年立项并开始建设，2016年末完成首期开发，正式上线服务。

“视界”是集网络化数字资产聚合与管理、在线版权服务、图文内容集合推送、社交分享、赛事组织等服务为一体的数字影像资源共享式聚合传播平台，以图片、短视频、VR等视觉类数字资源为主要管理对象，为传统出版机构、数字出版公司、传媒行业、宣传机构以及视觉作品创作者提供综合的数字化解决方案，具有大数据、云存储等新兴互联网概念特征，并且拥有完全自主知识产权，堪称国内首个影像资源共享式聚合传播平台。

目前，“视界”数字影像资源共享式聚合传播平台已形成中央厨房式的新闻类、专题类图文稿件的采集、编辑、多渠道推送发布，以此整合各类资源、创新采编流程、优化信息服务，在内容、渠道、平台、经营、管理等方面实现了深度融合。未来，“视界”不仅能方便快捷地为各类出版、传媒机构提供正版影像数据授权服务，还可为个人用户提供作品的展示与社交平台，为机构与用户群搭建双向交流渠道。

一、产品策划思路：深度调研市场需求，提供多重解决方案

在摄影技术得到普及的今天，影像资源呈现出多样化特征，不同群体对于影像资源的需求不同。

1. 机构用户对影像管理和资源共享的需求。四川画报社多年来在与用户的交流以及市场调研活动中，发现众多出版传媒机构积累了丰富的影像资源，但对资源缺乏统一有效的管理，形成“数据孤岛”，资源整合的需求非常迫切。如中国传媒大学、四川省旅游局、四川省博览局、四川航空传媒以及省外期刊界同行等，对四川画报社提出的集合共享式平台化服务的合作模式表现出极大的关注。

2. 媒体用户对影像内容生产和发布流程优化的需求。随着出版传媒

行业转型升级，内容表现形式、发布渠道愈来愈多样化。网站、微信、微博、第三方发布平台、电子出版物、手机阅读等来自不同互联网企业的网络应用，彼此数据不能互通，影像尺寸格式、表现形式存在差异化。这种情况直接导致出版和传媒机构重复劳动、数据重复、“数据孤岛”等问题。

3. 个人用户对作品展示和社交分享的需求。如今，摄影已变为大众参与的群众性文化活动，调动社会大众参与影像社交活动，不仅能使资源库内容快速增长，还能建立用户群体大数据，为后期的线上线下活动提供支撑。

4. 知识产权保护的需求。在互联网环境下，数字资源的版权认定和追溯困难，网络侵权事件不断，这是原创作者在加入互联网平台时的第一顾虑。

二、“视界”定位：数字影像资源共享式聚合传播平台

通过对市场需求的深度调研，凭借多年来对影像资源的管理与运营经验，四川画报社为“视界”清晰定位，将其设定为囊括中国西部图片库、视觉派影像社交、视界 DAM 系统、影像赛事四大网络平台，针对不同的用户群体及其需求，提供如下解决方案：

1. 为机构用户提供便于管理、调用和交易的影像资源管理平台。“视界”DAM（Data Asset Management）是便于管理、调用和交易的影像资源管理平台，提供影像资源管理系统、大数据、云存储等综合解决方案。机构用户无需采购专业服务器、存储设备，只需使用互联网即可拥有专业的内部影像资源管理系统，实施内部资源整合。同时还可将拥有版权的数字资源选择性地推送到“视界”版权交易平台，实现面向社会的版权资源服务，盘活数字资产价值。

2. 为媒体提供影像内容生产和发布平台。对于媒体用户，“视界”DAM 是影像内容生产和发布平台。用户利用在线编辑系统，方便高效地调用影像资料库内容，编辑形成图文故事，通过系统提供的第三方平台开放接口，实现一键推送，满足自有媒体平台内容发布、第三方媒体平台内

容发布、数字出版物生产跨平台资源调用等需求，且能做到权限可控。

3. 为个人用户提供作品展示和社交平台。针对个人用户，“视觉派”为其提供作品展示和社交平台，个人用户可在这里拥有属于自己的云图库，并为机构与用户群搭建起双向交流渠道。

4. 成为中国西部品类最全的大型综合性图片库。中国西部图片库是目前中国西部图片数量最多、品类最全的大型综合性图片库，目前拥有100万张以上的作品数量以及1000名以上的签约摄影师。

5. 为影像资源知识产权保护提供技术平台。“视界”计划与版权管理机构合作，为原创作者提供便捷的知识产权登记服务，提升版权维权能力。

三、产品亮点：让媒介融合更流畅

立足于“用影像记录四川，向世界传播四川”的宗旨，四川画报社从以编辑出版纸质刊物为主的传统杂志社，转型为以图片报道为主的综合宣传平台、以互联网技术为支撑的多媒体影像资源聚合传播机构、四川省最大的影像资源交易平台和公共文化服务提供商。这一切，得益于“视界”平台的技术支撑。“视界”平台通过聚合管理各媒体平台影像资源，实现跨平台调用与图文内容的一键推送，让传播更多彩，使得四川画报社品牌成为四川美景、文化、特产“走出去”的媒介和桥梁。

不仅如此，四川画报社还依托“视界”平台，高效率实施各类出版、外宣、文化推广、文化创意产品生产等对外宣传与社会服务项目，由此拓展出不同形式的业务板块，如文创产品订制、图片展、艺术品推广、摄影大赛、订制拍摄等。继而，将所有板块融会贯通，实现一站式服务，让全媒体运营满足客户视觉传播需求，从而促进中国西部外宣工作有力开展，在外宣、出版、经济、社会服务等方面产生了明显的效应。

四川画报社先后出色完成了国务院新闻办公室、国务院侨务办公室和省委省政府布置的数十次境外重大宣传任务，与此同时，创立出具有自身特色的海外文化活动品牌——“锦绣四川”。2016年分别在意大利、英国、卢森堡、瑞士、罗马尼亚、波兰、捷克、俄罗斯、荷兰、美国、古巴、哥斯达黎加等国家举办“锦绣四川”图片展共16场次，省委省政府领导多次出席图片展活动并亲自为来宾进行讲解。如今，依托“视界”赛事平台而搭建起来的品牌赛事“锦绣四川·魅力城市”系列活动已在全川启动。

四、产品价值：聚合共享，延伸影像服务产业链

“视界”平台既是四川画报社实现互联网转型的重要载体，也为行业机构、社会用户提供了“互联网+”的综合解决方案。这种以共享、共建模式构成的资源平台，不仅可快速提升中小出版传媒机构对影像资源的管理水平，在满足自身管理需求的同时，还将形成行业内外影像资源的快速汇聚整合。

1. 资源融合共享，提升行业生产力。“视界”通过较为成熟的资源管理系统，使出版传媒机构特别是中小规模的机构可以快速实现资源整合。通过数据资源的跨机构融合共享，使出版传媒机构在进行传统媒体和新媒体内容创作时，有了更多更新的数据与资源支撑。参与机构通过将自有版权资源或已取得授权的资源向机构或社会有偿授权，由此盈利。

2. 深耕用户需求，实现平台服务价值。“视界”平台的服务价值体现在交易与管理服务上。“视界”平台的共建共享模式带来数据融合，有价值的影像资源不断增长，交易数量、用户群体也不断增长，交易平台的活跃为拥有影像资源的用户实现收益。而对于无资源销售需求而仅有管理需求的机构，平台则收取影像资源托管服务费，配备专业影像编辑人员，提供资源入库、归档分类、编辑标注等一条龙管理服务，为机构节省人力成本。为了深耕用户需求，四川画报社还提供更个性化、定制化的增值服务，有偿提供菜单式的增值服务模块，如内容推送接口服务、跨平台资源调用接口服务、数字版权签名认证服务等。

3. 开展线下活动，拓展产业链。依托平台实现的用户数量不断累积、聚集后，还需要依靠线下活动提升用户黏性，将用户资源转化为平台收益。“视界”平台将影像产业链拓展到用户中去，以系统中个人用户、会员以及社交群体用户信息为基础，通过大数据分析，有针对性地开展影像

技能培训、自驾创作、摄影比赛、产品推荐等线下活动，打造垂直服务体系。

4. 整合资源，提供文化服务。利用四川画报社的品牌影响力与“视界”平台的资源优势，组合“视界”平台入驻机构的各自优势，为宣传对象提供丰富的打包服务方案，形成文化服务超市。

点评

传统媒体和新兴媒体融合发展，资源整合是首要任务，建立便捷、专业、开放、共享的资源平台必将为出版传媒单位的转型升级起到强有力的推进作用。

“视界”这一数字影像资源共享式聚合传播平台，不仅助力四川画报社的转型升级，同时也以其开放性，吸纳用户与机构进入平台的整体运营，形成品牌聚合效应和内容资源的共建共享。在此基础上，“视界”平台提供更多的综合解决方案，促进整个传统出版传媒业的升级转型，其延伸的产业项目也有效推动了文化产业、地方经济的发展。

思考题

1. 从四川画报社建设“图片库·中国”到搭建“视界”平台这一转变过程中，你认为编辑出版从业人员在融合出版转型之路中必须具备怎样的观念?

2. 在出版领域，资源共建共享的情况如何?请结合具体的事实或数据进行说明。

3. 互联网的商业模式是通过平台进行用户引导，传统出版业如何利用互联网思维将自身的出版资源优势变现?

出版社如何探索数字出版新模式

——以文轩在线“先电后纸”为例

关键词：先电后纸、阅读行为、数字出版

个案陈述

近年来，我国数字出版产业飞速发展，产业规模逐年增加。《2016—2017中国数字出版产业年度报告》显示，2016年我国数字出版产业整体收入持续增长，达到5720亿元，较2015年同比增长29.9%，数字出版趋势在行业内已形成共识。“十二五”时期，国家推出的“传统媒体与新兴媒体融合发展”“互联网＋”“大数据”等政策和意见，为数字出版产业的发展提供了强有力的指导和支持。对于传统出版社来说，数字化转型升级恰逢其时。

四川文轩在线电子商务有限公司作为被国家新闻出版总署授予“数字出版转型示范单位”的标兵企业，以先电后纸为数字出版新模式，处于行业领先地位。文轩在线尝试出版新模式，在整个运作过程中体现出互联网思维和创新精神，利用新技术、新思维找到了适合自己的发展路径。

《第十三次全国国民阅读调查报告》显示，受数字媒介迅猛发展的影响，2015年我国成年国民数字化阅读方式接触率为64%，首次超过6成；《第十四次全国国民阅读调查报告》显示，2016年，我国成年国民数字化阅读方式的接触率为68.2%，比2015年上升了4.2个百分点。在当前形势下，中国人的阅读载体产生了质的飞跃，从纸本书到电子书，从看书到看屏，人们的阅读方式迎来了新的革命，数字化阅读越来越受人们的喜爱。在这样的大环境下，许多出版社将纸质书转化成电子书进行同步销售，带来的收益可谓巨大，而另一种数字出版新模式“先电后纸”也成为一种流行趋势。

文轩在线一直以来都在突破自我，敢于尝试新理念、新方法、新模式，对于“先电后纸”这种数字出版新模式，早有想法。“先电后纸”符合阅读行为的社会化，越来越多的人喜欢在移动、数字端平台看书，并分享自己的看法和见解。电子版受到读者的喜爱后，当推出纸质书籍的时候，往往也能产生同样的效应。此外，这一模式能够有效地筛选内容，节约成本，对发行商来讲能够缓解纸本书的压力，补充纸本书的复本数，解决发行商畅销书断货的问题。《寡人很孤独：〈资治通鉴〉里的权力游戏》就是由文轩在线成功推出的“先电后纸”案例。

一、选题经过

文轩在线有着丰富的资源和策划经验，在当前阅读环境和需求下，如何选择一个兼具社会化阅读习惯和文化意义的选题成为重点思考的问题。在一个偶然的机会下，文轩在线编辑在微信公众号上看到了一位名叫河伯的作者写的连载文章，经过团队商讨、市场调查以及文轩数据观察后，“‘资治通鉴’新解”被确定，主要有以下几方面的原因。

首先，“历史重新解读”类图书受到持续追捧。从易中天“品三国”“中华史”系列到袁腾飞系列图书，再到高晓松“鱼羊野史”系列，这些用现代人眼光重新解读历史的图书受到读者的喜爱和追捧。在三大电商历史类图书排行榜TOP100中，超过一半的图书都是“历史重新解读”类型。随着古装剧、民国剧的热播，比如《甄嬛传》《芈月传》，也带动了相关历史图书的销售。

其次，浅显易懂的历史解读图书能够满足基本需求。对大部分读者来说，纯学术的历史类书籍存在阅读障碍，而深入浅出、表述方法通俗易懂的历史类书籍能够激发读者的阅读兴趣，并能满足读者快速了解历史的基本需求。

再次，历史类图书“长尾效应”明显，系列图书销售数据稳定。《你一定爱读的极简欧洲史》从2011年出版，持续热销4年。《明朝那些事儿》系列图书2006年出版后，至今仍霸占着各大历史类图书畅销榜。历史类图书一旦成为长尾品种，系列图书销售数据均十分稳定。

最后，市面上暂时没有得到读者认可的《资治通鉴》新解版的图书。《资治通鉴》是中国第一部编年体通史，在中国官修史书中占有极重要的地位。《资治通鉴》涵盖16朝1362年的历史，共294卷，普通读者通览全书难度较大，目前《资治通鉴》尚无得到市场和读者认可的“现代新解版”，但从市场角度看，“鸡鸣狗盗”“吴下阿蒙”“请君入瓮”等知名故事皆是出自《资治通鉴》，容易引起读者共鸣。

二、“先电后纸”策划方略

作者河伯并非一位专业的作家，他对自己的身份讳莫如深，是不公布真实身份、不公开露面、不外漏照片的“三不作者”。他的自我介绍称自己为“武林一俗人，求学于未名，混迹于江海”，这些都引起了众多网友的猜想和讨论。这样一位神秘的人物大受读者追捧，微信公众号粉丝有数百万，其连载文章的累计阅读量已经超过千万。但是，这些连载的内容如果要出成书，有许多要修改的地方。

文轩在线编辑与作者河伯进行了充分的交流，探讨了图书内容创作、编排等问题，认为需要按照以下几个方面来完善和精细内容：第一，原稿是一篇篇独立的文章，年代跨越性大，因此应该补充内容，并按年代来编排；第二，确立为系列图书，暂定五卷，按照周纪、秦纪、汉纪等顺序进行发布；第三，加上题记，列出时间点和人物，使内容更加符合《资治通鉴》原本，有效地向读者传递知识。这些建议得到了作者的认可。

该系列电子书是文轩电子书自有品牌“这个历史很有趣”的开篇之作，也是文轩“原生书”项目重点打造的第一本图书，由文轩在线九月网输入版权，负责组织、策划、发行、审校，四川文艺社也参与到审校行列之中。《寡人很孤独：〈资治通鉴〉里的权力游戏》（周纪）电子版自2016年11月线上发行以来，仅2周就在亚马逊Kindle历史分榜中位列第一；仅3周，就在各渠道累计点击数超30万次，评论数超过上千条；上线6个月，点击数量达到百余万次，评论数也达到了3000余条，且累计销售达到

2万余册；豆瓣评分8.1分。文轩在线计划在后续将其转为“长尾品种”，促使其能持续销售。在第一卷电子书取得不错的销售成绩后，文轩在线于2017年5月推出《寡人很孤独：〈资治通鉴〉里的权力游戏（周纪）》纸质版图书。纸质书首印1.5万册，上线1个月就销售了3000册。目前该系列电子书已经出了4本：周纪、秦纪、汉纪（上、下），纸质书1本：周纪。通过按年代顺序分批次发行，文轩在线力求将其打造成历史类知名图书品牌，形成稳定、持续的销售动态。在后续出版过程中，文轩在线又继续根据电子书的销量来决定是否出版纸质书籍。这种试读试销的方式，在一定程度上能够降低风险、节约成本。

三、全方位营销推广

为了促进图书销售，文轩在线进行了全方位的营销推广，并且根据电子书和纸质书的不同特质采用了不一样的方式。

在电子书方面，让读者参与运作，在策划中无形地进行了传播推广。读者可以对图书的策划编写提出建议，并与作者互动，文轩在线采纳一些好的建议和举措，调动读者的积极性、增强读者的忠诚度，也达到宣传营销的效果。

在文案编辑上，文轩在线结合图书特色进行宣传推荐。《寡人很孤独：〈资治通鉴〉里的权力游戏（周纪）》是以《资治通鉴》为蓝本，运用风趣幽默的语言进行解读。因此，文轩在线在进行内容介绍和编辑推荐时，选用符合书籍特点的话语进行推荐，比如“河伯，以三寸不烂之舌、通俗的文字展示出《资治通鉴》里的大国风范；用质朴的语言，幽默的笔锋让我们看到了征伐之中的人物风采”，同时让一些“大V”为其推荐撰写评论。比如爱云创始人、前中国雅虎CEO叶一火推荐说：“读河伯的文章是一种放松、一种娱乐，没有说教、没有大道理，是中文历史书中难得一见的作品”；《长江商业评论》创始人卫明评价：“无论何时何地何种难题，古人都能够在有限的时间、有限的阅读能力下解决，而我们应如何分享？此时河伯所著正开启了当下中国的一个趋势：知识共享。”这些“意见领袖”

的话语选取体现了图书特点，也在一定程度上能够吸引受众进行购买。

在网络营销方面，文轩在线将此书电子书在掌阅平台首发，通过首页资源位、新书资源位、特价资源位进行全方位展示和重磅推广，并举办专题抽奖、微信抽奖、作者圈促销抽奖等活动拉动人气，促进购买；在亚马逊平台进行首页新书推荐和微博微信推广；在腾讯平台进行微信读书单品推荐和举办腾讯 2 至 3 个 50 万粉丝的“兴趣部落”促销活动；在网易云阅读和新浪阅读门户上，除基本推荐外，还建立了作者个人信息词条，将作者加入微博写书计划。这些平台和渠道的受众基数和影响力大，“推荐+活动”对电子书的销售起到了很好的促进作用。

针对不同平台，文轩在线选择差异化的营销方式，迎合不同终端和平台的特点和购买习惯。比如在掌阅平台，选取单册书籍售卖；在亚马逊平台，进行组套模式销售；而在其他平台也有不同的售卖方式。

在纸质书方面，由于前期电子书已经打开了知名度，线上销售也取得不错的成绩。在此基础上，文轩在线进行纸质书籍发行推广时，采取“线上+线下”的营销方略，并与不同的发行渠道进行合作。比如在亚马逊、掌阅、豆瓣等渠道上进行“纸电联合销售”，给予纸书大量的推广资源。前期纸质版每三个月出版一册，形成销售与资源位的持续带动，后续出套装合集形成高码洋。在定价策略上，单册定价 30 元，首印 2 万册起，预计印数码洋为 120 万至 200 万。同时在天猫、京东首页上进行推荐，并参与聚划算等打折活动。文轩在线负责线上电商渠道发行，同时中盘负责线下渠道发行，并落实实体书店的推广工作。

点评

“先电后纸”的出版模式标志着文轩在线进入了数字出版的新时代。数字出版强调传统媒体和新兴媒体融合发展，而“先电后纸”的模式正是这一融合发展有力的体现。一方面以电子书的形式通过互联网等终端数字设备进行出版，另一方面又以传统方式进行纸质图书出版。这也说明传统出版与数字出版不是对立的，两者的结合能够带来不一样的效果。此外，在营销上，多渠道的联合销售能够发挥线上和线下各自的优势，增强推广力度，增加图书的销量。“先电后纸”最大的革命性是对中国近年来数字化进程的一种升级或颠覆，也让出版社跨媒体出版又跃进一步——电子书不再是纸质书的附属开发方式。

传统媒体和新兴媒体的融合发展并不是简单地相加，而是能够在内容、渠道、平台、经营、管理等方面的深度融合，据此可形成新的业态和模式。对于传统出版社而言，找到清晰的转型思路和定位尤为重要，“先电后纸”是互联网技术发展和国民阅读习惯改变下产生的数字出版新模式，能够节约图书资源、提高效率、降低成本。

思考题

1. “先电后纸”的出版模式适合哪些类型的图书？

2. 有人说阅读行为的3.0时代是社会化，你是如何理解的？

3. 请结合市面上现有的例子，谈谈在数字化时代下图书生产方式的变化。

出版社如何玩转 AR、 VR 技术

——以四川数字出版传媒有限公司为例

关键词：AR、VR、电子音像、数字出版、融合出版

个案陈述

从 1979 年开始，全国由最初的一家音像出版单位，发展到目前几百家音像出版单位、电子出版物出版单位。传统音像电子出版业经过 30 多年的发展，品种数量和经营规模有了显著的增加和扩大。随着近年来新技术新媒体的迅猛发展，我国传统电子音像出版业面临着巨大的挑战，具体表现为产品数量减少、市场规模萎缩、精品内容缺乏等问题。然而互联网技术的发展，比如云端存储、二维码，尤其是 AR、VR 视听技术的出现和应用，为电子音像出版业的转型与发展提供了机遇。

四川数字出版传媒有限公司作为一家电子音像转型的数字出版单位，在以技术为驱动的数字出版方面紧盯前沿技术，密切接触科技公司，在分析市面上已有的出版产品后，发现很多产品处于炒作概念阶段，3D 画面制作粗糙、使用不流畅、应用场景少，开发费用居高不下。对四川数字公司而言，其实是一种机会。

VR，即虚拟现实（Virtual Reality），是利用电脑模拟产生三维空间的虚拟世界，使用者在视觉、听觉、触觉等方面获得身临其境之感。AR，即增强现实（Augmented Reality），也称混合现实，是通过电脑技术，将虚拟信息叠加到真实世界，使二者处于同一空间或平面。

2016 年被称为 AR、VR 产业元年。国内互联网巨头、厂商等各路资本进军 AR、VR 领域，多家出版单位也对 AR、VR 数字出版展开布局。早在四五年前，出版企业就开始对“AR、VR＋图书”进行尝试，从简单的 AR 识字卡片，到 AR＋VR 结合发展，再到 AR、VR 融合发展。可以

预见 AR、VR 技术是下一代互联网中心，势必会颠覆传统阅读和出版，但目前来看，AR、VR 与传统的读物相结合的发展模式尚未进入全面产业化的时代，未来仍旧有很长一段路要走。

一、合作出版降低成本，切入 AR、VR 领域

2016 年 9 月，四川数字公司一直联系的一支本地新生技术团队正在开发一套 AR、VR 儿童教育类产品。该团队在技术方面较为领先，但在策划、运营等方面能力偏弱。因此，四川数字公司主动与该技术团队对接，从编辑策划、产品设计与制作、出版物营销等方面为其提供有力支撑，说服技术团队以出版物为载体出版一套电子出版物。由于技术团队已经负责了开发成本，作为合作出版方，四川教学公司在内容策划、设计等成本投入的压力骤减。

该技术团队开发的是一套儿童百科类 3D 产品，即以辅助儿童学习为目标，应用新技术打造全新的沉浸感和互动体验。四川数字公司利用自身在出版业的经验与优势，从四个方面与团队进行了规划与改进。

内容呈现方面：紧紧围绕“教育”这一主题，制作精美的扫描知识图册，设计出更多符合儿童学习需求的游戏互动元素，比如知识问答、模拟穿越、用户自主填色卡片、恐龙海报等。这些做法能让产品看上去更时尚和适用，不会沦为一款纯“娱乐”的游戏产品，而是通过“学习＋游戏”的方式增强趣味性，调动儿童的积极性。在系列产品开发顺序方面，四川数字公司首选“发现中国恐龙”进行开发，因为市面上已有同类产品，用户的接受程度会相对较高。

开发策略方面：在分析市场上类似图书的优劣势后，四川数字公司决定走精品路线，将图书定价控制在 200 元（不含 VR 眼镜），定价稍高但又符合一般图书定价范围和消费者的心理预期。为了与市面上的同类产品进行区分以显示出产品的特色，该书在技术上将 AR 与 VR 融合使用，让儿童在学习的过程中充满沉浸感和互动体验，增强记忆和理解，寓教于乐，提升学习效率。这种方式虽然增加了开发成本，但也给产品增加了亮点。

同时，在技术开发上，倒推所需开发量，将 AR 开发量定在 10—15 个之间，VR 开发时间控制在 5 分钟之内。

品质把控方面：四川数字公司与技术方协商，要求所有的画面均按 4K 高清尺寸进行开发。虽然当时的主流分辨率是 1080P，但是技术更迭换代比较快，分辨率升级迅速，以满足日后硬件升级的需要。技术超前会让主流硬件加载非常吃力，为了尽量避免这样的问题，于是在尽可能满足画质的前提下，双方决定压缩 APP 容量，让用户体验变得流畅。在 VR 眼镜的采购方面，以良好体验为出发点，采购第三方的蓝光镜片产品，同步开发自己的外观专利产品。

营销推广方面：制作试玩版本，让用户在不购买的情况下，试玩 AR 场景，比如在图卡识别的基础上，加入百元大钞识别试玩功能。试玩版本能随时调用产品功能，从而吸引用户下载 APP。四川数字公司和该技术团队经过一系列碰撞和商讨后，在产品开发与出版运营等方面达成了共识并全力制作产品，在 2017 年北京图书订货会上进行发布，借机进行产品宣传。双方从 2016 年 10 月开始共同协作，短短两个月就完成了产品的制作。

2017 年 1 月 12 日，中央电视台第一频道 2017 年北京图书订货会的情况进行了报道，次日对此产品的创新和亮点进行深入的采访和报道。作为产品的出版方，四川数字公司在经过充足的材料准备和精准的演练演示后，最终在 2017 年北京图书订货会"十佳出版新技术应用奖"评选中，因推广出版新技术、践行融合发展，获得了"十佳出版新技术应用企业"称号，排名第一。

二、立足优秀传统文化，深入耕耘

在长期的发展中，四川数字公司积累了丰富的传统文化资源以及游戏出版发行资源，在 AR、VR 技术方面也有了突破性进展。能否将新技术与传统文化、游戏出版对接，则成为公司接下来要力争突破的方面。

无论是国家重点出版规划，还是振兴四川出版，都需要有优秀的内容支撑。中华优秀传统文化、民族精神和社会正能量为出版内容提供了丰富的资源，四川数字公司积极进行内容主题的策划和更新，将先进的技术与优秀的文化结合在一起，打造出有价值的出版物。比如四川拥有川剧、大熊猫、三星堆、三国遗迹等大量优秀传统文化，如何运用新技术去表现和演绎这些传统文化，让传统文化更适合现代传播的方式，让更多的人乐于接受，这是四川数字公司的使命与责任。

与四川数字公司合作的一家本土文化创意公司，开发过一套川剧变脸玩偶实体产品。虽然申请了外观专利，但其产品上市一年后就面临着盗版、低价竞争的冲击，从年销售 80 万个下滑到不足 20 万个。这与音像类产品当年面对盗版的冲击很相似，复制模仿成本低廉，冲击着正版市场。当看到 AR、VR 技术的亮点以及云端的验证保护机制作后，四川数字公司与技术合作方认为可将传统的玩偶与现代的 AR、VR 技术相结合，让新技术承载起传统文化，进而有效地控制盗版的冲击。

双方进行紧密合作，共同开发第二个 AR、VR 产品。在拥有第一次开发制作经验后，四川数字公司在规划产品、控制成本方面有了更进一步的正确认识，于是将此次的产品定位为旅游类文化创意产品同时认为定价可以稍微偏高，成本最低，以保证经销商的利润空间，只有这样才有利于产品的顺利推广。具体而言，四川数字公司建议重点用 AR 展示产品，通过川剧舞台叠加虚拟的 3D 变脸大师，在 VR 方面采用 360 度全景录制现场，因为这样的做法不仅能节约技术开发和制作成本，也能降低产品的 APP 容量。此外，这次产品的制作借鉴了第一次儿童 3D 产品的做法，加入了交互环节，使产品更为丰富，具备可玩性。

在产品形式设计方面，双方确定为用手机扫描识别的“立体卡片”。在因其主要成本开销花在技术开发方面，在产品上无法直观地体现出来，所以在产品包装方面，四川数字公司将纸质立体舞台正反面加厚，加上特殊印刷工艺，并进行整体塑封，让用户摆脱“纸卡片”价格低廉、低档次的刻板印象。

三、开发周边产品，一次投入多次产出

3D内容制作以及成本控制是AR、VR等发展的一个至关重要的因素。出版+AR/VR技术虽然能提升用户体验，但是制作成本高昂，技术本身更新迭代快。这意味着必须要多重开发，迅速回收成本，降低风险。

AR、VR产品定价虽然比一般出版物要高，但也不能高出太多，因此在收益方面的风险比较大。一般AR、VR产品都是举集团之力进行开发，四川数字公司以单一出版社之力联合技术团队合作开发，一开始就考虑到产品的多次开发，从一到多，实现增值。

AR、VR开发后，会有大量的3D素材，这些积累的素材可以方便地进行第二次开发。一方面，从技术合作方已开发建设的内容中，寻找有出版价值的形象，从而减少开发量以降低成本；另一方面，将已出版的AR、VR形象进行二次利用，开发周边产品实现多重收益。比如利用文轩自身快印的制作优势，可以将恐龙、星球形象做成海报、印章、笔记本、便利贴、杯垫、卡片、MARK杯等。同时在这些产品上都加上AR应用，形成新的文化创意类产品，既可以低成本快速丰富已有的产品种类，又可以增加收益，摊薄开发成本。

点评

技术创新一直推动着出版业的发展，出版技术的每一次变革与创新，都能将出版推向一个更高的台阶。以新载体、新技术驱动的电子音像类出版，一直以来受到技术变革与创新的推动。四川数字公司是利用新技术实现转型的典型案例，将AR、VR技术引入出版领域的理念和做法值得整个行业学习。

借用技术力量，做好出版服务。四川数字公司在转型过程中，成功进入了AR、VR产品领域。一方面是借助技术公司的开发力量协同出版，同时以自身的出版优势做好策划服务，恰当地运用了自己的优势；另一方面是没有故步自封，而是紧紧追随新技术的步伐，随时做好准备。

四川数字公司随时积累出版资源，把握国家的政策方向，及时与创意公司沟通交流，才有新的创意才能，顺利完成从儿童百科类出版物到传统表演艺术这一大跨度类型出版物的制作。在进行产品开发和制作上，将AR、VR技术融合其中，让传统文化以更喜闻乐见的方式进行传播，展现出艺术的魅力和精彩。

同时四川数字公司利用自身的快印门店优势与制作优势，方便快捷地提供产品的二次设计与开发以及定制产品，从而将原有的产品素材充分利用，相互应用，实现产业链的延伸，进行多次运营。

思考题

1. 出版＋VR出版＋AR未来的切入点在哪里？

2. 出版社涉足VR、AR领域需要考虑哪些因素？

3. 请结合市面上已有的产品，分析出版＋VR出版＋AR的特色和优势有哪些？

出版社如何建设数字音乐平台

——以中国西部音乐基地为例

关键词：数字音乐、民族音乐、传播平台、互联网+、产业转型

个案陈述

2004年以来，由于盗版和网络的冲击，国内外音像出版业出现大滑坡，行业呈现萧条景象。近年来，音像市场在大萧条后基本稳定，但是我国的音像行业依然萎靡不振，唱片公司大多经营惨淡，处于亏损状态。与此同时，互联网的普及，用户对在线音乐的需求，使得在线音乐等宽带娱乐业务在全球范围内快速发展起来，无线音乐行业成为朝阳产业。2011年，中国无线音乐市场产值超过200亿。2013年，中国数字音乐市场规模达到440.7亿元人民币，其中，无线音乐市场规模达397.1亿元，在线音乐市场规模达43.6亿元。2014年，中国数字音乐的市场规模达491.2亿元。2015年，超过500亿，并出现了QQ音乐、酷狗音乐、百度音乐、酷我音乐、咪咕音乐、天天动听、网易云音乐等品牌。

从全球范围看，国际唱片业协会发布的数据显示，2008年全球数字音乐销售额增长了24%，达37.8亿美元。美国继续保持在数字音乐方面的领头羊地位，市场规模约占全球数字音乐市场的50%。2009年，虽然全球音乐销售额下降了7.2%，但数字音乐销售却增长至43亿美元。2012年，数字音乐占全球录制音乐销量的35%，而在中国、美国、印度等国家，这一比例甚至超过50%。2016年，全球数字音乐占比达到50%以上。在唱片行业日益萎缩的时候，无线音乐成为唱片行业的“救命稻草”。唱片公司通过与中国移动、中国电信、中国联通三大通信运营商合作，通过各种落地活动和宣传，在无线音乐上获取了丰硕的回报，转亏为盈。唱片行业的音乐创作、录制为无线音乐提供了优质的产品，在网络音乐粗俗、品质低下的情况下，唱片行业的优质音乐源成了无线音乐的优质资源。同时，唱片行业出版发行的音乐

为无线音乐的推广、营销打下了基础，打开了市场。对于传统音像出版社而言，必须抓住契机进行产业转型和升级，进军数字音乐市场。

国家新闻出版广电总局《关于大力推进我国音乐产业发展的若干意见》《四川省“十三五”时期音乐产业发展规划》等措施的相继出台，对中国西部音乐产业的发展做了宏观部署。

一、本土优势

四川处于中国西部核心位置，是连接中西部、西南、西北等地区的重要纽带，其音乐文化资源富集，民族音乐、民间曲艺异彩纷呈。成都作为音乐之都，是西部民族文化的汇聚城市，有着大量优秀的原创音乐人才。

2016 年《成都市人民政府关于支持音乐产业发展的意见》出台，提出了在“十三五”期间，高标准建成城市音乐厅等演艺剧场，加快推进国家音乐产业基地建设，培育一批植根成都、覆盖全国、辐射国际的音乐人才和音乐企业等目标，对推动成都音乐产业转型升级、打造现代音乐产业链、建设中国音乐之都和国际音乐名城等方面作出了安排。

四川数字出版传媒有限公司（以下简称“四川数字公司”）地处成都，与中国移动无线音乐基地同处一地，在无线音乐的商业运营上具有先天的地域优势，也正是基于上述因素，四川数字公司筹建了中国西部音乐基地平台。

二、平台建设

中国西部音乐基地由四川省委宣传部立项，四川数字公司承建，旨在挖掘民族音乐资源，打造出全球最优手机移动和“互联网平台＋实体音乐基地”的项目。基地依托“互联网＋”的政策扶持，依靠政府的大力支持，以西部作为地理优势，采用移动互联网的高科技和新思维，团结原创音乐作家和音乐爱好者，创建一个积极健康、用户活跃、高品质、集原创音乐、视频、演艺为一体的视听传播、交流、推广和分享渠道。中国西部音乐基地已形成以音乐挖掘、原创到录制、出版、推广、销售的完整音乐产业链条，成为国内一流的民族音乐开发和推广平台。

中国西部音乐基地主要包括线上平台和线下产业两部分。线上平台包括云平台分享网站和云平台手机客户端，能承载100万的点击量，鼓励成长体系的构架和程序开发。一期工程于2017年1月正式上线并试运行，同时，网站为驻站音乐人提供音乐录制、出版发行推广、数字音乐运营的整体包装方案。线下产业包括音乐创作、音乐活动策划与执行、专辑策划与制作、录音制作、音频处理、音像制作、专辑出版发行、音乐出版、音乐推广、音乐众筹，以及艺人经纪、音乐交流活动等衍生产品，搭建从创作到出版、推广的全流程平台，为优质歌手和热点新人出版个人专辑，同时对民族音乐进行收集、整理，以及进行与音乐相关的各种活动，如演唱会、艺人经纪、数字音乐、音乐文化交流以及培训等，有助于增强平台的影响力，创造出更大的社会与经济效益。

三、发展规划

中国西部音乐基地的规划蓝图是：实施原创音乐扶持计划，推动优秀原创音乐创作生产，其中包括加强原生态民族音乐的挖掘整理和利用，创作出版更多传播社会主义核心价值观、体现中华文化精神、弘扬优秀文化传统和巴蜀风格特色的音乐作品；对接电台、电视台、数字音乐平台，开设特色音乐栏目，推广原创音乐作品；推荐参评中国出版政府奖、中华优秀出版物奖、中国金唱片奖、中国音乐金钟奖、中宣部“五个一工程奖”等国内外音乐大奖。

以四川音乐文化为基础，基地开发了独具特色的以熊猫、巴蜀人文、藏羌彝、蜀乐等为核心的音乐及音乐周边相关产业。比如以拥有独家版权的藏羌彝为代表的西部民族音乐作品、音乐人，音乐电子终端产业，音乐游戏产业，音乐影视产业，VR音乐产业，音乐原创产业等，对四川在世界的形象传播以及音乐产业核心竞争力的提升起到了重要作用。其主要体现在以下三方面。

其一，重点打造音乐产业项目。目前，中国西部音乐基地已开发出“乐读众筹——音乐版权众筹竞价交易平台”“青春网——大学生音乐创演互动平台”“中国民族音乐大数据库”“数字音乐版权编码认证和交易平台”“四川音乐产业联盟”“四川音乐产业发展基金”“四川音乐教育培训基地”“中国西部音乐大赛”等重点项目，同时大力发展、引进大型音乐产业项目，开发及引进国家、国际性音乐赛事及活动，吸引国际音乐企业、人士入驻成都，并让四川音乐走向国际。

其二，建立音乐金融、众筹、竞价、交易平台和知识产权、版权交易平台。中国西部音乐基地加大资源整合力度，培育音乐“蚂蚁军团”，大力引入“大师工作室”和音乐科技企业，采用“专业孵化、创业导师、天使投资”和“资源置换、合作运营、业务分成”模式，建立健全现代音乐产业链示范流程，促进小微企业快速生成，成为大众创业、万众创新的助推器。

其三，与音乐专业比如与合作院校合作，建设音乐实用实训培训基地。中国西部音乐基地与四川音乐学院、四川师范大学等专业院校合作，采用“订单式”培养模式，组织开展创作人、音乐编辑、录音师、制作人、经纪人的专项业务培训，同时支持少数民族原创音乐人才培养，开展学前音乐教育、基础音乐教育、音乐教师的培训工作。

不容否认，四川音乐产业在发展过程中存在着一些问题，比如以四川为中心的中国西部音乐产业相对孤立，一直缺乏综合性的音乐平台，音乐传播能力不够；四川音乐产业基础薄弱，与发达地区相比存在较大差距；四川数字音乐产业大而散，市场不规范，存在着中国移动无限音乐基地一树独大的不良状况。中国西部音乐基地的建设在一定程度上能够帮助上述问题的解决：为中国西部音乐产业提供了一个强大的发展平台，增强音乐产业与其他产业的融合，并对民族音乐的传播产生了积极作用；整合中国西部音乐产业发展所需的市场、人才、技术等资源，推动音乐原创能力的提高，增强四川音乐的竞争能力；促进了数字音乐市场繁荣，规范了音乐出版市场，对加快音乐产业转型升级以及与互联网、制造业和休闲旅游等相关产业之间的融合，同时完善音乐产业链起到重要作用。总而言之，中国西部音乐基地完善了四川音乐产业体系，提高了西部音乐原创能力，增强了西部音乐人才、音乐资源的聚合力。

点评

面对数字化带来的机遇和挑战，传统出版社应该主动出击，探索一条符合自身定位和目标的转型之路。近年来，数字音乐发展迅猛，为传统音像出版社提供了转型发展的契机。

四川数字公司在认清市场环境和需求后，依靠政府政策以及本土优势，利用积累的民族音乐资源、丰富的网络推广经验，采用互联网的创新思维和先进技术，打造出一个积极健康的民族原创音乐分享交流平台，并催生了庞大的互联网用户群体。该平台具有产业链长、关联产业多、渗透力强的特点，不仅成为延伸和完善音乐产业价值链、衍生新型音乐产业业态的革命性力量，也将在文化产业中发挥重要作用。

在后期发展规划上，中国西部音乐基地紧跟国家、四川省政策指向及音乐文化市场发展趋势，运用自身的经营经验，结合特有的民族音乐特色，创建更多的音乐平台、活动，孵化和培养原创音乐作品、音乐人。从专业音像出版社的角度来看，四川数字公司零距离地接触广大民族音乐创作者和爱好者，引导积极向上的流行音乐元素，传播先进的民族音乐文化，实现经济效益和社会效益的统一。从生产传统CD制品到进入数字音乐领域，四川数字公司为其他的传统音像出版社提供了一条可行的转型升级之路。

思考题

1. 当前中国音像制品行业的现状如何？撰写一份行业现状报告书，分析与之相关的产业政策、产业布局、产业生命周期及发展方向、竞争态势、市场进入与退出机制、竞争策略与市场行为模式等。

2. 传统电子音像出版社进行数字化转型的难点在哪里？请结合具体事例进行分析。

3. 盗版严重威胁着音像出版业的生存和发展，数字时代，音像出版主体能否通过技术的革命性发展改善这种状况？

编辑如何开展“+互联网”业务

——以“云教学机与课联网服务”为例

关键词：教育信息化装备、云教学、课联网、知识供应商

个案陈述

北京航天云教育科技有限公司成立于2015年4月，是由大型国有上市(A+H)企业新华文轩投资，主要从事云教学机等教育信息化装备的研发、生产，并提供教育服务的高科技企业，面向全球市场提供先进的教育信息化解决方案，帮助教育系统提升教学效能，解决教育不均衡的问题。

目前，航天云教学机和课程服务已经覆盖四川、云南、湖南、安徽、广东、北京、河北、甘肃、陕西、内蒙古和新疆等省市自治区。截至2016年底，云教学机已经销售出3000多台，面向云南200所学校输出课程服务，累计销售金额达6000多万元。

教育发展不均衡，是当前我国教育发展中亟待解决的一大难题，特别是东西部区域教育差距明显，西部省份的一些边远学校甚至无法开设出英语、音乐、美术等课程。在东西部发展差距短期内难以消除的现实下，通过现代科学技术，为落后地区的学校引进先进的教育资源，无疑是一种可以解决教育发展区域不均衡的可行办法。

一、项目初衷

早在2012年9月，全国教育信息化工作电视电话会议就提出了国家教育信息化的“三通两平台”目标，即实现宽带网络校校通、优质资源班班通、网络学习空间人人通，以建设教育资源公共服务平台与教育管理公共服务平台，促进有效教学应用和教育均衡，最终以共享发展促进教育公平，提高教育质量，让每个孩子都能接受公平的、高质量的教育，让每位

教师拥有提升专业能力的均等机会。贫困地区的教育发展，需要多方面、全方位地帮助和扶持，使全体人民在教育教学改革中拥有更多的获得感和幸福感。

共享发展促进教育公平，要求在课程资源、教学方式、学习环境、教育评价等方面深化教育内涵，提升教育品质，力求实现教育过程和教育结果的公平，实现教育均衡发展，塑造教育的新生态。

航天云教育科技有限公司的成立初衷，就是通过建立绿色、畅通、高效、优质的教育生态系统，切实解决教育不公平问题。公司通过“云教学一体机”“课联网服务”“数字学校”等业务的拓展，逐步建立了一系列包含硬件、软件、平台、资源、服务于一体的系统解决方案，其中的核心是“云教学机”与“课联网服务”并重，用以发掘远程和本地优质资源。

二、前期调研与初步成果

在第一代云教学机研发出来后，公司创始人袁悉程和郝进决心将其带入课堂实际考察。他们选择了云南省西畴县的一个乡村学校，把第一代云教学机试装在课堂里，课上协助教学，课下调查研究，提出了教育的“七层架构模型”，并在此模型的基础上开创了“课联网”平台，为老师教学和学生学习提供了诸多便利。可以说，在航天云教育成立之前，航天课联网已经进入研发过程。

伴随着第二代云教学机的诞生，航天课联网这个平台也趋于完善。2014 年年末，航天课联网在云南迪庆州香格里拉县信息化项目中崭露头角，取得了县教育局领导、教师及学生的一致好评，同时收获了基层单位的反馈意见和新需求。

此后，该产品在原有录播、实物展台、课程管理、电子白板的基础上，自主开发了远程观课、远程监控、远程同步教学等多种产品功能，性能更加稳定。目前，航天课联网已经推广到内蒙古、河北、安徽、福建、新疆等地，在真实的课堂教学中充分展现了自身魅力。

三、产品介绍

云教学一体机是由航天云教育科技有限公司自发研制生产的，组合了计算机、服务器、路由器等网络设备功能，以及投影仪、实物展台、音响、功放、中控、交互式电子白板等多媒体设备功能。课联网是以“航天云教学一体机”为硬件基础，通过互联网和卫星通信技术将课堂活动元素相互联结，实现课堂活动的数字化和远程管理控制的智能化管理平台。航天课联网利用该一体机和信息技术，构建起了录播系统、资源管理系统、课程管理系统和同步教学教研系统，为教育教学提供专题课堂、名师课堂、名校网校和网络协作教学教研等。

目前，课联网在实际应用中的最大亮点是实现了三大联网：一是实现了教室与教室间的联网，形成主播教室和一个或多个教室间的远程互动教学模式，完成主播教室课程的远程直播或课程录制后远程广播给偏远山区；二是实现了教师与教师间的联网，教师间可以通过该平台实现远程观课、远程教研、教案课件等教学资源的共建共享，互相取长补短；三是实现了教师与学生间的联网，教师和家长、学生进行联网，完成多种远程家校互动活动。

航天课联网的愿景是解决教育均衡化问题，例如偏远地区开不出课、开不好课等问题，以及帮助实现区域内优质教育资源共建共享、远程教研交流，最终通过同步课堂和异步课堂的实施，实现优质教育资源的标准化和智能化。

四、项目推进

借助航天课联网的优质平台，通过互联网、卫星、云教学机等技术手段，偏远地区的学校可以将课堂与课堂相联结、课堂内与课堂外相联结，实现远程同步上课、机器辅助教学、资源生成、资源流通、远程监控课堂、远程协助教研等应用。与此同时，老师、学生、家长、校长、教育管理人员之间实现了互联互通，共同致力于办好教育教学。以下是相关的项目推进情况简介。

1. 云南省迪庆州

云南迪庆州是航天云在云南省实施第一个大型项目的所在地。从2015年起，云南省迪庆州陆续引进航天云教学机，覆盖百所学校千间教室，服务教师5000多名。通过软件，硬件联动、“软硬兼施”的做法，有效推进了当地教育的信息化，为当地学校引进了优质教育资源并得到了很好的利用。

从2015年9月开始，云南迪庆州实施课联网项目的小学已经实现了英语、音乐、美术同步备课、同步上课、同步练习、同步反馈、同步直播课堂。

从本质上说，远程教育最大的问题是交互性差，难以兼顾个体。为攻克这一难题，航天云的名师利用多种信息化手段开展分布式交互活动，省外名师与迪庆本地教师互相配合，组织班内生生交互、小组交互，班级间的班班交互、师生交互，个体问题由本地教师解决，共性问题由远程名师解决，远程名师负责传道授业，本地教师负责解惑，最终使远程直播与面授教学实现了优势互补，激发了学生的学习兴趣，解决了开齐课和开好课的问题。

远程直播课不仅让学生受益，本地教师亦从中获得成长。比如迪庆州的德钦一小和德钦三小因为缺乏相关师资，选择课联网开通了英语、音乐和美术等课程。原本有这些师资力量的德钦二小在听过远程课以后，主动选择了课联网。因为远程名师无论在教学理念还是在教学设计上，都让德钦二小的老师们受益匪浅，有的老师还把这些理念与方法运用到了语文、数学等主要科目的教学上。

2017年5月，教育部专家和云南省专家亲临现场，观看直播课效果，最终此项目全部通过验收。云南省还将迪庆的课程服务作为云南省教育名片之一，并提出进一步购买课联网后续服务。

2. 南江双师教学培训

在新华文轩和巴中市教育局的组织与支持下，航天云课程中心通过远程直播的方式，对南江的教师们进行了为期两天的“双师教学培训”。

《双师教学设计》和《双师教学直播》培训从如何进行双师教学的设计入手，从理论到实践，从传统教学到双师教学的区别，又到双师教学中各个环节、不同角色、不同流程及如何交互进行了清晰系统的讲解，让老师们对双师教学有了更深的理解，并认识到双师教学以及先进的教学理念和方法对提高教学水平的重要性。具体来说，《英语双师教学模式培训及案例分享》《美术双师教学模式培训及案例分享》《音乐双师教学模式培训及案例分享》等分别从学科特点出发，结合双师教学的特点，从教学设计、交互、表现等方面都做了分享。

对于此次远程双师协作教研培训，参与培训的老师们表示对这样新颖先进的教学模式很感兴趣，甚至有人希望提出能在他们所在的学校尝试和使用。

3. 云南省富宁县数字学校

云南省文山州富宁县采购了航天云和代理商提供的全套教育信息化解决方案，项目金额近1亿。航天云为其设计打造了富宁数字学校服务方案，范围涵盖175所学校、7万余名学生、4000余名教师，当地教育局局长任富宁数字学校校长，组建25个学科教研组，并由132名信息技术教师及信息中心人员组成IT运行维护队伍，保障富宁县全县范围开设的小学主科公共课及初中选修课，700多个班级跟随航天云的主讲教师上英语、音乐、美术等课程，并在小学高年级开设3D打印等创新创客课程。

同时，航天云还帮助富宁教育局建立了一套教师激励机制和知识共享机制，使得富宁数字学校成为一个知识型、学习型组织，实现组织知识产生及有效管理，使其具备自我完善、自我发展的能力。通过对全县教师队伍进行考核、选拔，培养了80多位学科名师，让他们成为富宁数字学校的“引擎”。在专家的指导下，优质课程在校际间流动，并课联网平台为基础，对富宁县教育系统进行资源重组与重构，在资源总量基本不增加的前提下提升富宁县教育水平，促进区域内教育均衡的效果。

富宁数字学校项目受到富宁县政府及云南省教育厅领导的支持，并上报教育部，作为样板项目加以推广。以富宁数字学校的建设为标志，此项服务已基本成型并产品化。该服务是面向区域教育局，尤其是以县级教育局为目标对象，帮助其基于信息技术对区域教育系统进行整体重构的综合性服务。

点评

航天云公司以航天云教学机和课联网整体解决方案为基础，课程服务为核心，打造数字学校、魔法积木教室、课程包等产品占领市场。其远程开课能力已经成为其市场竞争的核心力量，即通过开设课程来帮助用户开展基于信息技术的资源重组，进而适应整体教育改革的需要，提升教育水平，促进教育均衡。

在以上产品、服务及课联网整体解决方案逐步铺开的基础之上，航天云公司继续加大对课程的研发，既可作为示范应用，促进用户对公司加深了解，帮助其树立信心，也能形成较强的用户黏性，产生持久的合作关系。随着课联网规模增长，用户群逐步扩大，必将带来用户数据的增长，使基于数据分析的个性化服务的提供成为可能。同时此举也推进了各地数字学校的建设成长，让课联网的价值真正能够发挥作用。

思考题

1. 作为出版主体的旗下的技术主导性公司，如何有效拓展业务范围，寻找并巩固市场主体地位？

2. “互联网＋出版”与“出版＋互联网”的概念内涵和外延各是什么，分析这两者在具体操作上的区别与联系？

3. 在互联网环境下，图书被其他行业作为客户精准定位的工具，被赋予了非阅读功能，请结合具体实例分析其对出版产业的竞争与机遇。

延伸阅读：一位老出版人的回忆

编者按：

出版是为人类提供精神食粮的崇高职业，尽管其产品具有双重属性——意识形态属性和商品属性，或者说文化属性和商业属性。德国作家赫尔曼·赫塞说过，大自然是上天最伟大的创作，而人类最伟大的创作，尽在书本之中。出版作为一项文化传播活动，在世界范围产生和发展，已有数千年历史。自文字诞生以来，到新闻出现之前，书籍一直是社会信息交流的主要媒介。人类以智慧创造出书籍，书籍则以知识滋养人类，书籍是人类传承文明的主要载体。

其实，无论古今中外，无论哪个国家，无论从出版业的哪个属性来说，要使出版行业发展壮大，人才——出版人，才是关键！中国之所以在四大文明古国中后来居上并且长期处于领先地位，中华民族之所以能至今稳稳屹立于世界民族之林，这些都得益于中国古代的编辑出版活动，与我们古代大量优秀出版人的辛勤劳动、不断创新密不可分。他们不断创造出承载文字的新材料（龟甲、兽骨、青铜、简帛、纸张）、复制文献的新技术（拓片、印刷术等），并编纂出大量的图集文献，保存了民族文化。文化在，民族就在！

孔子、刘向父子、史学二司马、陈起父子、毛晋、张元济、邹韬奋、王云五、周振甫……中国历史上具有人文情怀的优秀编辑史不绝书。今天，肩负着社会主义文化建设重任的出版业，需要更多融读书人、文化人和职业经理人于一体的优秀出版人接棒奉献。

下面，截取一段当代出版人的回忆，藉以管窥改革开放初期四川出版界和出版人的丰采。

这边独好

“文革”后期，在京工作的川籍干部，不少叶落归根回到了四川，陆续充实到四川人民出版社领导层的就有三人。所谓“外来的和尚好念经”，打倒“四人帮”之后，他们在清查阶段比较超脱，少些感情用事，在政策上执行较好，团结了大多数，比较快地进入了状态，开展了工作。

记得1976年五六月间，我曾接到宜宾军分区的写作班子送来的一本反映四渡赤水的短篇小说集，一看就是长老红军、老干部的志气，但当时从上往下责成文化单位和出版部门要表现“走资派还在走”，这样的作品是出不来的。我向分管文艺编室的领导李致汇报后，他主张冰冻一下，等待时机——不到半年“四人帮”粉碎了，四渡赤水自然可见天日了，我同小汪十一月去宜宾，年底改出书稿，次年春天即与读者见面，应该说这是新时期投入市场的第一部短篇小说集。

李致就是北京来的，“文革”中风起云涌的革命委员会退出历史舞台后，他担任了四川人民出版社总编辑。“文革”前，地方出版社身上有一条“三化”的绳索，就是图书的出版受制于“地方化、群众化、通俗化”，据我所知川版图书在文艺方面出的书大多是川戏和曲艺的单行本。在李致默许下，文艺编室试图解开这根绳索，但北京方面颇有烦言，我有次去人民文学出版社，一位女同行就笑着问我，“你们四川手长腿也长，还要不要我们吃饭。”有鉴于此，李致和他的同仁们历经努力，终于争取到上层同意，实行了“立足本省，面向全国”的出版方针，为四川出版日后的“黄金十年”建立了一个战略高地，从此便大展宏图。

我与李致的接触，自当是文学书籍的出版，其时四川人民出版社的文艺编室，风生水起，众志成城，书出得多，也出得好。一位过来人曾让我写写，我踌躇很久，编室的“干将很多”，不可能人人立传，水有头，树有根写头吧，写出了头，根和繁花似锦也就带出来了。

我于是在2006年5月写了后来用在《文学自由谈》上的《一个人的记忆》——

在我的记忆里，四川人民出版社并无校长的编制，而李致任总编时却有这个“头衔”，则出自大院孩子们的封赠，其实是对他的昵称，可能叫起来亲切顺口，后来成人交往有的也这样称呼了。

李致来出版社大抵是1973年秋末，家未搬来，独自一人，穿一件有汗渍的白色短袖衫，身体壮实，却也隐约透出肥胖的趋向了。此前他曾去过上海，向四爸巴金承诺，调回成都后好好工作，用自己的劳动供养困境中的老人。现在回来了，整天“批林批孔”，还要“批周公”，做什么工作呢？有什么工作可做呢？他是出版社领导成员之一，会上会下，更觉苦闷。在团中央有位相熟的朋友调侃过他——“各个政治运动你都是右，唯独唱歌很左。”眼下他总不能“用左嗓子唱歌”，百般无奈，他便走向孩子，想在他们中间寻找一方净土。

他早上带着几个孩子跑步，晚上看着几个孩子跳舞。孩子们玩家家办学，分派了各科老师，缺个校长就请来了“李伯伯”。

李致是巴金的侄子。巴金出川后第一次回成都是1941年，李致在念小学，他见不少青年跑来请巴金题字，就赶热闹递过去一张纸，四爸说他贪玩很出色，吃饭也得人抓回来，便送他四句话：“读书的时候用心读书，玩耍的时候放心玩耍，说话要说真话，做人要做好人。”身为“校长”的李致，本来想把这四句话转送孩子们，但那时的巴金何许人也，他不便明说，只能曲线式地表达了这层意思。

这位“校长”也深得家长们的信赖。他在西南解放初期做过重庆市沙坪区团委的少工部长，20世纪50年代做过共青团四川省委《红领巾》杂志总编，1960年调至团中央担任《辅导员》杂志总编辑，都是和孩子们打交道。在那个乱糟糟的年月，有这样的“校长”常在孩子们身边，家长们实在求之不得。有一位女编辑当时去了农村工作团，先生在大学任教，又带工农兵学员“开门办学”去了，留下山里来的老姐子照看小女儿，女儿生病，服药打针都得“校长”赶去招呼。

中国现代教育史上，北大的蔡元培和南开的张伯苓，是两位为人景仰的校长。他们有共同的特点：宽厚包容和忍耐坚韧。不知李致留意过两人没有，但他的为人与行事却常有张蔡之遗绪。

在“批林批孔”那段日子，由北京层层下达任务，写“走资派还在走”，电影《春苗》风行一时，视为样板。李致当时分管文艺编室，领受任务后，费力不讨好地组织了一本名为《号角》的短篇小说集。从联系单位，借出作者，到谈题材，分头写，改过来改过去，近两月才把书稿抱回出版社。李致又集中几个人，一篇一篇讨论，一篇一篇斟酌，一篇一篇打磨，尤其在路线上争论不息，有人说毛主席的革命路线就是总路线，不用再提什么教育革命路线，文艺革命路线，但有人又不认可，吵来吵去，弄来弄去，似无穷期。我是小说组长，早耐不住了，反正这么一回事，印出来发出去这不就交差了。李致不同意，还是要“反复推敲推敲”，推来敲去，小说集出台就到“四人帮”垮台了，《号角》当然就不用吹了。

他的耐性同时表现在另一本书稿上。1975 年夏季，宜宾军分区却不管走资派是否还在走，他们组织一批业余作者去赤水河畔生活，创作了一部以红军四渡赤水为题材的短篇小说集，当然是赞颂老一辈的。入秋，他们来到成都，将一摞书稿放在我家饭桌上。我从部队下来不久，来的大都认识，说话没遮拦。他们问我敢不敢出，我说不是我敢不敢，是领导敢不敢。次日我将情况对李致说了，他问我“像不像小说”，我说小说是编出来的，他们有生活，已经编了一个筐筐，“只要肯下功夫也就成了”。

隔天，宜宾军分区的几位业余作者，被李致请来出版社。会议室挤满了，天气还热，一个老掉牙的吊扇累得呼呼直喘，时不时发出不堪重负的怪声。李致请大家放心：“电扇是‘文革’前的产品，老是老一点，可还坚固，掉不下来。”领队的王川担任过西藏军区《高原战士报》副总编，性格平和，说话风趣。“我们这个作品就是写老家伙的。”他欣赏出版社还有“念旧”之情，“明人不说暗话，这样我们就一百个放心了。”

李致也很放心，直到几个月后他才提起这部书稿。这时老人家已经过世，接着“四人帮”被揪出来，我从书橱里取出《飞兵赤水》的稿件，上面蒙上了一片浮尘。随后我和一个年轻编辑去到宜宾，又到赤水河边走了圈，稿子马不停蹄地改了出来。带回成都李致选择性地看了几篇，问我的总体感觉，我说赶得很急，“筐筐还是编圆了。”他笑了笑，“那就发稿。”他一面签字一面说，“十年‘文革’，十年沙化，现在书荒，要快印快发。”一反过去的迟疑不决，1977 年 4 月便出书了。印发 50 万册，全国各地还纷纷索书。1978 年夏末因编辑《邵子南选集》，我去郑州，住地在近郊，一日去供销社买洗漱用品，瞅见柜台里摆着一册《飞兵赤水》，我问售货员进了几本，她说 10 本，一进门就没了，这一本是供销社主任借去看，传来传去一年多，“最近才给俺还来的”。后因邵子南夫人坚持请欧阳山给选集作序，我又去了广州。欧阳山在参加省委扩大会，三天没见着人。无事逛书店，又瞅见了《飞兵赤水》，售书的姑娘说，进书上千册，“只剩下几册破损的了”。

第四天傍晚，我终于见到了欧阳山。他坐在宾馆大堂的沙发上翻一本书，他说省委（广东）扩大会上斗争很激烈，过去挨整的人，现在又争输赢。“其实人民胜利了，人民赢了，‘四人帮’垮台了，‘四人帮’输了，一家子有什么好争呢?”他合上手里的书说，就该像你们四川这样，“团结起来搞工作。”我瞥了一眼，他手里拿的是四川人民出版社继《飞兵赤水》出版的《四川十人小说选》。

《四川十人小说选》是李致提出来编选的。当时四川文艺界也类似于广东，由于“文化大革命”中斗来斗去，不生分的生分了，不矛盾的矛盾了，总之很难坐在一起。李致考虑到文学作品的出版，如果作家还在内耗，出版社在文艺方面又怎能多出书出好书？就全国而言，一个省出版社无能为力，而在四川却可以尽一份绵薄。入选这本小说集的十人，不由出版社决定，我当时不厌其烦地登门拜访了沙汀、艾芜、马识途、高缨等人，让他们分别建议再三与其磋商确定的。当时四川省委组织部长安法孝看了这本书，曾经在一个讲团结的会上说：“人家文艺界是先走了一步，不管怎么样，他们在这本书里坐在一起了。”这样的话，他在另外的会上也说过几次。

有人将李致的耐性看作他的“曲线救国”。直线走不通不妨弯弯绕，在达到既定目标的同时又保存了自己。其实这是一种人世的活法，也是“知人识世”的功底，大则旋转乾坤，小则便于处事，很难学到手的。

《在彭总身边》的编辑前后，李致的“曲线”也有所展示。这本书组稿于中共十一届三中全会之前，成稿于十一届三中全会之后。由彭德怀警卫参谋景希珍讲述，军队作者丁隆炎记录整理。这是1979年年初，“两个凡是”还很有市场，李致十分慎重。他带上文艺编室几个人去眉山三苏祠，认真审理书稿。……我跟李致住一间屋，他有个打呼噜的习惯，而且确实是“呼不惊人誓不休”。有次去玉门油矿，半道在一个荒郊野店歇晌，乍然传来屋瓦震动之声，原来他酣然入梦了。际此夜深人静，他特别自律，让我先行入眠，他声称有个习惯——“睡前要看看书”。我心里也惦记着书稿，略一迷怔便醒来，见他不是看书，在斟酌稿子。他坐起身，取下自做的灯罩对我说：“丁隆炎写得很好，我读来心里淌血，彭老总冤了这么久，不能让这个书稿迟迟出不来。”他说明天就回去，“我签字，先发稿。”以后的事情由他来对付。

清样很快出来了。先请省出版局的几位领导过目。有位领导提出，彭老总住在北京西郊，朱老总去看他，两个老帅下棋，朱老总居然要偷棋子，“咋会有这样的事?”有位领导又提出，叶帅请彭总吃狗肉，“真有这回事吗?”李致一转话我就笑了，困难年间，下边部队给成都军区首长送狗肉就确有其事，“将军可以吃狗肉，难道元帅吃了就损军威?”李致说吃什么是个人的口味，下棋偷子是生活情趣，可以不管。“可是有个硬伤却不能不注意。”他说的硬伤是彭德怀从庐山下来跟毛泽东告别时，毛泽东握着他的手说，“真理可能在你那一边。”景希珍跟丁隆炎讲述时，我在一旁，景希珍说他当年“亲眼得见主席跟首长握手”，“亲耳听见主席说了这样的话”，后来在牵肠挂肚的日子里他和彭总还“经常回味这话”。李致认为景希珍的讲述不假，问题在于没有见诸文字，口口相传算不了数的。不过李致宽慰我，“不要因小失大”，实在不行，删去这句话就罢了。

毛泽东说话往往深思熟虑，高瞻远瞩，其实这是他惯有的风格。我不揣冒昧，耍了一个小聪明，当夜给《延河》写了一篇小散文，将这话带了进去。不久《延河》出来，我送给李致看，他理解地看我一眼，“就算有文字的根据了。”他接着告诉我，新华书店的征订数字已经回来，他见了在省文化局主持工作的陈杰，陈杰希望出版社尽快出书，说她读了两遍清样，感动得不行，想起很多政治风云，揩湿了几张手绢。

陈杰的丈夫是省委宣传部部长刘子毅。一本书稿她读了两遍，并且揩湿了几张手绢，朝夕相处的丈夫不可能不知情，那么，李致“曲线救国”的动作在四川“就算通了天了”——非正式地让四川分管这方面工作的最高职能部门的领导知道并很有可能看过这本书稿了。陈杰没有意见，也就是说在正儿八经送审时不便正式表态的最高职能部门实际上已经表了态。而我似乎是多此一举，唯上唯书也不可能唯《延河》。不过，《在彭总身边》终于面世了。

当时胡耀邦主管中宣部，李致在团中央是他的下属，“文革”中一起住过几个月“牛棚”，书出版后，李致寄去一本。“耀邦同志连夜看了。”胡的秘书告诉李致，次日开会迟到，害得从来不迟到的耀邦“接连向大家道歉”。耀邦在这次会上向大家推荐了这本书，后来有十多个省的广播电台全文播出了。

这里还有一个小插曲。过了几年清除精神污染，成都军区也不例外。军区党委听取情况汇报时，有人介绍丁隆炎写了《在彭总身边》，时任军区司令员的傅全有拍案而起，与会者骇然一惊，司令员却笑逐颜开说，他在进川前读过这本书，“走破铁鞋无觅处，原来作者在我们军区！”他提议给丁隆炎记功，记一等功。全军搞创作的未有先例，军区上报总政，为了平衡，给丁隆炎一个二等功。

功归功，过归过，在此之前，他却因写彭德怀差点开除了党籍。

彭德怀平反后，军委成立了“彭德怀写作小组”，丁隆炎调入这个小组。他接触了更多的材料，还随浦安修（彭总遗孀）到过湖南，去过太行，感触极深，于是写了《最后的年月》。这本书稿到出版社后，流水作业，打乱了过去的“三审制”，由总编李致审读初稿，责编则当了“二传手”，读罢送社长崔之富，连夜看完，没意见，就签了。这可能是四川出版史上出得最快的一本本版书，李致和几个编辑去新华印刷厂，边校边改，一个星期见书。发行前一天，位于成都人民南路的市新华书店出了通知，次日书店未开门便排了长队。李致遗憾地说太保守了，首印20万册，他预测再加30万也不够。

出人意料，三日后突如其来地来了通知：此书停发。请示为什么，说“某某某有意见”；经出版社力争，又说“丁隆炎写此稿，未经彭总写作组同意”。接下来的，不是这本书放行与否的问题，而是丁隆炎能否保住党籍的问题，一位当时主管意识形态的权威发话了，“这样的党员不能要”。

李致去丁隆炎所在部队说明情况，部队领导说他们是保护丁隆炎的，问题的严重在于“上面未松口”。上面指的就是那个权威，于是出版社一个报告一个报告地往上递。这是我编的书稿，由我负责起草，已经记不得当时写过多少检查和报告了，但李致最近称他记得，因为每次都存了底，加起来的字数“至少是个小长篇”。

李致分管文艺，他只能代作者受过，而不能诿过于作者。理由也十分充分：作家有写作的权利，出版社有审稿的责任，书出来有问题，说明审稿不严，挨板子的应该是出版社。而书的本身是否有问题，出版社从政治形势，出版方针，乃至具体的描写和细节，条分缕析地做出解释，可谓有理有据，实况实情。但偏偏忽略了一点：……道理千篇抵不过权威一言！何况那时出版法没有出台，政策法规也不像现在这么完备。但“那个小长篇”也没白写，不然丁隆炎就没有立功的“后福”，而开除党籍一说也就不了了之了。

对作者的负责和宽厚，李致的行事还出现在另一部作品和另一个作者身上。这期间四川人民出版社可以说已经走出了“盆地意识”，在李致的主持下，出了一批与读者久违的老作家的近作，同时编辑了规模宏大的《现代作家选集》。但在文学出版方面，他们没有忘记自己的足下是天府之国的四川，培养文学新人与出版社有密不可分的干系。后来获首届茅盾文学奖的周克芹，当时在简阳农村劳动。他“文革”前发表过几个短篇小说。“文革”中也在练笔，写作的潜力是有的。文艺编室对本省年轻作者摸底时，一个编辑提出：“不妨去看看周克芹。”李致很支持。这位编辑到了周克芹家，快过旧历年了，“过年货准备得怎么样了？”她问周克芹夫妇，两人都没应声。她走进厨房，抬头一看，快活地拍拍手，“你们还保密，腊肉都挂了几大块！”周克芹凄然一笑，“是腊肉么，仔细看看。”这是一个四川盆地在严冬岁尾难得的好晴天，从瓦隙里筛下来的白花花的太阳光照着梁上从地里收割回家而被误认为腊肉的向日葵。再看，猪圈里没有猪，羊圈里没有羊，倾斜的院坝里只有两只还咻咻叫着的小鸡以及倚着门栏嗷嗷待哺的大小不等的孩子……这位女编辑揪着心回到出版社，她忧虑农家的生计，更同情一个农村作者的境遇。她提出“给周克芹一个机会”，商议的结果，将周克芹从农村借出来。当时简阳还没有实行农村生产责任制，社员靠工分吃饭，便由出版社付给工分款，让周克芹“安安心心写两个月小说”，给他出个短篇集子。

事情就这样定下来了。李致过问很细，“周克芹吃饭怎么办？”住在出版社的客房，按干部出差每日报销 0.6 元，一日三餐差强够了。“吸烟怎么办？”李致知道周克芹吸烟，烟瘾还大，“这就要从饭里边抠了。”我看出李致不放心的样子，就又说：“吃饭问题你不用管了，反正饿不着他。”后来每当晚饭，周克芹不是在那位编辑家，就在我家，夏季炎热，喝粥，多一把米少一把米的事，饿不着周克芹，也穷不着请饭的人。

短篇集的作品很快凑齐了。我们寄希望于周克芹的，是盯上了他农村生活的积累，他不是挤出而是可望喷出一部有含金量的大部头来。周克芹也有这样的创作欲望，他写了一个《岭上人家》的长篇小说提纲，离开出版社之前讨论过几次。年底他的第一本书——《石家兄妹》（短篇小说集）出来了。担任责编的这位编辑早已舆论先行，鼓噪上一个春节作者家里就没有吃上腊肉，借出来写作又带了账，意在打动李致，让他开出了当时顶级的稿酬。周克芹离开出版社时，在给他一摞撰写长篇的稿笺的同时，请他留下在生活上、创作上能给他开绿灯的“关系户”，她按照户头一一寄出样书，并附上出版社言辞恳切的致谢信，良苦用心地希望他们“今后在创作上继续给周克芹以支持”。

李致的动作则是跨越式的，他和省作协一个负责人磋商，由这个负责人（李友欣）出面，一竿子插到简阳县，动员其人际资源，给周克芹挣得一个二十五级的干部指标，并在跳出“农门”之后，在县川剧团有了一间睡觉和写作两用的小屋子。

周克芹的长篇顺利上路了。他写完一章，就给经手这部作品的编辑寄来一章。时过半年，在后来更名为《许茂和他的女儿们》脱稿后，周克芹却没有按约定时间带上完整的书稿来出版社。

周克芹失踪了，不辞而别了。后来，重庆一位延安时代的老文化人来了一封信，说他们新近创刊的大型文学刊物《红岩》稿源青黄不接，所以由他出面将周克芹和他的书稿一并“绑架”去了重庆，现已改出发排，深表歉意。李致很生气。他有个准则，据说来自巴金，凡约定的书稿未出版前，作者不得交刊物选载。更为气恼的是经手此稿的责编，连经营短篇集算起前后一年有余，如今小鸡破壳而出了，长了翅膀却飞走了。接着百花文艺出版社又出版了《许茂和他的女儿们》，而文艺界的两个老头子（周扬和沙汀）又有《关于〈许茂和他的女儿们〉的通信》，在《文艺报》发表后，颇具中国特色的评论界，跟风而来，喧嚣不已，于是首届茅盾文学奖的第一项桂冠便顺风顺水地落到周克芹头上，于是，四川人民出版社没能耐，抓不着好作品的声音也顺风顺水地响了起来。

本来奖就奖吧，拿奖的不一定顶好，未得奖的不一定不好。但说不清楚的某种惯性使然，“捉在自己手里的鸡怎么跑了？”一时闲言碎语很多，责备之声不绝于耳。文艺编室倒沉得住气，书稿跑走了，但培养了一个作者，这也是“得可偿失”。李致同意这个观点，他说何况一城一地的得失并不重要。1986 年全国首届诗歌评奖，获奖十本诗集，出自四川人民出版社文艺编室之手的占了四本。

四川是“诗歌之国”，李致很重视。长时间以来只有两位诗歌编辑

（戴安常、张扬），他们推出了几套诗丛：《老一辈革命家诗丛》《浣花诗丛》（诗歌作者的处女诗集）《四川诗丛》（省内诗人的诗集）《天涯诗丛》（省外诗人的诗集）《新诗资料丛书》（新诗前辈诗人的诗集），涵盖面极广，其影响也很大。难组的诗稿，李致往往亲自前往。在出版了《周总理诗17首》《陈毅诗选》《罗瑞卿诗选》之后，他闯进了时任国防部长的张爱萍家里。张爱萍在家乡人面前喜欢开玩笑，“我写的是什么诗啊，大头菜丝丝，酸萝卜丝丝，这都能出版哟!”但在李致的“曲线救国”的蘑菇下，终于把“酸萝卜丝丝”拿到了手。

曹禺的书稿不易给人，似乎是戏剧出版社的专利。他的《王昭君》在刊物上发表后，李致很想在四川出版这个剧本。巴金和曹禺本是通家之好，李致在北京工作时也常见曹禺，他拎了个大包，满头大汗地走进三里屯曹禺的家。包里全是书，有《巴金近作》《冰心近作》《艾青近作》……还有尚未出全的鲁、郭、茅、老等人的《现代作家选集》。曹禺看了，明白李致的用意，他替朋友们的作品能重见天日而高兴，却没有吐出自己要出版什么的口风，反而在脸上挂着笑问：“你们的出版重点，是不是全盯着我们这些老古董了。”李致拎来的大包是“百宝箱”，他又立刻拿出一些样本，其中有《当代作家自选集》《当代报告文学集》，还有《收获丛书》以及每个年度的《中篇小说选》和《短篇小说选》，曹禺乐了，“囊括以尽，囊括以尽。”他连声称道，“你们四川会做工作，工作量不小吧。”可他还是没有出版他的《王昭君》的意思。

李致又使出了他惯用的“曲线救国”。他暂不谈出版的事，却说起了曹禺的几个戏。李致十七岁入党，做地下工作那些艰危岁月里也是曹禺的戏迷。他最喜爱的是《日出》，谈起这个戏，曹禺也有了兴致，从沙发上站起来，情不自禁地在客厅里踱了几步，“露露，你今晚上真美，真美，我一看到你，我就闻到了你身上的香味。”这是《日出》里乔治张的台词，李致接了下来：“露露，我闻到你身上的香味，我就想起了巴黎的夜晚和夜晚的巴黎……”两人大笑起来，《王昭君》的出版在笑声中徐徐落下了帷幕。

可在最后一刻，曹禺提出时间问题，“希望在三个月内见书。”李致没有贸然答应，回到住地，他跟远在成都的社长崔之富通了话，次日又赶到曹禺家，“三个月见书，只提前不掉后。”曹禺听了李致的话，见他满头大汗，递过去一张毛巾，“你做事很实在，太像老巴了。”老巴是巴金，曹禺一直这样称呼他，两人的友谊也一直持续到人生的终点。

《王昭君》由两位严谨的老编辑（蒋牧丛和陈世五）精心操作，装帧精美，找不出一点瑕疵。曹禺收到样书后，放心地将《曹禺戏剧集》也交由四川人民出版社出版。后来我出差去北京，这时曹禺已迁居到木樨地。他询问了李致的近况，突如其来地叹息起来，我好生不解，他说李致在出版界“声名远播”，这不是一件好事，“你们出版社留不住他了，难道这不是损失么?”

曹禺可有预见，后来李致调省委宣传部，虽然兼了一段出版总社社长，但时间不长，继后又兼任省政协秘书长，在宣传部还分管省文联和省作协，一个人的精力毕竟有限，还免不了人事的纷繁复杂，于出版他就渐行渐远了。

但周克芹后来调到省作协搞专业创作，据我所知，周克芹和他的作品还是经常挂在李致心上。此前，周克芹的《许茂和他的女儿们》溜走了，对出版社毕竟是个遗憾。一次作协开会，周克芹在座，他招呼我去会议室外，特地让我给出版社捎回三句话：“我是农民。农民最重恩情。我不会忘记出版社对我的帮助。”说得很动情。他当时并不乐意随那位文化人（殷白）去重庆，可是人家向他打了包票：“李致跟我很熟，一切由我疏通，一切由我负责。”再说他家里很拮据，能在刊物上先行发出，多拿一次稿费，亦可补贴家计，李致听了，宽厚地说：“实在情有可原。”不知李致的“词典”里如何注释“解铃还是系铃人”，他在当时却出了一个叫责编哭笑不得的“点子”，让她做一顿饭，请周克芹“赏光”，李致和我作陪。李致坚持的理由是：“我们不讲作家是出版社的衣食父母，但是出版要兴旺，我们就应该广泛地团结各路作家。”

记得浩然在最困难的时候，我们就答应并且出版了他的短篇小说集。

李致在出版社，不看门户，广纳百川，这样的景象，今天在出版界似乎难以见到了。

周克芹吃了这顿“团结饭”不久，出版社的疙瘩解开了，他却结上了另外的疙瘩。“人怕出名猪怕壮”，这时很多眼睛盯着他，于是“作风问题”出来了。越刮越厉害，妻子闹到了作协，又告上了妇联。新华分社亦不甘寂寞，写了内参，这下惊动了某位高层，要查一查获取茅盾文学奖的“当代陈世美”。

李致已在宣传部任上，这是他的分内工作。他“认真地查了”，确实“事出有因”，又难免“查无实据”，最后追究不出什么也就不追究了，历经一番风雨还是保住了周克芹这支笔杆子。但“内损外伤”太大，周克芹几近一蹶不振，他一个人住进了成都北郊李隆基在失去杨玉环之后灰头土脸打驾回銮的天回镇的一家医院。适逢韦君宜来川，李致约我去看她，在途中他再三叮嘱我——出版社应该去看看周克芹，并让我也带去三句话。一句我已忘记，另一句是“毁一个人的只能是自己，别人是打不垮你的”，还有一句是“一个作家就要写作，只有写出作品才能证明你的存在”。

一个阴雨的下午，已是冬令，天气奇冷，雨中夹着雪粒子，我和周克芹曾经的责编，还有编室主任吴大姐，三人一起去到天回镇，陆军总医院不见周克芹，在医院附近一个民居找到了他。他不是治病，是在一个堂妹家养病，其实是养心，调整心态和情绪。可他的情绪恶劣到了极点，头发蓬乱，胡子好些天未刮，披一件半新不旧的军大衣，失魂落魄地坐在一个冷火悄烟的小火炉边上。

人言可畏，人言杀人，我心里很不是滋味。

我们问候了他的身体，问候了他的起居，问候了他的心绪。他指着条桌上一张摊开的稿笺，“我在写……写一封信，三天了，就只写……写了一行半……”他平时就寡言少语，此时此刻就像嘴已不属于自己。

我将李致的话转告了他。

“谢谢李部长，他还想到了我。”说罢又无声了，他的情绪始终很低落。

李致知道这次见面的情况后，沉思地询问我们有什么应对之策，“总不能让他就此趴下去吧。”他期许周克芹能够跳出沉疴。曾经的责编有个主意，“给周克芹出一本书。”她说用这本书给周克芹“打一针强心剂”。

这就是后来出版的《周克芹短篇小说集》，收入了在《许茂和他的女儿们》之后他相继写出的包括《山月不知心里事》等几篇在当时颇有影响的作品。

李致一直称许这件事，也赞赏这位编辑以人为重，以出版为重的宽厚情怀。

后来这位好心的编辑（曹礼尧）还在四川文艺出版社重新出版了《许茂和他的女儿们》，这是1990年代初，周克芹英年早逝之后了。那一天她突然跑去周克芹家看望，周克芹后来担任省作协党组负责人之一，又兼任《四川文学》主编，身前身后围着转的很多。人去物亡，门庭顿时冷落。他的遗孀是“城市里的乡村”，又无固定工作，经济颇为窘迫，女编辑的一副柔肠于是又化成《许茂和他的儿女们》的身影，回到四川新版图书的行列。

这大抵也算李致在四川出版界带队征战留下的一束余光了。当年李致任总编，崔之富任社长，活像《大公报》的张季鸾和王芸生。两人扣手将四川的出版推进一个绝佳的时机。他们提出“君子爱财，取之有道，用之有方”。在具体运作中，“该赚则赚，该赔就赔，能少赔就不多赔。统一调剂，以赢补亏。”总设计师邓小平曾经指出：“思想文化教育卫生部门，都要以社会效益为一切活动的唯一准则，它们所属的企业也要以社会效益为最高准则。”李致和崔之富等切实遵循这一方针，在出版社不以赚钱多少论英雄，而是调动大家的积极性，力争川版图书创一流。他们的多出精出，却为京城出版界某些朋友所“诟病”。有次我去北京，几个文学编辑就揶揄我，“你们咄咄逼人，还让不让我们吃饭？”

后来冯至听此一说，会心一笑。他盛赞李致“不当出版官，不当出版商，做的是出版家”，十分推崇四川的出版事业。

然而时移事易，纵使天道酬勤，若将李致先生置于今日的格局之下，他作出版家还是当出版官，抑或索性披挂上阵，甘为赵公元帅的出版商呢？

上面假设，难于求证，而不可能求证的假设，假语村言，实无意义。缀此一笔，只因有感于冯至老先生的未能抢先“与时俱进”，平添无限叹喟罢了。

上面的叙事仅限于文艺方面，2013年四川教育出版社推出了《李致与出版》，在这本书里则展示了与湖南号称“出版双雄”的四川在当年百花齐放、百家争鸣的繁荣景象。有媒体要作评介，相商李致本人，李推荐了我。在四川出版界我本属后进，又是“败兵之将”，但情不可却，翻读之后，心潮勃发，落下了后边这一篇文字，题为《从这面镜子里看到的》。

《李致与出版》是四川教育出版社出版的一本新作，与其说是一本书，不如说是一面镜子。从这面镜子里，不仅可以望见四川出版在粉碎“四人帮”后长达十余年的兴旺景象，同时亦可看到当年的出版人崔之富、袁明阮、江明等的远见卓识和劳累辛勤。当然，四川出版人中的主角，离不开李致，因为他是当年巴蜀大地独有的一家出版社——四川人民出版社的总编辑，而编（编辑）、印（印刷）、发（发行）这一条龙的龙头是出版社，出版社的诸多业务部门中，编辑部门又是龙头，李致自然就是龙头的龙头了。

所以在这面镜子里，映现的既有四川出版曾经的辉煌，也有李致的一段难以磨灭的人生。

当年四川出版的图书，获得过高层胡耀邦、杨尚昆、张爱萍等领导的肯定，更博得了众多学者、作家和广大读者的赞誉。只要翻开《李致与出版》，便可在这面镜子的屏幕上清晰地看到、读到他们的劳绩，甚至在看到和读到的背面联想或臆想到尚未吐露的一些心结和心绪。

在一定意义上说，这本著作完全称得上是四川出版的一段宝贵的历史。“观今宜鉴古，无古不成今”，假如有心人能认真触摸和仔细解读这面镜子，对于今天的出版也许并非过时的烟云。

这本著作的“经”是李致有关出版的经历，它的“纬”却涉及出版的各个层面。而从宏观上检视，这样几点给人印象最深。

一是突破。过去地方出版社出书只能围绕中心，配合运动，必须遵循

"地方化、群众化、通俗化"的规定。"三化"捆住了手脚，群众对出版社很有意见。改革开放之初，四川人民出版社"摸着石头过河"，跟湖南人民出版社共同努力，终于争取到上层同意的"立足本省，面向全国"的出版方针。方针有了，路子就有了，局面便打开了。这从根本上改变了"文化大革命"酿成的"十年书荒"，从各个层面不断满足了群众如饥似渴的阅读需求。

二是识见。出版便要生产，但其产出的是精神食粮，所以出版人理应具有一定的卓识和预见。在这方面，四川出版是比较敏锐的。早在上边说的力争突破"三化"的过程中，他们便编辑出版了当时要国家一级出版社才能出版的领导人著作《周总理诗十七首》。接着在彭德怀元帅平反之前，他们便组织了关于彭德怀的书稿，并在1978年11月党的三中全会结束不久，很快推出了《在彭总身边》，当时引起很大震撼，无异在"实践是检验真理的唯一标准"的讨论中抛出"一块大石头"，对顽固不化的"两个凡是"则是一个实实在在的冲击。后来，有鉴于中国社会关闭已久，在改革开放的新形势下，各行各业的群众都渴求接触国门外的新思潮和接纳为我所用的新知识，四川出版调动比较大的力量——作者、编辑、编委横跨十个省市，都是当时涌现出来的在各个研究领域内有一定声誉的中青年理论精英，组织编辑出版了《走向未来丛书》。反对自由化时，有人提出非议，出版社经过反思，顶住压力，继续为丛书100册的出版呕心沥血。至今这套丛书好评不断，仍有旺盛的生命力。

三是包容。无论书稿的内容和作者，只要能提供知识和积累文化，传承文明，便应海纳百川，认真对待。本着这一理念，四川出版不惜工本与四川大学古籍所编纂了3000多万字的《全宋文》，更与中华书局合作重印全书1万部、字数多达1.6亿的《古今图书集成》。在文学书籍出版上他们相继推出了《现代作家选集》和《当代作家自选集》；特别是诗歌方面有近十套诗丛出版，活跃在中国诗坛的作者，当时几乎囊括已尽，以致1986年全国首届诗歌评选，获奖的作者几乎都在四川出过诗集，而评出的十本诗歌，四川出版的占四本，四川被誉为"诗歌大国"。尤其值得一说的，徐志摩、李金发等20世纪三四十年代极有影响的诗人，由于种种原因，新中国建立后尘封了他们的著作，四川出版巧用《新诗资料丛书》的名义出版了这类诗作。于右任是国民党元老，担任过“监察院”院长，后来定居台湾，但他的书法自成一格，很有特色，四川也没有让这样的佳作埋没。还有浩然，他是所谓“文革”中“八个样板戏，一个作家”的那位作家，粉碎“四人帮”后，处境十分艰难，他寄来了他“文革”前的短篇。作者生长在农村，又长期生活在农村，作为捧在手里便可嗅到泥土芬芳的作品，四川毅然接受并在他回归文坛前与读者见了面。

四是队伍。四川出版这支队伍是好的，很能战斗的。他们具有蜡烛的奉献精神，情愿为人作嫁衣裳。他们中有的就是知名的作家和诗人，但忠于职守，始终将组好稿，编好稿，审好稿，出好书，出精品放在第一位。像后来获茅盾文学奖的王火，为了做好本职工作，便将《战争与人》三部曲的写作往后推了又推。还有获鲁迅文学奖的诗人张新泉，编务领先，写作放后，编出了好书，也写出了好诗。更为主要的是龙头的作用，作为总编辑，李致的作风很踏实，很深入，常常一竿子插到印刷厂和新华书店，使编、印、发这一条龙更具活力地转动起来。这里特别称道的是李致的民主作风，他身上绝无官气，人们可以直呼其名，会上会下都可提意见，提建议。看不见门槛，也不设门槛。这样的民主氛围，极有利于独立的思考和思想的活跃，从而增强了团结奋进的创新活力。

（延伸阅读材料节选自《我在我思：一个人的另类岁月》
作者杨字心，曾任四川文艺出版社总编辑，编审）

后记

伴随着我国高等教育的蓬勃发展，案例教学受到重视，成为高等专业教育的重要教学方法。作为高等教育的重要组成，出版专业教育担负着为我国新闻出版事业培养具有政治立场鲜明、理论功底扎实、业务精湛的高级专门人才的重要职责。新闻出版事业的发展实践需要高等出版教育作出变革。加强案例教学，不仅对编辑出版学本科学位教育有着深远意义，而且在出版高级人才培养方面起着重要作用。

《出版专业案例教程》在编写过程中，得到了四川省新闻出版局图书处、四川新华发行集团、四川党建期刊集团、新华文轩出版传媒股份有限公司的大力支持。本教程是四川大学文学与新闻学院编辑出版教研室与新华文轩管理研究院真诚合作、联合组织编写的成果，是高校和企业产学研结合的一次成功尝试。在本教程编写过程中双方召开了数十次研讨会，在双方负责人的牵头组织下，就图书定位、案例容量、框架体例、文稿写法、编写队伍、出版规划等方面全面策划和商定。四川大学文学与新闻学院编辑出版教研室侧重在知识撰写、案例改写、教材体例等方面发挥优势；新华文轩管理研究院侧重在图书框架结构、案例点评及写法建议、案例采集等方面发挥优势。经过近两年的不懈努力，《出版专业案例教程》终于呈现在了读者面前。

本教程是集体智慧的结晶，在成书的过程中得到了编委会关于定位和核心方向的指导。全书由白冰统稿。第一章、第五章知识介绍由段弘撰写，第三章、第四章知识介绍由白冰撰写，第二章知识介绍由吴琳撰写，延伸阅读节选自杨字心的《我在我思：一个人的另类岁月》。四川大学文学与新闻学院出版专业硕士研究生秦天、葛鑫、莫欣欣、杨桦等参与了案例修改，李先翠参与了第三章、第四章相关知识撰写，黄海韵、曹娜、钟海芳、连帅萍等研究生参与了教程的资料收集、案例采写、校对编辑等工作。新华文轩管理研究院的张欣、方基华、盛文文、曾梁羚为本教程项目推进人员，在教程讨论、案例采集、作者授权获取、出版制作协调等方面做了大量工作。

教程案例提供单位与案例执笔人情况如下：

四川人民出版社提供的案例有：《编辑如何开展通俗出版物的选题策划——以长篇小说〈欢乐颂〉为例》（执笔人：李淑云）、《编辑如何成功打造文化普及读物——以〈中国的品格〉为例》（执笔人：何佳佳）、《编辑加工如何推动精品图书出版——以〈雪域长歌〉为例》（执笔人：刘周远、章涛）、《如何开展引进版权图书的判断定位与本土化经营——以〈我是马拉拉〉为例》（执笔人：江澄）、《如何推动川版图书“走出去”——以〈超堡队〉为例》（执笔人：杨立）。

四川少年儿童出版社提供的案例有：《编辑如何策划少儿畅销书——以儿童文学作品〈米小圈上学记〉为例》、《编辑如何打造图书品牌IP——以儿童系列图书“迪士尼家庭绘本馆”为例》（执笔人：王晗笑）、《出版单位如何开展渠道定制的图书营销——以〈DK儿童百科全书（精致版）〉为例》（执笔人：王晗笑）、《出版单位如何在已有产品中通过营销活动扩展产品线——以〈熊出没〉系列图书为例》（执笔人：高海潮、蒲幼鲲）、《合作出版，真正意义上的文化交流与跨文化合作——以中法合作项目〈我爱熊猫〉为例》（执笔人：尹川）。

天地出版社提供的案例有：《编辑如何开展重大主题出版物的选题策划——以长篇小说〈红船〉为例》、《编辑如何开展主题出版物的影书联动——以〈历史转折中的邓小平〉为例》、《编辑如何跟进主题出版物——以“五个一工程”获奖作品〈让兰辉告诉世界〉为例》（谭楷口述，四川大学文学与新闻学院段弘、曹娜、黄海韵执笔）、《出版单位如何开展主题出版物的影响力营销——以主题出版物“航天七部曲”为例》、《如何通过精致营销促成高码洋图书的销售——以少儿类图书“中国少儿必读金典”系列丛书为例》、《如何开展渠道营销——以〈中国文学史〉为例》。

四川辞书出版社提供的案例有：《编辑如何策划系列型工具书——以“成语词典”分类优化出版为例》（执笔人：田学宾）、《编辑如何打造传世精品辞书——以〈汉语大字典〉为例》（执笔人：刘煜）、《编辑如何策划小型工具书——以〈小学生新华字典〉为例》（执笔人：杨正波）。

巴蜀书社提供的案例有：《编辑如何策划巨型工具书——以〈中华大典〉为例》（执笔人：林建）。

四川大学出版社提供的案例有：《编辑如何策划学术丛书——以“中国符号学丛书与译丛”为例》。

四川教育出版社提供的案例有：《如何策划套系教辅书——以“走向名校丛书”为例》（执笔人：蔡林君）、《好教科书是做出来的——以川教版初中〈历史〉教科书为例》（执笔人：朱娜）、《编辑加工如何提升图书出版的社会价值——以〈听·见——芦山地震重建故事〉为例》（执笔人：蔡林君）。

四川科技出版社提供的案例有：《出版机构如何策划出版基金项目——以〈中国不同储粮生态区域储粮工艺研究〉为例》（执笔人：杨璐璐）。

四川民族出版社提供的案例有：《编辑加工如何助力再版图书出版——以〈羌戎考察记〉编辑加工为例》（执笔人：唐怡）、《专业性要求较高的图书出版的编辑加工——以〈羌族萨朗〉为例》（执笔人：马金曲）。

科幻世界杂志社提供的案例有：《编辑如何布局出版产业链——以〈三体〉三部曲的编辑策略为例》（四川大学文学与新闻学院段弘、连帅萍、钟海芳执笔）。

文轩零售事业部提供的案例有：《图书卖场如何开展产品营销——以“文轩姐姐讲故事”为例》（执笔人：严强）。

四川美术出版社提供的案例有：《如何借助国家政策开展人物类图书“走出去”——以〈草根总理——莫迪〉为例》。

西南交通大学出版社提供的案例有：《科技图书如何进行版权输出——以铁路技术图书“走出去”为例》。

新华文轩教育装备公司提供的案例有：《编辑如何开展产品创新——以新华文轩教装中心“地理学科教室”为例》。

四川画报社提供的案例有：《出版社如何整合影像资源、构建互联网传播平台——以“视界”数字影像资源共享式聚合传播平台为例》。

四川文轩在线电子商务有限公司提供的案例有：《出版社如何探索数字出版新模式——以文轩在线进行“先电后纸”为例》。

四川数字出版传媒有限公司提供的案例有：《出版社如何玩转AR、VR技术——以四川数字出版传媒有限公司为例》(执笔人：周星)、《出版社如何建设数字音乐平台——以中国西部音乐基地为例》（执笔人：黄枰)。

四川文轩教育科技有限公司提供的案例有：《编辑如何开展“十互联网”业务——以“云教学机与课联网服务”为例》(执笔人：杨念)。

在本教程编写过程中，我们得到了上述出版机构的大力支持。

唐瑾怀、徐登明、刘周远、姚海军、蒋林对于本教程编写提出了宝贵意见。在此，对他们深表感谢。

本教程系四川省2018—2019年度重点图书出版规划项目。